기독교 역사의 전환점들

기독교 역사의 흐름을 바꾼 31가지 사건

기독교 역사의 전환점들

이성덕 지음

kmc

I

한국의 기독교는 선교사에서 유래 없이 급성장한 교회다. 특히 개신교회는 이제 미국 다음으로 세계 선교사를 많이 파송하는 나라가 되었다. 하나님의 은혜에 감사할 일이고, 한국 교회가 자부심을 가져도 좋을 일이다. 그런데 이러한 개신교회가 오늘날 정체 내지는 하강 국면을 그리고 있다며 많은 이들이 염려와 함께 위기를 말하고 있다. 한국 개신교회가 처한 위기의 심각성은 단순히 숫자의 감소에 있는 것이 아니라, 도덕적인 영향력이나 영적인 권위를 상실한 데에 있다는 것이다.

이렇게 된 원인은 무엇일까? 우선 교회의 세속화를 들 수 있다. 물신주의가 교회에 뿌리 깊게 침투하여, 외양은 하나님을 섬긴다고는 하지만 속 깊은 곳에서는 축복과 번영의 바알신앙이 똬리를 틀고 있음을 보게 된다. 세상을 하나님 나라의 빛에서 비판하고 변화시켜야 할 교회가 오히려 세속의 가치와 논리 속에 함몰되어 전혀 변화의 누룩이 되지 못하고, 오히려 도래하는 하나님 나라의 방해물이 되고 있지 않나 염려될 정도다.

또 다른 이유를 들자면, 신학의 빈곤을 들 수 있다. 물론 신학이 신앙의 현실을 다 해명하고 규정할 수 없음은 분명하다. 그러나 신학은 신앙에 대한 성찰이며, 현재 교회가 처한 좌표와 갈 방향을 가늠해 보는 나침반과 같다. 교회 내에 만연한 반지성주의는 도가 지나치다고 할 수 있다. '꿩 잡는 게 매'라고 교회 성장을 위해서라면 무엇이라도 삼킬 수 있는 강한 위를 가졌으면서도, 신학적인 성찰에 대해서는 알레르기적인 반응을 일으키는 것이 현재 많은 교회들의 모습이라면 지나친 것일까?

특별히 역사의식의 빈곤은 한국 교회가 많은 시행착오를 하는 이유 가운데 하나다. 역사로부터 배우지 못하는 교회는 어리석은 행위를 반복할 수밖에 없다. 한국 기독교가 오랜 기독교 역사의 맥락에서 예외적인 존재라고 생각한다면, 그것은 오만한 일이다. 대부분의 한국 기독교인들은 성서와 현재의 내가 있을 뿐이지, 성경과 오늘의 나를 연결하는 역사는 없는 것처럼 행동한다. 기독교의 역사를 성서 해석과 적용의 역사라고 할 때, 역사에 무관심한 것은 신앙 선배들이 이룩한 거대한 보화를 그냥 땅에 묻어 두는 것과 마찬가지일 것이다. 하나님의 구원의 역사로서의 기독교 역사는 흐르는 강처럼 때로는 멈추기도 하고 때로는 후퇴하는 것처럼 보이지만, 종국에는 스스로 자신을 채워 장애물을 딛고 앞으로 나아간다. 지상의 교회는 하나님의 구원의 도구이며, 하나님 나라의 전위대다. 지상의 교회는 완전하지 않다. 빛과 어두움이 있다. 그러나 하나님의 부재처럼 느껴지는 순간에도 인간의 모든 역사의 주관자는 하나님이시라는 것이 우리 기독교인들의 신앙이다. 따라서 기독교의 역사는 우리의 현재를 비추는 거울이며, 기독교회의 미래를 가늠하는 나침반이 된다.

II

우리가 지니고 있는 기독교 신앙은 처음부터 자명한 것이 아니었다. 하나님의 계시적 사건에 대한 끊임없는 성찰과 해석과 실천의 과정 속에서 형성된 것이다. 구약학자 W. H. 슈미트는 "이스라엘 신앙은 역사에 의존할 뿐 아니라, 역사 자체로서 역사의 움직임 속에 포함되어 있다."고 하였는데, 이것은 기독교 신앙에도 해당되는 말이다. 기독교의 본질은 추상적인 형이상학에서 해명된다기보다는 역사의 과정 속에서 드러나고 실현된다고 할 수 있다.

기독교의 출발점은 나사렛 출신의 예수를 그리스도(메시아)로, 하나님의 아들로 고백함으로써 시작되었다. 이 고백을 가능케 한 것은 예수의 부활과 오순절 성령 강림 사건이다. 예수의 제자들과 예수 운동에 참여했던 초기 유대인들은 스스로를 유대교와 다른 종교의 신봉자로 생각하지 않았다. 그들은 이스라엘 신앙의 핵심인 야훼 하나님에 대한 신앙을 고수하였다. 그들은 예수에 대한 이해에서 의견을 달리하긴 했지만, 이스라엘 신앙 공동체에 공존하였다. 초기 기독교인들이 아무런 거리낌 없이 유대인 회당에 참여한 것을 사도행전을 통해서도 잘 알 수 있다.

'그리스도인'이라는 이름은 바나바가 바울을 안디옥 교회에 데리고 온 후 1년이 지나서 예수를 따르는 자들에게 붙여진 이름이다(행 11:26). 위대한 선교사이자 신학자인 사도 바울을 통해 예수에 대한 신앙이 지중해 주변의 디아스포라 유대인들과 이방인들에게 전파됨으로써, 민족주의적인 한계를 넘어 보편적인 종교로 도약할 발판을 마련하게 되었다. 우리는 사도 바울에게서 유대교와 기독교 신앙 사이의 연속성과 불연속성을

7

보게 된다. 그는 '그리스도인'을 '새로운 이스라엘' 혹은 '참 이스라엘'로 이해했다. 바울의 회심은 다른 종교로의 개종이라기보다는, 예수 그리스도를 통하여 일어난 온 인류를 위한 하나님의 구원의 역사에 대한 자각과 새로운 사명의 발견이라고 할 수 있다. 이스라엘의 신앙의 지평에서 예수 그리스도에 의해 새롭게 동터 오는 하나님 나라의 여명에 눈을 뜨게 된 것이다.

하지만 유대인 회당에서 배척당하면서, '그리스도인들'은 점차로 유대교와는 다른 신앙의 자의식(새로운 이스라엘, 하나님의 백성)을 가지게 되었다. 70년 예루살렘 성전이 로마에 의해 멸망당한 후, 그리고 결정적으로 90년경 얌니아 회의를 통해 이단으로 정죄당한 '그리스도인들'은 팔레스타인을 벗어나 그레코-로만 세계에서 독자적인 종교로서의 기독교를 형성하기 시작했다. 종교로서의 '기독교'의 개념은 신약성경에 나타나지 않으며, 주후 110년경에 이르러서야 이그나티우스가 '유대교'와 구별되는 교리와 신앙 양식을 지닌 공동체를 지칭하는 개념으로 사용하였다. 초대 교부들에 의해 기독교의 중요한 교리와 성직 제도, 그리고 경전이 확립됨으로써, 기독교는 제도적인 면에서 더욱 공고해졌다.

로마 제국 치하에서 극심한 박해를 이겨 낸 기독교는 콘스탄티누스 황제에 의해 공인을 받고, 테오도시우스 황제에 의해 로마 제국의 국교가 된 후, 마침내 카타콤의 종교에서 황제의 종교로, 박해받던 종교에서 지배하는 종교로 변하게 되었다. 이제 십자가는 실패와 수치의 상징이 아니라 승리와 영광의 상징이 되었다. 기독교는 이제 더 이상 로마 제국을 '적 그리스도적인 바벨론'으로 보지 않았으며, 오히려 천상의 하나님의 나라를 지상에 구현한 기독교 제국으로 인식하게 되었다. 이러한 기독교의 승리에 모두가 환호한 것은 아니었다. 십자가의 고난을 부담스러워할 만큼 부와 권력을 소유한 교회는 박해 시대의 순수함과 열정을 상실했고, 이처럼 타락의 길로 접어든 교회를 등지고 온전히 그리스도를 따르려는 사람들은 광야로 나아갔다. 이제 그리스도를 온전히 따르는 자의 표상이 순교자에서 수도사로 바뀌게 되었다. 이들에 의해 기독교의 수도원 운동이 싹트게 되었다.

게르만 민족에 의해 서로마 제국이 멸망당한 후 생긴 권력의 공백을 대체하며 등장한 것이 로마 가톨릭교회와 교황이었다. 게르만 민족의 일파인 프랑크족은 기독교를 받아들였을 뿐만 아니라, 질풍노도처럼 스페인을 거쳐 서유럽을 삼키려 했던 이슬람 세력을 막아 냄으로써 로마 가톨릭교회의 수호자이자 든든한 후견인이 되었다. 멸망한 서로마 제국을 대신하는 황제로, 로마 교황에 의해 기름부음을 받은 칼 대제는 새로운 기독교 제국을 건설하였다. 이것이 오늘날 유럽 기독교의 토대가 되었다. 콘스탄티누스 황제를 시작으로 칼 대제와 후에 오토 대제를 거치면서 교회와 국가의 유착 관계는 더욱 긴밀해졌고, 이는 중세 내내 야기되었던 교황권과 황제권의 갈등의 씨앗이 되었다. 이에 반해 초기 기독교의 중심지였던 소아시아는 정교일치 체제 속에서 동로마(비잔틴) 황제의 지배하에 있었다. 서방교회와 분열된 이후 독자적인 동방 정교회의 신앙을 고수하였던 비잔틴 제국은 오스만 터키에게 멸망당한 뒤, 이슬람 지역이 되었다. 그 후 동방 정교회의 중심은 비잔틴(콘스탄티노플)에서 러시아의 모스크바로 이동하였나.

하나의 통일된 기독교 세계를 이루었던 서방교회, 즉 로마 가톨릭교회는 마르틴 루터에 의해 시작된 종교개혁에 의해 분열뇌었다. 이제 서방 기독교 세계는 로마 가톨릭교회와 루터교회로 분열되었고, 후에 츠빙글리와 칼빈에 의해 스위스 개혁교회가 탄생하였다. 이 칼빈주의적인 개혁교회는 스위스 국경을 넘어서 유럽으로 확산되어 갔다. 다른 한편, 루터와 츠빙글리와 칼빈의 종교개혁이 제후들이나 시의회의 지원을 받는 여전히 관료적인 종교개혁임을 비판하면서, 국가와 교회의 철저한 분리를 주장하며 관습적인 신앙을 넘어서 개인의 영적 체험과 고백을 강조하는 철저하고도 과격한 종교개혁을 주장하는 그룹들이 생겼는데, 재세례파와 영성주의자들이 그들이다. 이들과는 또 다른 유형의 종교개혁이 영국의 종교개혁인데, 이것은 종교적인 이유라기보다는 정치적인 이유로 왕에 의해 시작된 위로부터의 개혁이었다. 영국 교회는 형식과 신학적인 면에서 로마 가톨릭과 개신교회의 절충적인 입장을 취하였다.

　이제 기독교는 더 이상 단일한 종파(교파)가 아니었다. 서로 간에 교리적으로, 정치적으로 경쟁하며 자신을 중심으로 타자를 통일시키고자 하였으며, 이것이 여의치 않자 전쟁을 통해 해결하고자 하였다. 대부분의 종교 전쟁은 순순한 종교적인 동인에 의해서만 이루어진 것이 아니라, 영토 확장과 지배력의 확대라는 세속적인 동기가 동시에 작용하였다. 종교 전쟁이 초래한 것은 급격한 세속화였다. 절대적인 진리 주장을 하며 상대방을 정죄하던 각 기독교 종파는 스스로를 상대화시키는 결과를 초래하였다. 이제 종교는 공적인 영역에서 더 이상 합리적인 대안이 되지 못하였고, 그 자리를 정치와 외교가 대체하였다. 여기에 더하여 과학의 등장과 새로운 지리상의 발견은 더 이상 전통적인 세계관에 근거한 기독교 신앙과 성서의 세계를 문자적으로 받아들이기 어렵게 만들었다. 이러한 시대적 변화를 반영하는 것이 계몽주의며, 이에 기초한 종교철학이자 신학

기독교 역사의 전환점들

이 이신론이었다.

그러나 인간은 이성에 근거한 건조하고 차가운 종교에 만족할 수 없었고, 가슴과 감정과 체험에 근거한 살아 있는 신앙을 갈구하게 되었다. 참 신앙은 머리에서 이루어지는 것이 아니라 가슴에서 이루어지며, 교리나 제도에 의해서 규정되는 것이 아니라 사랑과 실천 속에서 확증되는 것임을 강조한 운동이 바로 경건주의 운동이다. 경건주의자들은 개혁자들의 종교개혁이 교리의 개혁이었다면, 자신들의 개혁은 삶의 개혁이라고 주장하였다. 이러한 유형의 신학과 운동은 대각성 운동에서 다시 한 번 모습을 드러낸다. 이러한 열정은 세계 선교로 이어져 19세기를 '위대한 선교의 시대'로 일컬어지게 할 정도였다.

하지만 인간은 머리가 이해할 수 없는 것을 가슴으로 받아들일 수 없는 존재이기도 하다. 자연과학(특별히 유물론과 진화론)의 발달과 사회 구조의 변화는 이에 상응하는 신학적인 대응을 요청하였는데, 이에 대한 한 흐름이 소위 19세기 자유주의 신학이다. 이것은 인간의 이성과 역사에 대한 신뢰가 그 핵심으로, 계몽주의와 이신론의 후예라고 할 수 있다. 그러나 이러한 낙관주의도 제1, 2차 세계대전을 겪으면서 적나라하게 드러난 인간의 죄성과 야만성, 그리고 인간 지성과 과학의 한계 앞에서 한풀 꺾이게 된다. 이때 자유주의 신학의 한계성을 지적하며 등장한 것이, 칼 바르트의 신정통주의 신학이다. 이 신학은 종교개혁적인 전통을 창조적으로 계승하여, 신학의 유일무이하게 불변하는 상수로 하나님의 말씀(예수 그리스도)을 내세웠다.

세2차 세계대전 이후의 신학은, 말하자면 신학의 춘추전국시대라고 할 수 있다. 세속화 신학, 실존주의 신학, 정치신학, 해빙신학, 과정신학, 여성신학, 생태신학, 종교신학 등 다양한 색깔의 신학이 등장하며, 저마다의 정당성을 주장한다. 그러나 누구에게나 보편적으로 받아들여지는 신학은 거의 없다는 점에서 제한적이다. 현대의 해석학이 모든 주장(이론)의 당파적 특성을 밝혀 낸 이후 더욱 그러하다. 그러나 오늘날 정통주의든, 자유주의든, 해방신학이든 비록 방법론에서는 차이가 있지만, 인류가 당면한 정의, 평화, 창조의 보전 문제에 대한 문제의식은 공유하는 것 같다. 그리고 방법론은 다르지만 분열된 교회의 일치와 연합에 대한 노력은 동일하다고 할 수 있다.

21세기 기독교에서 두드러진 현상은 남반부 기독교의 흥기(興起)다. 이제까지 기독교를 주도해 왔던 북반부 중심의 축이 아프리카와 남미와 아시아로 이동하고 있음을 부인할 수 없다. 그러나 이 새로운 유형의 기독교가 어떤 모습으로 귀결될지는 미지수다. 북반부 기독교, 특히 유럽과 북미 일부 기독교회는 근대 이후(Post-modern)의 상황을 위기이자 동시에 새로운 기독교 형성을 위한 기회로 보면서 새로운 차원의 종교개혁을 시도하고 있다.

III

에른스트 벤츠는 기독교의 역사를 '아직 실현되지 않은 본질'을 이해하는 패러다임의 변화의 역사라고 보았다. 창조주 하나님, 예수 그리스도, 성령, 그리고 복음의 핵심인 '하나님의 나라'는 아직 온전히 실현(혹은 완성)되지 않은 본질로서, 이것은 역사를 통하여 부분적으로 그 모습을 드러낸다. 이 드러난 모습을 해석하고 실천하는 준거 틀인 패러다임은 영원한 것이 아니다. 한때 유용했던 패러다임도 변화된 현실 속에서 적합성을 상실하면 새로운 패러다임으로 대체된다. 가톨릭 신학자 한스 큉(Hans kung)은 교회와 신학의 패러다임의 변화로 원시 그리스도교-묵시문학적인 모형, 고대 교회-헬레니즘 모형, 중세-로마 가톨릭 모형, 종교개혁-프로테스탄트 모형, 근대-계몽주의적 모형을 들며, 현대의 모형으로 변증법적인 신학, 실존신학, 해석학적 신학, 해방신학 등을 들어 설명하고 있다.

이 책은 기독교의 패러다임의 변화를 더욱 세부적으로 살펴보려는 시도에서, 기독교 역사의 중요한 전환점이 되었던 사건들을 살펴본 것이다. 이 책은 필자가 기독교대한감리회 기관지인 월간 「기독교세계」에 2008년 1월부터 2010년 4월까지, 2년 4개월 동안 '교회사의 전환점들' 이라는 제목으로 연재했던 원고를 묶고, 그때 다루지 않았던 몇 가지 주제를 더 첨가하여 한 권의 책으로 엮은 것이다.

이 글을 연재할 때 독자들이 보여 주었던 관심과 호응에 다시 한 번 감사드리며, 이 책이 한국 기독교회의 역사의식 함양에 도움이 된다면 저자로서는 더할 나위 없는 기쁨이 될 것이다.

차례

기독교의 원점, 예수의 죽음과 부활

나사렛 예수의 출현과
교회의 성립

기독교의 원점(原點), 나사렛 예수

교회사의 전환점을 논할 때, 그 원점이 되는 것은 나사렛 예수다. 도그마적으로 말하자면 예수 그리스도는 삼위일체의 한 위격으로 하나님과 더불어 선재(先在)하신 분이지만, 역사적인 관점에서 기독교 신앙은 나사렛 출신의 예수를 그리스도로 고백하는 데서 시작된다. 예수란 이름은 당시의 팔레스타인 지방에서 드물지 않은 이름이었다. 그 많은 예수 중에서 갈릴리 지방의 나사렛 예수를 그리스도로 고백하는 소수의 유대인들, 그들이 첫 그리스도인들이었다.

역사적으로 볼 때 나사렛 예수의 출현 이전과 이후에도 자천타천의 그리스도들도 적지 않았다. 그러나 오직 보잘 것 없는 나사렛 출신의 젊은 이, 십자가에 달려 비참하게 죽은 그 예수만을 참된 그리스도로 고백하였다는 것, 이것이 기독교 신앙의 비밀이자 유대교에서 기독교로 넘어가는 결정적인 전환점이 되었다. 이 토대 위에서 기독교의 역사는 시작되었다. 단순한 기독교 역사의 시작이 아니라, 세계 역사의 전환점이라고 기독교인들은 생각했다. 그래서 심지어 중세 초기에 인류의 역사를 예수 이전(B.C.)과 예수 이후(A.D.)로 나누는 전통을 세웠다. 기독교의 역사는 한마디로 하면 이 예수 그리스도에 대한 믿음과 해석과 실천의 역사라고 말할 수 있다.

그리스도(Χριστός)란 히브리어 '메시아'의 그리스어 번역으로, 본래 '기름부음 받은 자'란 의미다. 고대 이스라엘에서 기름부음을 받는 자들은 왕이나 제사장이나 예언자였다. 유대인들이 고대한 메시아(그리스도)는 바로 이러한 부류의 사람들이었다. 제2 성전시대의 유대교 묵시문학에 보면 한 사람의 메시아만을 기다린 것이 아니라, 때로 두 명 혹은 세 명의 메시아가 동시에 올 것을 기대하기도 했다. 예를 들어 쿰란문서를 보면 세 명의 메시아, 즉 모세와 같은 예언자(신 18:18~19), 이스라엘의 메시아(민 24:15~17에 나오는 야곱에게서 나오는 별), 그리고 종말론적인 대제사장인 제사장적 메시아(신 33:8~11)가 기대되고 있다.

이들의 메시아적인 사명은 바로 오랜 외세의 억압과 질곡으로부터 이스라엘을 해방하여 옛 다윗의 영광을 재현하고 예루살렘 성전과 율법의 거룩함을 회복하는 것이었다. 이를 위해서는 정치적인 힘이나 종교적인 권위를 갖지 않으면 안 되었다. 나사렛 예수 이전과 이후의 메시아 운동은 바로 이러한 정치적인 회복 운동이었다. 예수를 거부했던 많은 유대인들이 예수 사후 130년경 이스라엘의 독립을 위한 무장투쟁의 지도자 바르 코흐바(Bar Kochbar)를 메시아로 여기며 따랐던 것이 이를 반증한다. 당대의 존경받던 랍비 아키바(Akiba)는 그를 '왕 메시아'(the King Messiah)라고 불렀다. 그들이 꿈꾸었던 나라는 다윗 시대와 같은 정치적인 메시아 왕국이었다. 이러한 전통적인 유대인의 메시아적 관점으로 볼 때, 유대인들이 예수를 메시아로 받아들이기 힘들었을 것임을 우리는 충분히 짐작할 수 있다.

무엇이 예수를 그리스도로 고백하게 하였는가?

예수는 유대인들이 꿈꾸던 정치적인 메시아 왕국을 가져오지 못했음에도, 다시 말하면 메시아적 기대에 부응하지 못했음에도 불구하고 일단의 유대인들은 그 예수가 메시아임을 고백하며 선포하였다. 무엇이 그들로 하여금 이러한 고백을 가능하게 하였을까? 그것은 다름 아닌 예수의 부활 사건이다. 이 부활 사건 이전엔 오랫동안 같이 생활했던 제자들조차 예수가 실제로 누구인지 잘 몰랐다. 제자들 역시 예수에게서 정치적인 메시아 왕국의 실현을 기대했다. 마가복음의 큰 모티브 가운데 하나가 '메시아적 비밀'이라는 것인데, 이를 잘 보여 주는 것이 바로 제자들의 무지다. 심지어 "주는 그리스도시오, 살아 계신 하나님의 아들"(마 16:16)이라고 고백했던 베드로조차 예수의 십자가의 의미를 모르고 예수의 길을 막다가 "사탄아 물러가라."(마 16:23)는 책망을 들었으며, 급기야 예수를 배신하게 되었다. 그들은 비록 예수를 따라 다녔지만, 부활 사건을 경험하기 전까지 그가 진실로 누구였는지 몰랐다.

예수가 십자가에서 무력하게 죽자, 제자들은 충격과 허탈감에 빠졌다. 그러나 그들을 더욱 충격적이고 혼란스럽게 한 것은 그 죽었던 예수가 부활했다는 소식이었다. 우리는 이러한 상황의 단면을 '엠마오로 가는 두 제자'(눅 24:18~24)의 모습에서 잘 볼 수 있다. 예수의 부활을 가장 실증적인 면에서 부인한 사람은 '의심 많은 도마'(요 20:25)였다. 예수의 부활에 대해 얼마나 이해하기 어려웠던지, 심지어 예수님이 승천하시기 전 제자들을 모아 놓고 마지막 분부하는 자리에서도 "아직도 의심하는 사람들이 있더라."(마 28:17)고 보도할 정도였다. 그도 그럴 것이 부활하신 예수님의 몸은 제자들이 유대인들을 두려워하여 문을 꼭꼭 닫고 숨어 있던 방에 들어오실 때는 마치 유령같이 보였으나, 손과 발에 난 못 자국을 만져 보게 하시거나(눅 24:39) 구운 생선 한 도막을 드시는 것을 보면(눅 42:43) 영락없이 돌아가시기 전 그대로의 모습이었기 때문이다.

복음서 저자들은 오늘날과 같은 물리학이나 생물학적인 관점에서 예수가 죽음에서 어떻게 부활하였는지, 그 과정을 명확하게 설명하지 않았다. 그러나 그들이 분명하게 전하는 것은 제자들뿐만이 아니라 500여 명의 사람들이 부활하신 예수를 만남으로, 두려움에 떨던 그들이 생명을 버리면서까지 예수의 부활을 증거했다는 사실이다. 무엇보다 예수와 그를 따르던 제자들에게 가장 적대적이었던 사울이 극적으로 예수의 가장 열렬한 제자가 된 것도, 바로 부활하신 예수를 만난 이후였다는 사실이 부활의 중요성을 웅변하고 있다. 사울(바울)은 예수의 부활을 실존적으로 체험했지만, 부활을 단순히 개인의 실존적인 영역에 국한시키지 않고

"죽은 자를 살리시며 없는 것을 있는 것으로 부르시는"(롬 4:17) 창조주 하나님의 새로운 창조 사건, 과거와 현재와 미래를 아우르는 우주적인 사건으로 고백하였다.

예수의 부활은 단순히 생명 연장이나 불로장생이 아니며, 죽음 이후 이전 육체로의 단순한 회복이 아니라 종말의 때에 일어난 하나님의 새로운 창조다. 예수 당시 사두개인들은 부활을 부정하였으나, 바리새인들은 부활을 믿었다. 바리새인이었던 바울은 예수 안에서 종말의 때에 일어날 부활이 지금 여기에서 일어났다고 확신하였다. 예수 안에 있는 영원한 생명은 그를 믿고 따르는 제자들에게 지금 여기에서도 죽음을 넘어선 영원한 생명을 살 수 있게 한다(요 11:25~26). 또한 부활은 하나님의 의(義)의 궁극적인 승리를 뜻한다. 예수의 제자들은 하나님께서 예수의 부활을 통해 예수를 십자가에 못 박는 이 세상의 어둠의 불의와 폭력을 밝히 드러내시며, 하나님의 의와 진리를 죽이고자 했던 죽음의 권세들을 심판하셨다고 믿었다. 이러한 확신 속에서 그들은 더 이상 죽음을 두려워하지 않고 예수의 증인으로 나섰던 것이다.

하나님의 나라, 예수 선포의 핵심

예수의 부활은 그의 죽음이 전제되고, 그의 죽음은 그의 삶이 전제가 된다. 이렇게 보면 예수의 삶과 죽음과 부활은 서로 연결돼 있다고 말할 수 있다. 그렇다면 예수의 삶과 선포의 핵심은 무엇이었을까? 대부분의 학자들은 그것이 바로 '하나님의 나라' 였다는 데 이의가 없다. 예수의 공생애의 출발을 알리는 첫 선포가 "때가 찼고 하나님의 나라가 가까이 왔

기독교 역사의 전환점들

으니 회개하고 복음을 믿으라.”(막 1:15)였다. 또한 예수는 제자들에게 “(하나님의) 나라가 임하시오며 뜻이 하늘에서 이루어진 것 같이 땅에서도 이루어지이다.”(마 6:10)라고 기도할 것을 가르쳤으며, 예수가 즐겨 사용한 비유 대부분도 바로 하나님 나라의 비유였다는 데서 이를 확인할 수 있다.

‘나라’라고 번역된 그리스어 ‘바실레이아’($\beta\alpha\sigma\iota\lambda\varepsilon\iota\alpha$)는 주권과 통치를 뜻하는 개념이다. 따라서 하나님의 나라는 ‘하나님의 통치가 이루어지는 곳’이라고 할 수 있다. 이것은 공간적인 개념이기도 하지만, 겨자씨 비유(막 4:30~32)에서 보듯이 하나의 과정을 의미하는 역동적인 개념이기도 한다. 또한 하나님의 나라는 미래적으로 ‘(죽은 후 들어) 가야 하는 나라’(막 9:47)이기도 하지만, 현재적으로 ‘이미 이곳에 임하여 우리 가운데 현존하는 나라’(눅 17:20~21)이기도 한다. 하나님의 나라는 예수 그리스도에 의해 ‘이미’ 이 땅에서 시작되었지만, ‘아직 완성되지 않은’ 나라다. 이 나라는 유대인들이 고대하였던 정치적인 메시아 왕국이 아니라, 이 세상에 현존하지만(내면적으로 또한 공동체적으로) 이 세상 제국에 속하지 않는 나라다.

이러한 하나님의 나라는 회개(悔改)로부터 시작된다. 회개를 뜻하는 그리스어 ‘메타노이아’($\mu\varepsilon\tau\acute{\alpha}\nu\omicron\iota\alpha$)는 ‘돌아서다’라는 의미를 지니고 있다. 따라서 예수의 회개 선포는 이제까지의 관습적인 사고와 행동, 종교적 관행에서 돌아서서 새롭게 동트고 있는 하나님의 나라에 동참하라는 요구다. 하나님 나라의 가치와 질서는 그의 비유와 산상수훈에서 보듯이 우리의 일상적이고 길들여진 사고를 전복(顚覆)시키는 것이다. 예수는 단지 말씀뿐만이 아니라 삶으로 하나님의 나라가 어떠해야 함을 보여 주었다.

그 대표적인 것이 '죄인'이라고 낙인찍힌 사람들과 가난하고 버림받은 사람들과 함께 했던 '식탁 친교'(table fellowship)인데, 이는 성전 체제와 정결법이 지배하던 그 당시 사회에서는 충격적인 것이었다. 밥을 함께 먹는다는 것은, 그들을 인정하고 그들과 함께 삶(생명)을 나누는 것을 의미했다. 성(聖)과 속(俗), 의인과 죄인의 이분적인 사고방식에 기초한 유대 사회의 가치와 질서에 정면으로 배치되는 것이었다. 예수의 의해 시작된, 이러한 하나님의 나라에 위협을 느낀 당시의 유대교 종교 지도자들과 로마 제국의 지배자들이 공모하여 예수를 처형했던 것이다.

성령 강림 사건과 교회의 탄생

세상의 어둠의 권세자들은 예수를 죽였지만, 하나님께서는 능력으로 그를 죽은 자 가운데서 부활시키셔서 이 세상의 심판자로 세우셨다. 제자들이 부활하신 예수가 자신들 가운데 현존하시며 지속적으로 함께하신다는 확신을 강화하게 된 것은, 성령 강림 사건(행 2:1~4)을 통해서다. 그들은 "보혜사 곧 아버지께서 내 이름으로 보내실 성령 그가 너희에게 모든 것을 가르치고 내가 너희에게 말한 모든 것을 생각나게 하리라."(요 14:26)라는 예수의 말씀을 기억하고 이를 체험했다. 또한 일찍이 예레미야 예언자가 말한 '새 계약'(렘 31:31~33)이 실현되었다고 믿었으며, 이방인을 포함하여 '새로운 이스라엘' 혹은 '하나님의 참 이스라엘'이라는 자의식을 갖게 되었다. 이것이 유대인들의 성전이나 회당과 구분되는 교회의 시작이다. 로마에 의해 예루살렘 성전이 파괴된 뒤, 그리고 초기 기독교인들이 유대인의 회당에서 추방된 이후 교회는 더욱 분명하게 유대

기독교 역사의 전환점들

교와 단절하게 되었다.

　예수의 하나님 나라 운동은 이제 교회를 통하여 이어지게 되었다. 예수는 부활을 통해 자신의 몸이 형식적인 예루살렘 성전 대신에 참된 성전이 될 것(요 2:19)을 말한 바 있다. 이러한 맥락에서 바울은 교회를 '그리스도의 몸'이라고 유비한다. 그리스도인들은 세례를 통하여 그리스도의 한 몸 된 지체들이 된다. 그리스도의 몸의 지상적·제도적 실존 형식이 바로 교회다. 그러나 지상의 제도적 교회를 하나님의 나라 자체와 동일시할 수 없다. 지상의 교회는 완전한 존재가 아니라 완성을 향해 가는 도상(途上)의 존재일 뿐이다. 교회 역시 하나님의 심판 아래 서 있으며, 예수에 의해 '이미' 시작되었지만 '아직' 완성되지 않은 하나님 나라의 모형에 불과하다. 어쨌든 팔레스타인에서 시작된 기독교 공동체가 지역적인 한계와 유대인의 민족주의적인 한계를 극복하고 보편주의적인 종교로 나갈 수 있었던 전환점이 바울과 그의 이방 선교에 의해 마련되었다.

나사렛 예수의 출현과 교회의 성립

위대한 이방 선교자 바울

사도 바울과 이방 선교

복음이 서쪽으로 간 까닭은?

예수님이 승천하시기 전 하신 "오직 성령이 너희에게 임하시면 너희가 권능을 받고 예루살렘과 온 유대와 사마리아와 땅 끝까지 이르러 내 증인이 되리라."(행 1:8)는 말씀처럼, 복음은 팔레스타인이라는 좁은 지역적·민족적인 한계를 넘어 이방 세계로 확장되어 갔다. 물론 여기에서 '이방(異邦) 세계' 란 주로 당시의 그레코-로만(Greco-Roman) 세계를 뜻한다. 이 세계는 문화적으로는 헬레니즘이, 정치적으로는 로마 황제가 지배하던 지중해를 둘러싸고 있던 로

기독교 역사의 선환점들

마 제국을 말한다. 이러한 세계에 기독교 복음이 뿌리를 내림으로 기독교 역사는 결정적인 전환점을 맞게 되었다. 역사에서 가정(假定)은 부질없는 일이기는 하나, 초기의 기독교 복음이 교리적인 체계로 확정되기 전 팔레스타인 서쪽이 아니라 동쪽으로 인도를 거쳐 중국으로 직접 왔다면, 기독교의 교리적인 체계나 모습이 오늘날의 서구 기독교의 그것과는 좀 다르지 않았을까 생각해 본다.

그러나 복음의 큰 물줄기는 팔레스타인 동쪽이 아니라 서쪽으로 방향을 잡았으며(약간의 지류는 근동으로 흘러 유대적인 기독교 종파로 상당 기간 명맥을 유지함), 지중해 주변 지역을 적시기 시작했다. 이것은 너무나 당연한 현상이었다. 왜냐하면 당시 세계의 중심은 로마였으며, 기독교 복음은 주로 지중해 주변에 퍼져 있던 디아스포라 유대인들을 중심으로 유입되어 퍼져 나갔기 때문이다. 이들은 유대인이기는 하지만 헬라어(그리스어)를 사용하고 헬라문화에 익숙했으며, 자신들의 전통을 재해석하는 사람들이었다. 이들은 이미 헬라어로 번역된 성경(Septuaginta)을 소유하고 있었고, 자신들의 유대교 신학을 헬라철학적인 개념으로 해석하고 변증하였다. 이들 가운데 대표적인 사람이 알렉산드리아의 필로(Philo of Alexandria)다.

필로는 주전 25년에 태어나 주후 40년대 초까지 알렉산드리아에서 활동하였던, 헬라철학에 능통한 유대교 철학자였다. 그는 성서를 플라톤적인 개념을 사용하여 알레고리적으로 해석하였다. 이를 테면 아브라함이 메소포타미아를 떠나 기나안으로 가는 이야기를 하나님과의 합일을 위한 영혼의 여행으로 해석하였으며, 창세기 1~2장에 나오는 창조 이야기를 '하나님의 로고스'(Logos)라는 개념을 사용하여 설명하였다. 그는 유대교 철학(신학)을 참된 철학이라고 생각하였으며, 모세야말로 헬라철학의 선구자라고 간주하였다. 필로의 이러한 작업은 후에 초기 교부들에게 큰 영향을 끼쳤다.

그레코-로만 세계 속에서 이루어진 디아스포라 유대인 공동체와 그들의 헬라화된 유대교는 초기 기독교 신학이 형성되고 교회가 확장되는 모판이 되었다. 바울이 등장하기 전에 이미 안디옥(Antioch)에는 헬라화 된 유대인들과 이방인들에 의한 기독교 공동체가 형성되어 있었다(행 11:26). 하지만 예수의 복음을 그레코-로만 세계에 소통 가능한 언어로 재해석(토착화)하였을 뿐 아니라, 그것을 전 로마 제국에 전파하고 조직하는 데 탁월한 능력을 보여 주었던 사람은 바로 바울이었다.

바울은 누구였는가?

우리가 가지고 있는 자료들로 바울의 일대기를 역사적으로 재구성하는 일은 쉽지 않다. 우선 그가 태어난 정확한 시점을 알 수 없어 대략 주전 5년에서 주후 5년 정도로 추정하고 있다. 그리고 그가 언제 어떻게 죽음을 맞이했는지도 정확하게 알 수 없다. 그의 활동을 보도하고 있는 사도행전도 그가 로마에 도착하여 전도하는 것으로 끝나고 있을 따름이다. 전승에 따르면 그는 주후 64년 네로의 박해 때 순교하였다고 한다.

그의 출생과 죽음뿐만이 아니라, 그의 여정도 누가가 기록한 사도행전과 사도 바울 자신의 편지인 갈라디아서가 서로 다르게 나타난다. 특히 바울이 예루살렘을 방문한 횟수가 다르고(갈라디아서 3회, 사도행전 5회), 또한 그가 아라비아와 시리아(다메섹)에서 체류한 3년간의 시간에 대해

기독교 역사의 전환점들

갈라디아서는 분명하게 말하고 있으나(갈 1:18), 사도행전은 이에 대한 언급이 없다.

이렇듯 바울의 역사적 일생을 전면적으로 재구성하기는 어렵지만, 사도행전과 바울의 편지들을 통해 어느 정도 바울의 면모와 행적을 그릴 수 있다. 그는 디아스포라 유대인으로서 로마의 속주 길리기아(Cilicia)의 수도인 다소(Tarsus)에서 태어났다(행 22:3). 따라서 그는 나면서부터 로마의 시민권을 소유하였으며(행 22:28), 그의 서신들에서 보이듯이 헬라어와 헬라문화에 정통하였다. 다른 한편, 그는 유대인으로서 예루살렘에서 바리새인 랍비인 가말리엘(Gamaliel)의 문하에서 교육받았다. 가말리엘은 힐렐(Hillel) 학파 출신으로 그의 충고는 산헤드린에서 매우 존중되었으며, 백성들로부터 존경을 받는 율법학자였다(행 5:34~38). 바울 스스로 자신을 "히브리인 중의 히브리인이요 율법으로는 바리새인"(빌 3:5)이라고 규정하였듯이, 유대교의 율법에 정통한 사람이었다.

바울은 지상의 예수가 선택한 직접적인 제자는 아니었다. 베드로를 비롯한 갈릴리 출신의 예수의 직(直) 제자들과는 출신 배경이 달랐다. 갈릴리라는 지역이 버림받은 유대의 변방이었듯이, 갈릴리 출신의 제자들은 대부분 어부나 농부나 세리같이 하층민에 속하는 사람들이었다. 그들은 결코 지식인의 반열에 속할 수 없었음에 반하여, 바울은 유대교의 신앙과 문화와 헬레니즘 철학과 문화에 정통한 당대의 지식인이었다. 이러한 지식들이 서신(書信)들을 통해 기독교 신학의 기초를 세우는 밑거름이 되었다.

조상들의 전통을 지키려는 열정으로 예수의 추종자들을 박해하던 바울은 다메섹(Damascus) 도상에서 부활하신 예수를 만난 뒤, 누구보다도 열렬한 예수의 제자가 되었다. 그러나 그의 '제자 됨'(혹은 사도권)은 초기 예루살렘 공동체를 이끌고 있던 베드로를 위시한 예수의 직 제자들과 예수의 형제 야고보에 의해 흔쾌히 인정되지 않았다(행 9:26). 바울은 사도권의 인정 문제뿐만 아니라 이방인들에게 유대인들의 율법, 특히 '할례를 적용하느냐 마느냐'의 문제를 놓고 예루살렘 지도자들과 갈등하였다. 예루살렘 회의(행 15:1~19)를 통해 이 문제를 일단락지은 후, 바울은 안디옥을 떠나 본격적으로 잘 닦여진 도로와 지중해를 통해 소아시아와 그리스 동부 해안 지역의 이방인 선교를 향해 나아갔다.

바울의 다메섹 사건, 개종(改宗)인가 소명(召命)인가?

다메섹 사건은 박해자 바울이 예수 그리스도의 사도로 변하게 되는 결정적인 전환점이 되었다. 이 사건은 오로지 사도행전에서만 세 번 언급되는데, 첫 번째 장면(행 9:1~31)은 저자인 누가가 극적인 사건을 보도하는 형식으로 전하고 있고, 나머지 둘(행 22:6~21; 26:12~20)은 바울 자신이 스스로 진술하는 형식으로 되어 있다. 한편 바울의 서신에서는 그가 부활하신 예수를 만났다는 언급만 할 뿐(고전 15:5~9), 다메섹 사건에 대한 구체적인 내용에 대해서는 전혀 보도되지 않았다. 우리가 일반적으로 알고 있는 바울의 회심 사건은 사도행전에 근거한 것이다.

어찌되었건 바울이 부활하신 예수 그리스도를 만나고 나서 이방인의 사도로 나선 것을 개종이라고 할 수 있을까? 그는 "내 어머니의 태로부터 나를 택정하시고 그의 은혜로 나를 부르신 이가 그의 아들을 이방에 전하기 위하여 그를 내 속에 나타내시기를 기뻐하셨다."(갈 1:15~16)라고

기독교 역사의 전환점들

말하면서, 자신의 사도 됨은 오직 하나님의 은혜임을 밝히고 있다. 그의 이러한 말은 마치 구약의 예레미야(1:4~5)나 이사야(49:1~6)가 이방인들 (열방들)을 위한 예언자로 소명받는 이야기와 유사하다.

바울의 회심은 정확하게 말하자면 유대교로부터 다른 종교로의 개종이 아니라, 오히려 유대교의 한 분파인 바리새인에서 하나님을 참되게 이해하고 이전에 선지자들을 통해 약속된 열방(이방)을 향한 하나님의 뜻을 실행하도록 부름받은 소명자로의 변화라고 할 수 있다. 물론 이것은 부활하신 예수를 통하여 하나님의 나라(통치)가 지금 여기에서 시작되었고, 장래에 그리스도의 재림을 통하여 완성될 것이라는 깨달음을 통해 이루어졌다.

훗날 바울이 아그립바 왕 앞에서 다음과 같이 변론한 말은 이러한 그의 입장을 아주 잘 대변하고 있다. "하나님의 도우심을 받아 내가 오늘까지 서서 높고 낮은 사람 앞에서 증언하는 것은 선지자들과 모세가 반드시 되리라고 말한 것밖에 없으니 곧 그리스도가 고난을 받으실 것과 죽은 자 가운데서 먼저 다시 살아나사 이스라엘과 이방인들에게 빛을 전하시리라 함이니이다."(행 26:22~23) 이것은 진정한 의미의 개종, 즉 우상을 숭배하던 이방인들이 히브리인들의 하나님을 믿게 된 것과는 다른 성격의 것이다. 바울은 하나님에 대한 신앙을 갖게 되는 개종의 단계가 아니라 이미 믿은 하나님, 그가 보내신 아들 예수에 대한 신앙으로 넘어간 것이다. 그는 예수의 부활도 히브리 성서(구약)의 지평에서(고전 15:3) 이해했다.

따라서 바울의 회심을 '기독교로의 개종'으로 이해하기는 어렵다. 역시적으로 볼 때는 더욱 그렇다. 왜냐하면 바울이 회심하기 전에는 '그리스도인'이라는 말이 없었기 때문이다. 이 이름은 바나바가 바울을 안디

사도 바울과 이방 선교

옥 교회로 데리고 온 뒤 1년이 지나서 예수를 따르는 자들에게 붙여진 이름이었다(행 11:26). 종교로서의 '기독교'(christianismos)의 개념은 신약성경에 나타나지 않으며, 주후 110년경에 이르러서야 이그나티우스(Ignatius of Antioch)가 유대교(Iudaimos)와 대립된 교리와 실천과 공동체를 아우르는 개념으로 사용하였다.

바울에 대한 오해

바울이 기독교의 역사에서 예수 그리스도 다음으로 중요한 전환점을 가져온 사람임은 두말할 나위 없지만, 그에 대한 오해가 있어 왔다. 계몽주의 이후 소위 진보주의자들에 의해 바울에 대한 부정적인 평가들이 제기되었다. 가령 '예수의 가르침을 최초로 왜곡시킨 자'(토마스 제퍼슨), 혹은 '나쁜 소식의 전달자'(니체), 심지어 '세상을 위해선 바울이 세상에 태어나지 않았더라면 훨씬 좋았을 것'(버나드 쇼)이라는 말에 이르기까지 다양하다. 오늘날 역사적 예수를 연구하는 사람들 중에는 바울이 예수의 역사적·사회적인 지평을 내면화 혹은 영성화시켰다고 비판하기도 한다. 이것은 일찍이 독일의 신학자 아돌프 폰 하르낙(Adolf von Harnack)이 '바울은 예수의 복음을 유대교적인 토양에서 떼어 내, 헬레니즘화시킨 첫 번째 사람'으로 평가한 것과 궤를 같이 한다.

그러나 위에서 살펴본 바와 같이, 바울은 유대교적인 신앙의 지평을 떠난 적이 없었다. 그는 회심(혹은 소명) 이후에도 여전히 디아스포라 유대인의 회당을 출입하였으며, 스스로 경건한 유대인임을 포기하지 않았다. 그는 예수에 의해 시작된 새로운 계약에도 불구하고 하나님이 유대인들과 맺었던 옛 계약이 폐기되지 않았다고 확신하였다. 바울은 동족인 유대인들의 구원에 대해 가지는 자신의 간절한 소망과 확신을 로마서 9장에서 11장에 걸쳐 분명하게 말하고 있다. 바울의 신학에는 유대교와의 연속성과 비연속성이 동시에 존재한다고 말할 수 있다. 이런 점에서 히브리 성서(구약)를 기독교 성경에서 제외시키고, 바울을 탈유대교적인 신학자로 자리매김시킨 마르시온(Marcion)을 이단으로 정죄했던 고대 교회의 결정은 정당하다고 할 수 있다.

바울의 위대성은 역사적이고 묵시적인 유대적 전통을 예수 그리스도의 죽음과 부활의 빛에서 재해석하고, 이를 당시의 그레코-로만 세계에서 통용될 수 있는 언어와 메타포와 개념으로 탁월하게 표현함으로 복음이 이방 세계에 전파되도록 크게 기여한 데 있다. 이후 교부들(Church Fathers)은 바울의 신학 속에 녹아 있던 유대교와의 연속성에서 점차적으로 멀어졌으며, 4~5세기에 이르러 유대적인 토양과 단절된 헬레니즘화된 기독교 패러다임을 완성하였다. 분명한 사실은 사도 바울이 없었다면, 그리스·라틴 교부신학도, 콘스탄티누스 황제에 의한 기독교 공인도 없었을 것이라는 점이다.

사도 바울과 이방 선교

나그함마니에서 발견된 영지주의 문서들

영지주의

영지와 영지주의

영지(靈智, Gnosis)란 특별한 사람(영적인 엘리트들)에게
만 주어지는 인간 자신과 신적인 비밀에 관한 지식을 뜻하
며, 이것은 기독교 형성 이전에도 존재했던 사고방식이다.
이에 반해 영지주의(Gnosticism)란 2세기에 등장하는, 영지
를 근간으로 하는 종교적·철학적 체계 혹은 종파를 지칭
한다.

아돌프 폰 하르낙에 따르면, 영지주의는 기독교가 헬레
니즘을 만나 화학적 반응을 일으켜 만든 기독교 종교철학

기독교 역사의 전환점들

이다. 기독교 영지주의는 초기 기독교 형성 과정에서 주류 고대 교회 교부들에 의해 가장 위험한 가르침(이단)으로 정죄되었다. 하지만 교리와 경전이 확정되는 4세기 이전의 기독교의 모습은 다양한 스펙트럼을 지니고 있었기 때문에, 기독교 영지주의자를 오늘날의 관점에서 정통과 이단의 범주로 규정하는 데는 어려움이 있다. 영지주의자 바실리데스의 제자인 발렌티누스가 150년경 당시 주류 기독교의 상징적 수장으로 인정받는 로마 주교직의 후보에까지 올라 근소한 차이로 떨어질 정도로 그 영향력이 지대하였다는 데서 방증된다. 하지만 이미 2세기 후반에 리용의 감독 이레니우스를 비롯한 교부들은 영지주의를 기독교에 가장 위협적인 존재로 규정하며 이들과 투쟁하였다. 영지주의는 교부들이 성서에 기초한 주류 기독교 신학을 정립해 나가는 결정적인 계기를 마련해 주었다.

영지주의의 기본 구조

영지주의자들 사이에도 약간의 차이는 있지만 기본적인 구조는 거의 동일하다. 그들은 무엇보다 인간 존재의 기원과 목적, 즉 '인간은 어디로부터 와서 어디로 가는가?' 라는 물음에 대해 답하고자 하였다. 그들은 인간의 본래적인 자아는 저 세상의 충만한 빛(Pleroma)으로부터 악한 물질 세상(Kosmos)으로 떨어져 그의 포로가 되어 자신의 근원을 망각한 채 살아가고 있다고 보았다. 따라서 인간의 구원은 자신의 근원이 무엇인지, 어디로 돌아가야 하는지를 깨달음으로써 이루어진다고 보았다.

영지주의자들의 하나님은 물질적이며 부조리한 이 세상의 창조자가 아니다. 그들의 하나님은 이 불완전한 세상을 창조한 열등한 조물주기 아니라, 빛 자체이며 순수 그 자체로 이 세상에 대해서 절대적으로 초월해 있다. 그들은 영혼과 물질, 선과 악, 빛과 어둠, 하나님과 세상을 철저하게 이원적으로 생각한다. 인간은 영적인 인간, 정신적인 인간, 육적인 인간으로 구분되는데, 오직 영적인 인간만이 깨닫는 능력을 지니며 저 세상의 빛과 하나 됨으로써 구원받을 수 있다고 본다. 구원의 개념이 물질세계에서 영을 해방시키는 것이기 때문에 윤리적인 이상은 대체로 금욕주의적으로 나가지만, 정반대로 어차피 육체는 중요한 것이 아니기 때문에 육체적 방종으로 흐를 수도 있다.

'인간의 구원의 가능성은 어디에 근거하는가?' 라는 물음에, 영지주의자들은 인간의 내면에는 저 세상의 충만한 빛의 작은 불씨가 있는데 여기에 근거한다고 대답한다. 이 희미한 작은 불꽃이 인간으로 하여금 자신의 본향으로 돌아가고픈 동경을 일으킨다고 보았다. 물론 그 열망의 정도는 그 원(源) 빛으로부터 가까울수록 강렬하다. 이러한 상황에서 구원의 드라마가 펼쳐진다. 참 빛 되신 하나님은 구원자(혹은 인격으로 표상되지 않는 부름)를 이 세상에 보내 잠자는 자아를 일깨우신다. 이러한 부름은 구체적인 내용이 없다 하더라도 그 부름을 듣는 즉시 자신의 참된 근원을 깨닫게 되고 구원을 받게 된다는 데 그 특징이 있다. 이러한 사고의 배후에는 '동일한 것은 오직 동일한 것을 통하여 인식된다' 는 철학적 해석학이 놓여 있다. 인간 자아는 구원자가 자신과 동일한 본질임을 알기 때문에 그의 부름을 알 수 있는 것이다. 자아가 이러한 깨달음을 얻을 때야 비로소 어떠한 방해에도 불구하고 원 빛의 세계로 나아갈 수 있다. 이런 맥락에서 기독교 영지주의자에게 있어 예수는 하나님이 보내신 구원자인데, 그의 성육신과 고난은 단지 가현(假現)적인 것이며, 그의 죽음은 인간

기독교 역사의 전환점들

의 구원과 관계가 없다고 보았다. 예수의 죽음과 부활이 중요한 것이 아니라, 그가 인간 영혼에 가져다준 깨달음이 구원에 결정적인 것이다.

기독교 영지주의는 더욱 심오하게 철학적으로 기독교를 이해하려는 시도였지만, 성서적인 주류 기독교와는 몇 가지 점에서 결정적인 차이를 보이고 있다. 무엇보다 영지주의는 창조신앙을 거부한다. 구약성서의 창조주(조물주)가 만든 이 세상은 악한 것이며 불완전하고 참된 하나님과는 관계가 없다고 본다. 따라서 영지주의자들은 구약의 하나님은 참된 신이 아니며 구약성서는 파기되어야 한다고 보았다. 그래서 교부들은 영지주의자들을 '창조주에 대한 신성모독자들'이라고 불렀다. 또한 기독교 영지주의들은 예수님의 십자가의 공로로 인해 죄로부터 구원받는 것이 아니라, 깨달음을 통해 물질세계의 속박으로부터 해방되는 것이 구원이라고 주장한다. 그리고 그들은 예수의 성육신과 십자가의 죽음과 몸의 부활을 부인하며, 가현설적인 기독론을 주장한다. 이러한 것들은 성서적인 주류 기독교의 교리와는 거리가 먼 주장들이었다.

영지주의와 신약성서

'영지주의가 신약성서의 저자들에게 직접적으로 영향을 주었는가?' 아니면 '신약성서와 영지주의 문서 사이에 존재하는 병행구나 유비는 각자 독립적으로 발전해 온 것인가?' 하는 문제는 풀기 어려운 과제다. 영지(Gnosis)의 기원을 기독교 이전으로 보는 학자들은 신약성서, 특별히 요한복음과 바울 서신들 가운데 나타나는 세상과 영, 육체의 개념, 그리고 이원론적인 표상과 사고방식에서 영지주의적 사고의 직접적인 영향을 주장하기도 한다. 다른 한편 직접적인 영향을 말하지 않더라도 혹자는 영지주의적 사고의 위험성, 이를 테면 가현설을 반박하기 위해 요한복음 1장 14절에서 성육신을 언급한 것으로 본다. 물론 영지 혹은 영지주의를 기독교의 틀 안에서 비로소 생겨난 이단으로 보는 사람들은 신약성서에 대한 일체의 영지주의적인 영향을 부인한다.

우리는 요한복음이나 일부 바울 서신에서 '영혼은 본래적인 고향(천국)으로 돌아가야 한다' 는 전형적인 영지주의적 모티브를 만나게 된다(오늘날 우리도 '죄 많은 이 세상은 내 집 아니네' 라고 노래하고 있지 않은가?). 그러나 신약성서에 나타나는 이러한 모티브는 영지주의의 그것과는 본질적인 면에서 차이가 난다. 영지주의적 사고에서 구원은 구원받는 자와 구원하는 자의 본질적 동일성에 기초해 있으며, 자신이 저 세상적인 빛의 충만함(Pleroma)에서부터 유래되었음을 깨달음으로써 이루어진다. 그러나 정통적인 기독교 신앙은 예수의 십자가와 부활에 근거해서 예수 그리스도의 주 되심을 믿는 믿음을 통해 구원을 받는다.

영지주의적 사고와 기독교 신앙은 세상을 바라보는 관점에서 근본적으로 차이가 난다. 전자에서 세상은 구원자를 보내신 아버지의 창조물이 아니라, 자아가 그곳으로부터 구원을 갈구하는 적대적인 세력이다. 그러나 후자의 경우, 예수는 자신의 죽음과 부활을 통해 하나님에 의해 창조된 세상으로부터 분리됨 없이 인간 전체, 더 나아가 모든 피조물을 구원한다. 이러한 본질적인 차이에도 불구하고, 성서의 저자들이나 초기 기독교 신학자들이 인간에게 주어진 하나님의 자기 계시인 예수 그리스도에 대한 해석의 한 도구로 영지주의적 모티브를 사용했을 가능성을 배제할 수 없다.

교회사 속의 영지주의, 죽지 않는 이단?

영지주의는 정통 기독교에 의해 이단이라고 정죄된 후 박해를 받아 5세기 초에 완전히 사라졌다고 여겨져 왔다. 하지만 필립 젠킨스(Philip Jenkins)의 말처럼, 영지주의가 교회의 역사에서 완전히 사라진 적은 없다. 정통 기독교에 의해 억압을 당한 후, 영지주의적 관념들은 바울파(Paullicians)와 마니교도(Manichaens)에 의해 메소포타미아나 아시아 지역으로 퍼져 나갔다. 이러한 관념이 중세 시대에 유럽으로 역수입되어, 카타르(Cathar) 또는 알피파(Albigensian) 운동의 사상적 근거가 되었다. 이들은 전형적인 영지주의적 관념을 이어받아 로마 가톨릭교회는 우리가 살고 있는 이 세상의 온갖 더럽고 악한 것을 창조한 구약의 하나님, 미혹의 신을 좇는 사탄의 무리라고 비판하였다.

그 이후에도 영지주의의 사상과 의식은 서양 문화사 곳곳에서 뚜렷하게 흘러왔다. 간간히 발견된 영지주의 문서는 초기 교부들에 의해 왜곡되고 폄하된 영지주의에 대한 새로운 인식을 가져왔다. 20세기 들어 영지주의는 뉴에이지 운동, 신흥 비교(秘敎) 집단, 현대 심리 치료법 등에서 다양한 형태로 나타났다. 1945년 이집트에서 발견된 영지주의 문서인 〈나그 함마디 문서〉가 이러한 경향을 더욱 심화시켰다. 일례로 일레인 파겔스(Elaine Pagels)는 『영지주의 복음서』(1979)에서 탈역사화 되고 심리학적이며 여성 친화적인, 그리고 불교와 유사점을 가진 이상적인(?) 기독교를 제시하였다. 그녀는 이것이 고대 예수 운동의 진정한 핵심이라고 주장하였다.

나그함마디 문서와 영지주의 르네상스

그동안 파기되었거나 소실되었다고 생각한 영지주의 문서들이 19세기 말부터 발견되어 세상에 모습을 드러내기 시작했다. 영지주의 관념을 완벽하게 표현하고 있는 「피스티스 소피아」(Pistis Sophia)가 대표적이다. 그러나 1945년 12월 나일강 상류에 위치한 나그함마디 부근 산기슭에서 발견된, 가죽 끈으로 묶인 열세 뭉치의 파피루스 문서는 이전과 비교할 수 없는 영지주의에 대한 폭발적인 관심을 불러일으켰다. 이 뭉치 속에는 4세기 초 그리스어에서 콥트어(고대 이집트어)로 번역된 것으로 보이는 52편의 글이 담겨 있었는데, 중복된 글을 제외하면 발견한 글은 모두 45편이었다. 후에 〈나그함마디 문서〉(Nag Hammadi library)라고 불린 이 문서는 돈에 눈먼 자들에 의해 수년 동안 골동품 암시장을 떠돌아야 했다. 전문가들의 손에 들어간 후에도 이 문서들은 극소수의 사람들에게만 열람이 허용되었다. 이 문서는 오랜 시간 동안 온갖 유언비어 속에서도 대중에게 공개되지 않다가, 1972년에 비로소 영인본 한 권이 출판되었다. 그리고 2년 후 13권 전체가 출판되었다.

이 문서가 지니는 학문적인 중요성은 이제까지 영지주의에 대한 이해는 이를 이단으로 정죄하는 교부들의 저술이나 몇몇 극소수의 고대 문서에 전적으로 의존해 왔으나, 이제는 영지주의에 대한 광범위한 일차 자료를 활용하여 연구할 수 있게 된 점이다. 사본을 복사하고 번역하여 출판하는 데 주도적인 역할을 한 제임스 로빈슨은 〈나그함마디 문서〉 영어 번역의 서문에서, 이 문서들은 아타나시우스가 367년 정경으로 채택되지 못한 문서를 정죄함으로써, 이집트 최초로 공동체 수도원을 형성하였던

기독교 역사의 선환점들

파코미우스의 수도사들이 항아리에 넣어 밀봉한 다음 땅 속에 숨겨 놓은 문서들일 것이라 추정하고 있다.

〈나그함마디 문서〉의 발견은 영지주의 연구에 새로운 지평을 열기 시작했다. 특별히 예수님의 어록집인 「도마복음」에 대한 연구는 가히 영지주의 르네상스라고 일컬어질 만큼 하나의 트렌드를 형성하였다. 여기에 더하여 영지주의 문서인 「빌립의 복음서」와 「마리아의 복음서」를 기초로 쓴, 허구적 소설인 덴 브라운의 『다빈치 코드』와 같은 류(類)의 소설은 그 신학적인 오류에도 불구하고 영지주의에 대한 대중적인 관심을 끌기에 충분하였다. 「도마복음」에는 4복음서에 나타나는 기적, 예언의 성취, 부활, 종말, 재림, 최후 심판 등과 같은 내용이 나오지 않는다. 내 속에 빛으로 계시는 하나님을 깨닫는다면 이 세상 속에서 새롭게 태어나고 죽음을 극복한다고 이 책은 주장한다. 여기서 예수는 마치 붓다의 마음을 지닌 서양의 성자처럼 그려지고 있는데, 이것은 전통적인 기독론이나 임박한 종말과 하나님 나라의 도래를 외쳤던 갈릴리의 투박한 역사적 예수의 모습과는 상당한 거리가 있다.

거독교를 공인한 콘스탄티누스 황제

박해와 기독교 공인

박해의 시작

오늘날 예수를 믿는 것이 현세적인 축복과 성공의 지름
길로 선포되기도 하지만, 초기 기독교에서 예수를 믿고 그
리스도인으로 산다는 것은 위험한 모험이자 목숨까지도 바
쳐야 하는 비장한 결단의 행위였다. 이러한 '피의 증언자'
들이 뿌린 피와 눈물을 양식으로 삼아 기독교회는 성장하
였다. 그 당시에는 멸시와 핍박과 고난, 더 나아가 순교야말
로 예수의 뒤를 따르는 참된 제자의 징표라고 여겼다.

예수를 메시아(그리스도)로 고백한 처음 그리스도인들은

교회사의 전환점들

유대교 내에서 불안한 동거를 하였다. 그러다 점차로 일부 유대인들에 의하여 그리스도인들을 향한 박해가 일어나기 시작했다. 우리가 잘 아는 스데반의 순교(행 7:54~60)를 시작으로 요한의 형제 야고보가 순교(행 12:2)하였으며, 유다인 역사가 요세푸스에 따르면 예수의 형제이자 예루살렘 공동체의 지도자인 야고보가 62년 돌에 맞아 순교하였다. 로마 제국은 그리스도교를 제국 내에서 공인받은 종교인 유대교의 한 분파로 여겼기 때문에 처음에는 그리스도인들을 종교상의 이유로 박해하지 않았다.

그러나 주후 64년 로마의 네로 황제가 자신이 일으킨 로마의 대화재를 그리스도인의 소행으로 돌려 희생양을 삼음으로써, 처음으로 로마로부터 대대적인 박해를 당하게 되었다. 전승에 따르면, 이때 베드로와 사도 바울이 순교를 당했다고 한다. 그 후 81~96년 사이에 도미치아누스 황제에 의해 그리스도인들에 대한 박해가 산발적으로 일어나긴 했지만, 주후 250년까지는 전 제국에 걸친 조직적이고 지속적인 박해가 일어나지 않았다.

그리스도인들이 박해받은 이유

그리스도인에 관한 로마 당국의 최초 기록은, 주후 112년에 흑해 부근의 비티니아 속주의 총독 플리니우스가 트라야누스 황제에게 보낸 편지다. 여기에는 그리스도인들이 국가의 신들에게 제물을 바치지도 않고 황제에 대한 숭배도 거부한다고 보고되어 있다. 이것은 로마 제국에 대한 일종의 반역 행위와 같았다. 플리니우스는 이러한 혐의를 제외하면 그리스도인들을 처벌하기에는 어렵다고 느꼈다. 오히려 그에게 그리스도인들은 특정한 날(주일) 새벽에 모여 그리스도라는 신에게 찬양하며 절도·강도·간음·사기·배교를 범하지 않을 것을 서약할 정도로 도덕적으로 비쳐졌다.

이러한 상황에서 플리니우스는 편지로 황제에게 그리스도인들을 어떻게 처리하면 좋을 지 물었다. 이에 대해 트라야누스 황제는 답변을 했는데, 이는 3세기 중엽까지 황제들이 그리스도인들을 대하는 범례가 되었다. 이에 따르면 그리스도인에 대한 익명의 고발은 조사하지 말고 대대적인 수배나 체포도 하지 말며, 적법 절차에 따른 개별적인 고발 사건만 다루고, 이때 피고발자가 그리스도교 신앙을 포기하고 제신들에게 제물을 바치고 황제의 상에 숭배를 하면 풀어 주되, 끝까지 고집을 피우는 자에 한하여 처벌하도록 하였다.

이상에서 보듯이 그리스도인을 향한 로마 당국의 박해는 유대인들의 그것과는 달리 예수를 메시아, 더 나아가 하나님이라고 고백하는 신앙 때문이 아니라 다분히 종교적인 관습과 정치적인 동기에 기인하였다. 물론 그리스도인들이 지닌 종말론적인 신앙이나 만인 평등사상이 로마의 통치자들에게는 혁명적인 요소로 인식되었을 수도 있다. 어쨌든 이 당시만 해도 그리스도인들의 숫자는 아주 미미했다. 때문에 기독교회는 로마 당국에게 전 제국적인 위협 세력으로 여겨지지 않아, 전 제국에 걸친 조직적이고 지속적인 박해는 일어나지 않았다. 그러나 교부들이 순교당하는 경우나 2세기 후반의 마르쿠스 아우렐리우스 황제의 경우에서 볼 수 있듯이, 그리스도인들은 언제든지 박해에 처할 위험성을 지니고 있었다.

전 제국적인 박해와 기독교회의 승리

3세기에 로마 제국을 지배한 종교는 인도-페르시아에서 유래한 미트라스(태양신) 종교다. 이 신앙은 황제 숭배와 연결되어 전 로마에, 특히 군인들에 의해 숭배되었다. 이에 비하여 기독교는 소수인의 종교에 불과했다. 그런데 간헐적인 박해에도 불구하고 시간이 지나면서 기독교회는 급속하게 확산되고 조직화되었다. 기독교회는 유스티누스나 오리게네스 같은 초기 교부들에 의하여 사상적으로 뿌리를 내렸을 뿐만 아니라, 지속적인 선교를 통하여 지배 계층을 포함한 기독교인들의 숫자가 전 제국에 걸쳐 급증하였다. 그러자 로마 당국은 기독교회를 위협적인 존재로 인식하여, 기독교회의 위험성을 뿌리 뽑기 위해 대대적인 박해를 가하기 시작했다.

데키우스 황제(249~51)와 발레리아누스 황제(253~60)에 걸친 10여 년의 박해는 이전과는 비교할 수 없는 것이었다. 258년에 공포된 발레리우스 칙령에는, 주교와 사제와 부제들은 즉결 처형, 그리스도인 원로원 의원과 기사들은 신분 박탈과 재산 몰수, 궁정 관리들은 재산 몰수와 황제 장원 강제 노동, 모든 교회 건물과 묘지의 몰수 등이 포함되어 있었다. 그러나 이러한 대대적인 박해도 성공할 수 없었다. 결국 갈리에누스 황제는 자기 아버지 발레리우스의 칙령 집행을 포기할 수밖에 없었다. 이후 마지막 극심한 박해였던 디오클레티아누스 황제(284~305)까지 40여 년 동안 평화가 지속되었고, 이 기간에 기독교는 갈리아, 브리타니아, 북아프리카, 아르메니아 등으로 퍼져 나갔다. 기독교의 뿌리를 완전히 뽑아내려 했던 디오클레티아누스의 대박해도 수포로 돌아가자, 이제 기독교회는 물리적인 힘으로는 제거할 수 없는 세력임이 입증되었다. 이제 현명한 황제의 눈에는 기독교회를 박해하고 제거하고자 하는 시도는 로마 제국의 질서와 통합을 위해서는 전략상으로도 무모하고 미련한 일로 비쳐졌다.

기독교 역사의 대전환 – 콘스탄티누스 황제의 기독교 공인

디오클레티아누스가 죽은 후, 콘스탄티누스는 서방의 단독 통치자로 부상하기 시작했다. 자신에게 도전하던 막센티우스를 312년 로마의 길목 밀비아 다리에서 물리치고, 콘스탄티누스는 명실공이 서로마의 단독 통치권을 획득하였다. 그는 전날 밤 꿈속에서 하늘에 나타난 그리스어 그리스도의 두 머리글자($X\rho$)의 조합(모노그램)을 보았는데, 이 징표를 전투의 승리 요인으로 여겼다. 다음해에 콘스탄티누스는 동로마 제국의 통치자 리키니우스와 함께 밀라노에서 칙령을 통해 기독교를 공인하였다. 정확하게 말하면, 기독교만 공인한 것이 아니라 온 제국에 제한 없는 종교의 자유를 허용하였다. 이제 기독교회는 로마 제국 내에서 불법적인 종교에서 허가된 종교(religio licita)로 된 것이다. 이제 반란자를 다스리는 형틀, 치욕과 저주의 상징이었던 십자가는 승리의 표지가 되었다. 어두운 지하묘지(카타콤)의 종교가 찬란한 황궁의 종교가 되었다.

콘스탄티누스가 신심 깊은 어머니 헬레나의 영향을 받았다고는 하지만, 사실 그 자신은 독실한 기독교인이 아니었다. 그는 냉정한, 그리고 때로는 교활한 현실주의적인 정치가로, 기독교를 인정하면서 동시에 다른 종교 제의도 계속 허용하였다. 그는 세례도 받지 않다가 죽음의 침상에서야 받았다.

콘스탄티누스는 기독교회를 자신의 제국 통치의 정신적인 도구로 활용하고자 하였다. 그래서 기독교회를 자신의 통치 속에 끌어들이기 위해 많은 혜택을 베풀었는데, 315년에 기독교인들이 거북스럽게 여기는 십자가형을 폐지하였고, 321년에는 일요일을 법정 공휴일로 지정하였으며, 교회에게 유언장 인수 집행 권한을 부여하였다. 324년 그는 기독교보다 이교에 더 호의적이었던 동로마의 황제 리키니우스와의 전쟁에서 승리함으로써 통일 제국의 유일한 통치자가 되었다.

이 여세를 몰아 다음해 콘스탄티누스는 자신의 별장이 있는 니케아에서 공의회를 소집하여 그동안 논란이 되었던 아리우스 논쟁을 종식시키고, 통일된 교리로 통일된 로마 제국을 통치하고자 하였다. 이때 황제의 권위로 확정된 것이 소위 '니케아 신조'다. 이것을 보통 '삼위일체 신조'라고 하는데, 이것은 정확한 말이 아니라 단지 하나님과 예수 그리스도의 관계를 '동일 본질'로 확정한 것에 불과하다. '한 하나님(한 그리스도), 한 황제, 한 제국'의 이데올로기적인 통일을 이루려 했던 콘스탄티누스의 기대와는 달리, 이 신조의 확정은 논쟁의 끝이 아니라 그 후 70여 년에 걸쳐 신학과 정치권력이 뒤얽혀 지난하게 전개된 논쟁의 시작이 되었다.

기독교 제국의 성립, 그 빛과 어두움

황궁의 신학자인 에우세비우스(Eusebius)는 그리스도교 역사 전체가 하나님의 섭리에 따라 마침내 콘스탄티누스 황제에 이르러 정점에 이르렀다고 보았다. 그에 따르면 콘스탄티누스는 평신도였지만, 기독교회의 길을 인도하는 '새로운 모세'이며 기독교 제국을 통지하는 지성의 히나님의 대리자였다. 에우세비우스에 의해 터를 잡게 된, 그리스도교적인 황제 이데올로기는 이후의 서양 기독교 제국들에 지속적인 영향을 끼치게 된다. 비잔틴 제국의 유스티니아누스 대제, 서로마 제국의 대관이었던 칼 대제, 그 후의 신성로마 제국의 오토대제 등 모두가 콘스탄티누스 황제를 원조로 삼아 자신들의 기독교적인 통치 이데올로기를 확대해 나갔다.

콘스탄티누스 황제의 기독교 공인이 기독교 역사에 대전환을 가져온 것은 사실이지만, 로마 제국이 명실상부한 기독교 제국이 되는 데에는 시간이 필요했다. 주후 330년 콘스탄티누스는 순교자의 피로 얼룩진 로마를 떠나 보스포루스 해협의 고대 그리스 도시 비잔틴에 콘스탄티노플이란 새로운 수도를 건립하고 이전하였다. 이곳이 '제2의 로마', 더 나아가 '새 로마'가 되었다. 그 후 테오도시우스 황제는 380년에 기독교를 국교로 선포하였고, 391년에는 모든 이교 예배와 희생 제의를 금지하는 법령과 이를 위반하는 자들을 처벌하겠다는 법령을 반포하였다. 이교와 이단은 국가에 대한 반역으로 간주되었다. 유대교는 예외적으로 불법은 아니었으나, 억압과 차별적인 조치를 당했다. 그리스-로마의 모든 신들에 대한 숭배가 금지되었고, 고대의 올림픽이 막을 내린 것도 이때 이후의 일이다. 불과 70여 년 전만 하더라도 박해받던 종교가 이제 박해하는(?) 종교로 변하게 된 것이다.

콘스탄티누스에 의해 기독교회에 대한 박해는 끝이 났고, 기독교는 지하무덤의 종교에서 화려한 황궁의 종교가 되어 지배자의 반열에 올랐다. 하지만 교회는 국가에 대한 복속이란 치명적인 대가를 치러야 했다. 이제 기독교 제국은 지상에 구현된 하나님의 나라이며, 황제는 주교보다도 높은 지상의 하나님의 대리자가 되었다. 그는 비록 평신도였지만 공의회를 소집하고 주재하고 재가할 뿐만 아니라, 총대주교나 주교 선출에 대해 재가하는 막강한 권한을 소유하였다. 이러한 발전이 기독교의 확장이라는 측면에서는 긍정적이지만, 세속 권력과의 유착과 이에 따른 신앙의 순수성과 하나님 나라와의 긴장감을 상실했다는 점에서 부정적임을 간과할 수 없다. 중세기에 치열했던 황제권과 교황권과의 싸움의 씨앗도 이때 뿌려졌다고 볼 수 있다. 17세기 말의 급진적인 경건주의자 고트프리드 아놀드(Gottfried Arnold)가 바로 이러한 비판적인 입장에 있던 사람이다. 그는 콘스탄티누스에 의한 기독교의 공인을 교회가 박해 시대의 순수성과 첫 사랑을 상실하고 오히려 타락과 타협의 길을 가는 시발점으로 평가절하하였다. 그는 당시 타락했던 유럽 국가 교회의 문제점의 근원을 콘스탄티누스에게서 찾았던 것이다.

박해와 기독교 공인

성부, 성자, 성령, 삼위일체를 형상화한 그림

삼위일체론의 확립

기독교의 독특한 신관으로서의 삼위일체론

기독교 교리사에 있어서 가장 획기적인 전환점은 삼위일체론의 확립이라고 말할 수 있다. 실상 성경에는 '삼위일체'란 말이 전혀 등장하지 않지만 성경과 동등한, 때로는 성경 이상의 권위로 기독교 신관을 규정하는 시금석으로 자리 잡았다. 삼위일체론이란 용어가 성경에 등장하지 않는다고 해서 성경적인 근거가 전혀 없는 것은 아니다. 초기 기독교 공동체에서는 하나님과 그리스도와 성령에 대해 비교적 다양하게, 서로의 내적인 연관성을 정확하게 규정하지 않고 자유롭게 고백하기도 했다. 그러나 삼위일체론이 교리로 확정된 이후 더 이상의 가감이 불가능한, 그야말로 기독교 신앙의 '정통성'(正統性)을 담보하는 규범을 규정하는 규범(norma normans)이 되었다.

삼위일체론은 같은 계시 종교지만, 유대교나 이슬람과 결정적으로 구별되는 기독교의 독특성을 가장 잘 드러내는 신론이다. 유대인들의 신관은 지극히 소박하고 간결하다. 그들은 소위 '쉐마'라 일컬어지는 "이스라엘아, 들으라. 우리 하나님 여호와는 오직 유일하신 여호와이시다."(신 6:4)라는 고백으로 만족한다. 마찬가지로 무슬림들도 단순히 "이 하나님(알라) 외에 다른 신은 없고, 무함마드는 그분의 예언자다."라는 고백(샤하다)으로 그들의 유일신관을 표명한다.

그러나 나사렛 예수를 하나님으로 고백할 뿐만 아니라, 나아가 성령도 하나님으로 고백하는 기독교 신앙은 이들의 상호관계를 더욱 명확하게 규명해야 할 과제에 직면하게 되었다. 역사적으로 볼 때 교리로서의 삼위일체론은 하루아침에 모든 교회가 자명한 것으로 확정한 것이 아니라, 치열한 신학적인 논쟁과 교회정치적인 역학관계 속에서 형성된 것이다. 325년에 열린 니케아 공의회에서 확정된 〈니케아 신조〉(Nicaenum)와 이 신조를 둘러싼 지난(至難)한 논쟁을 통해, 381년 콘스탄티노플 공의회에서 이전의 신조를 보충하여 확정한 〈니케아-콘스탄티노플 신조〉(Nicaeno-Constatinopolitanum)에 의해 비로소 보편적인 교회가 인정하는 삼위일체론이 확립되었다. 그 뒤에 삼위일체론의 연장선상에서 예수 그리스도 자체의 인성과 신성의 문제로 기독론 논쟁이 야기되었다. 이 논쟁역시 치열한 신학적인 논쟁과 교회정치적인 역학관계 속에서 431년 에베소 공의회와 451년의 칼케돈 공의회를 통해, 최종적으로 '완전한 신이자

삼위일체론의 확립

동시에 완전한 인간'이며 '신성과 인성이 서로 혼합되지도 않으며 서로 분리되지도 않는다'는 기독론적인 정식이 확정되었다.

신약성서에 나타난 성부, 성자, 그리고 성령

기독교 신앙은 나사렛 예수를 메시아(그리스도)로, 하나님의 아들로 고백할 뿐만 아니라 더 나아가 하나님과 동일한 분으로 고백한다. 구전 전승으로 내려온 것으로 여겨지는 소위 '그리스도 찬가'(빌 2:6~11)에서도 예수의 하나님 됨은 일찌감치 기독교 신앙의 요체로 자리 잡았다. 이것이야말로 바울의 선포(케리그마)의 핵심이었다. 그러나 복음서에 오면 예수를 이해하는 방식이 간단하지 않다. 복음서에는 '위로부터' 시작하는 기독론과 '아래로부터' 시작하는 기독론, 다른 말로 하면 예수의 신성과 선재성을 고백하는 '신앙의 그리스도'와 지상의 인간 예수를 이야기하는 '역사적 예수'가 명확히 구분할 수 없을 만큼 융해되어 있다.

신약성경에는 성부, 성자 그리고 성령이 세 위격에 대한 상호간의 명확한 관계 규정 없이 병렬적으로 사용되기도 하고(고후 13:13; 마 28:19), 때로는 부분적으로 상호간의 관계를 느슨한 형식으로 규정하기도 한다(고전 12:3~6). 특별히 요한복음에서는 성자와 성부의 하나 됨에 대한 표현이 다른 복음서와 비교할 수 없을 정도로 빈번하게 등장한다(요 1:1,14; 3:35; 5:26; 10:30; 14:9~11:20; 17:5). 성령이 하나님 됨을 암시하는 구절들도 나타난다.(요 4:24)

요한복음에 나타난 언어와 개념이 없었다면 삼위일체론과 같은 정식을 만들기 어려웠을 것이다. 요한복음에는 예수가 하나님과 하나임(요

10:30)을 말할 뿐만 아니라, 아들이 아버지에게서 '나왔다'(요 8:42)라고 표현하기도 한다. 이것은 신플라톤주의의 유출설(流出說)과 흡사하다. 아버지=아들이라는 등식을 극단화시킨 것이 양태론(Modalism)이라면, 본질은 같지만 아들(로고스)이 아버지에게 종속되어 있음으로 위계적인 차이가 있다고 보는 것이 종속론(Subordinationism)이다. 양태론은 성부 수난설(Patripassionism, 즉 예수=하나님이라면 예수가 십자가에서 고난받고 죽을 때 하나님도 고난받고 죽었다는 설)을 야기하였음으로 정죄되고, 종속론이 삼위일체론의 주류로 등장하게 되었다. 하나님의 유일성을 담보하려고 하는 유대적 기독교에서 유래한 양자론(Adoptionism)은 예수의 선재성과 신성을 부정한다는 이유로 일찌감치 정죄되었다. 이제 본격적인 삼위일체 논쟁이라고 할 수 있는 아리우스 논쟁은 바로 로고스적인 종속론의 틀 속에서 이루어졌다.

아리우스와 삼위일체 논쟁의 전개

알렉산드리아의 장로였던 아리우스는 하나님의 유일성과 절대 초월성, 불변성을 견지하기 위해 성자는 성부와는 달리 피조된 존재라고 주장하였다. 그 역시 신성과 그 선재성, 그리고 하나님과 더불어 세상을 창조한 것에 대해서는 이의가 없지만, 창세 전에 '하나님과 함께 계신' 것이 언제부터인가 하는 문제의 핵심에 있어서는 아버지와 아들의 동시성을 주장하는 알렉산더 주교와 의견을 달리했다. 아리우스의 주장에 따르면 원래 하나님은 홀로 계셨고, 로고스(예수 그리스도)는 그에 의해 '피조' 되었다는 것이다. 다시 말하면 로고스는 '영원한 손재' 가 아니라 '계시지 않은 때가 있었던 존재'다. 따라서 하나님과 창조의 매개로서의 로고스는 '동일 본질'일 수 없다는 것이다.

아리우스는 318년 알렉산드리아에서 열린 회의에서 정죄되고 추방되었다. 그러나 니코메디아의 감독인 오이세비우스를 비롯한 동방의 감독들은 아리우스의 입장을 지지하였다. 이로써 아리우스 장로를 지지하는 그룹과 알렉산더 주교를 지지하는 그룹 간에 치열한 논쟁이 발발하였다. 이 문제는 기독교를 공인했던 콘스탄티누스 황제가 니케아 공의회를 개최함으로써 일단락되었다. 그는 코르도바의 감독 호시우스의 도움으로 "로고스는 하나님의 아들로 아버지로부터 출생하였지, 피조되지 않았으며 하나님과 동일 본질(*ὁμοούσιος*)"이라고 선언하였다. 엄밀한 의미에서 〈니케아 신조〉를 삼위일체론이라고 말할 수 없다. 왜냐하면 성령에 대해서는 아버지와 아들과의 관계 규정 없이 단지 '우리는 성령을 믿는다'라고 끝내고 있기 때문이다.

〈니케아 신조〉는 오리게네스의 신학에 근거하여 하나님의 위격의 존재론적 차이를 강조하던 동방교회에게는 하나의 도전이었다. 기독교를 공인한 콘스탄티누스 황제의 권위에 눌려 감히 앞에서 이의를 제기하지 못했던 감독들은 공의회 이후 노골적으로 아리우스적인 견해를 지지하기 시작했다. 〈니케아 신조〉를 옹호하고자 분투한 사람은 아타나시우스 감독이었다. 그는 정치적인 변화에 따라 다섯 차례나 추방을 당하기도 했다. 그가 아버지와 아들의 동일 본질을 고수하고자 한 것은, 만일 예수가 한낱 피조물에 불과하다면(물론 창세 전이라 하더라도) 신적 생명으로의 인간 구원, 혹은 신화(神化)와 예수 안에서의 구원의 확실성을 어떻게 보장할 수 없다고 보았기 때문이다.

삼위일체론의 확정과 동·서방교회의 인식 차이

아타나시우스를 중심으로 하는 니케아 신조 옹호자들과 이에 반대하는 아리우스주의자를 비롯한 다양한 분파의 사람들과의 치열한 논쟁이 계속되었다. 이들은 정치적인 변화에 따라 정통과 이단이 뒤바뀌기를 거듭하였다. 반(反)니케아주의자 가운데 '성령에 대항하는 사람들'(Pneumatomachen)이 등장하였는데, 이들은 성령을 신적 존재가 아닌 피조물이나 천사 부류의 하나로, 혹은 신적인 권능(power)의 하나로 보았다. 이러한 주장에 대항하는 과정 속에서 성령과 성부, 성자와의 관계 규정을 더욱 명확하게 할 필요성이 대두되었다. 마침내 362년 알렉산드리아 회의에서 제 분파들은 '하나의 신적 본질, 그러나 세 위격'이라는 정식에 일치를 보았다.

그리고 373년 아타나시우스가 사망한 후 카파도키아 출신의 걸출한 성직자였던 바실리우스와 그의 친구 나지안주스의 그레고리우스, 그의 동생인 니싸의 그레고리우스의 노력으로 성령에 대한 규정도 일치를 보게 되었다. 그 결과물이 381년의 〈니케아-콘스탄티노플 신조〉다. 여기서는 〈니케아 신조〉에서 천명되었던 성부와 성자의 동일 본질이 재차 확인되었고, 성령에 대해서는 '우리는 주님이시며 생명의 수여자이신 성령을 믿는다. 그는 아버지로부터 나오시며, 아버지와 아들과 함께 경배와 찬양을 받으실 분이다. 그는 예언자들을 통해 말씀하셨다.' 라는 상세 내용이 첨가되었다. 결과적으로는 동방교회의 삼위일체론이 일찍이 서방교회의 터툴리아누스가 언급한 '하나의 실체, 세 위격' 이란 정식과 같아졌지만, 내용상의 강조점의 차이는 여전히 남아 있었다. 이러한 관점의 차이는 후에 동방교회와 서방교회를 분열시킨 한 원인이었던 '필리오크베' (filioque) 논쟁에서 선명하게 나타난다.

'필리오크베'(filioque)란, 라틴어로 '그리고 아들로부터'라는 뜻이다. 이는 성령이 누구로부터 말미암는가에 대한 서방교회의 입장을 표명하고 있다. 〈니케아-콘스탄티노플 신조〉에서는 성령은 '아버지로부터 나오시며'라고 고백되고 있다. 이에 반해 서방교회는 라틴어 역본에 'filioque'을 삽입함으로써 성령은 '아버지와 그리고 아들로부터' 나오는 것으로 고백하였다. 9세기에 이르러 이 문제를 둘러싼 논쟁은 극에 달하여, 마침내 867년에 동방의 주교였던 포티우스(Photius)는 이 표현을 이단적인 것으로 단죄하기에 이르렀다. 이것은 1054년에 최종적으로 이루어진 동·서 교회 분열의 중요한 원인이 되었다.

이 갈등의 배후에는 삼위에 대한 동·서 교회의 사유방식의 차이가 자리 잡고 있다. 서방교회는 전통적으로 본질의 단일성이 확실한 출발점이며 다양성이 신비다. 따라서 서방교회의 삼위에 대한 이해는 '일체'(一體)를 전제로 한 '삼위'(三位)로서 '일체삼위'라고 말할 수 있다. 이러한 사고에서 당연히 성령은 '아버지와 그리고 아들로부터' 나오게 되는 것이다. 반면에 동방교회는 하나님의 위격의 삼중성, 그 차이와 구별이 확실한 출발점이며 단일성이 신비다. 따라서 동방교회는 '삼위'를 전제로 한 '일체'로서 '삼위일체'다. 따라서 성령은 전적으로 '아버지로부터' 유래하는 것이다.

삼위일체론의 의미

삼위일체론은 유대적이고 역사적이며 역동적인 맥락의 하나님 이해로부터 그레코-로만의 형이상학적이며 존재론적인 하나님 이해로 전이되면서 전개된 교리다. 이 교리는 유일신론과 삼신(三神)론의 위험에 떨어지지 않으면서도, 하나님과 예수와 성령의 하나 됨을 인간 언어와 개념의 한계 속에서 표현한 것이다. 루터나 칼빈 같은 종교개혁자들도 4세기와 5세기에 확정된 삼위일체론과 기독론에 대해서는 그대로 수용하였다.

그러나 16세기의 세르베투스와 소치누스주의자들, 그리고 17~18세기의 계몽주의적인 이신론자들에 의해 삼위일체론은 거부되었다. 그 후 현대 신학에서도 삼위일체론은 하나님의 신비를 다루는 무의미한 사변이거나 신앙의 본질과는 관계없는 부수적인 것으로 치부되곤 하였다. 그러나 삼위일체론은 단순한 사변적 교리가 아니라 하나님의 구원에 대한 고백과 감사의 자리에서 나온 기독교 신앙의 정수로, 기독교적인 것과 비기독교적인 것을 구분하는 기준이다.

최근에 삼위일체론을 재해석하여 자유롭고 평등한 사회와 생태계 보존을 위한 신학적 원리를 발견하고자 하는 새로운 흐름(위르겐 몰트만, 레오나르도 보프, 셀리 멕페그 등)이 삼위일체론의 중요성을 다시금 일깨우고 있다.

정경(Canon)의 확정

인간의 언어에 담긴 하나님의 말씀

성경을 흔히 '하나님의 말씀'이라고 한다. 그래서 성경을 하나님께서 직접 손으로 쓰신 책으로 오해하는 경우가 있다. 그러나 성경은 하나님이 직접 쓰신 책도, 하나님이 직접 불러 주신 것을 마치 필경사가 받아쓰듯이 한자 한자 받아쓴 책도 아니다.

성경은 그 배경에 역사적인 사실을 깔고 있지만, 단순한 사실(事實)의 수집이 아니며, 오늘날의 과학자들이 관찰하고 실험하여 보고서를 쓰듯이 쓴 책은 더더욱 아니다. 성경은 신앙 공동체와 그에 속한 저자들이 체험한 '하나님 사건'을 자신들의 역사적 한계 속에서 자신들의 언어로 표현한 일종의 '해석된 역사'다.

성경은 처음부터 문자로 기록된 것이 아니다. 먼저 역사적 사건들(이를 테면 구약의 출애굽 사건과 신약의 예수의 고난과 부활 사건)이 있었고, 그 다음 체험한 사건들을 입으로 전한 구전(口傳)의 단계가 있었다. 그리고 그 구전을 기록한 단계가 있다. 그 기록도 처음부터 오늘날의 성경의 완성된 형태로 이루어진 것이 아니다. 다양한 단편(斷片)의 형태로 전해 내려오다, 이것들이 수집되고 저자 내지는 공동체의 신학적인 의도에 따라 편집되어 오늘날의 형태로 된 것이다. 그러니까 지금 우리 앞에 있는 한 권의 성경 속에는 수천 년의 역사와 다양한 체험과 해석이 녹아 있다고 할 수 있다.

오해하지 말아야 할 것은, 성경이 비록 인간의 손에 의해 기록되었다고 해도 인간이 자의적으로 지어낸 허구적인 산물이 아니라는 점이다. 성경의 저자들은 자신들을 사로잡은 원초적인 하나님 체험을 제한된 언어로 표현한 것이다. 따라서 성경의 저자들은 예언자들처럼 자신의 글이 "하나님의 영의 감동"(딤후 3:16)으로 쓰인 것으로 확신하였다. 이것은 비단 저자뿐만이 아니라, 신앙 공동체에 의해 그렇게 받아들여졌다. 성경에서 보게 되는 같은 사건에 대한 때로 상충되는 설명이나 묘사를 하나로 조화시키기 위해 은폐 내지 삭제하지 않고 있는 그대로 전승하였다는 것이 오히려 성경 저자와 전승자들의 진정성을 말해 준다. 이런 점에서 성경의 형성 과정은 조작이나 변질이 아니라 현재적인 성령의 역사에 대한 고백과 창조적인 해석과 수용의 과정이라고 할 수 있다.

57

정경(Canon)의 확정

히브리 성경 혹은 '타나크'

신약성경을 읽다 보면 '성경'에 대한 언급이 많이 나오는 것을 볼 수 있다. 예수님도 "성경"(the scriptures, 마 21:42; 막 14:49; 요 5:39) 혹은 "모세의 율법과 선지자의 글과 시편"(눅 24:44)이란 표현을 사용했고, 바울도 "성경"(롬 1:2; 딤후 3:15)이라고 언급하였다.

그렇다면 예수님이나 사도 바울이 말하는 '성경'은 무엇을 가리키는 것일까? 여기에서 '성경'은 예수님의 또 다른 언급인 "모세의 율법과 선지자의 글과 시편"이란 표현에서 나타나듯이 구약성경을 말한다. 예수님뿐만이 아니라, 유대교에서 분리되기 이전의 원시 기독교인들에게조차 성경은 오직 구약을 의미했다. 우리가 조심할 것은 옛 약속을 뜻하는 구약(舊約, Old Testament)이라는 명칭은 순전히 우리 기독교인들에게 의해서 붙여진 이름이라는 사실이다. 예수 그리스도에 의해 새롭게 수립된 약속, 즉 신약(新約, New Testament)을 믿는 기독교인들의 입장에서 볼 때 구약이지, 여전히 메시아를 기다리고 있는 유대인의 입장에서는 폐기되지 않은 하나님의 약속이다. 그래서 학자들은 좀 더 중립적인 입장에서 구약이라는 말보다는 히브리 성경 혹은 '타나크'(TaNaK)라는 명칭을 선호한다.

'타나크'는 히브리 성경을 구성하는 오경(Torah), 예언서(Nebiim), 그리고 성문서(Ketubim)의 첫 히브리 철자를 모아서 만든 말이다. 유대인들이 히브리 성경 가운데 가장 중요하게 생각하는 것이 오경(창세기 · 출애굽기 · 레위기 · 민수기 · 신명기)이다. 사마리아인들과 사두개파는 오직 기록된 오경만을 경전으로 인정한다. 또한 아브라함의 아들인 이스마엘 후손의 종교인 이슬람교에서도 오경을 중요하게 생각한다.

히브리 성경의 정경화 과정

정경(canon)은 갈대를 의미하는 히브리어 '카네'(qaneh)를 헬라어 '카논'($\kappa\alpha\nu\acute{\omega}\nu$)으로 번역하여 사용함으로써 유래된 용어다. 카논은 '곧은 막대기', '법칙', '규범' 등의 의미를 지니고 있다. 따라서 정경은 믿음과 실천에 충분하고도 유일한 표준이 됨을 뜻한다.

히브리 성경 중 오경은 주전 12세기부터 포로기에 걸쳐 기록되었다. 물론 여기에는 초기의 구전 전승이 상당 부분 포함되어 있다. 오경은 기원전 5세기경 이스라엘 민족이 바빌로니아 포로 생활에서 풀려난 후 에스라의 주도하에 최종적으로 편집이 완료되어 경전으로 확정된 것으로 추정된다. 예언서는 일반적으로 주전 8세기부터 페르시아 시대에 걸쳐 기록되었으며, 시몬이 대제사장으로 있을 때인 주전 3세기경에 경전으로 인정된 것으로 보인다. 성문서에는 시편처럼 일찍부터 경전으로 여겨진 것도 있지만, 기원후 90년 얌니아(Jamnia) 회의에서 오경, 예언서와 같이 최종적으로 경전으로 확정되었다. 그동안 경전성 논란이 있었던 에스겔, 잠언, 아가, 전도서, 에스더기가 이때 최종적으로 경전에 포함되었다.

얌니아 회의는 70년 로마 군대에 의해 예루살렘이 무참히 파괴된 후, 요하난 벤 자카이(Johanan ben Zakkai)를 중심으로 한 유대교 랍비들이 얌니아라는 곳에 모여 유대교의 정체성을 확립하고 갱신을 모색한 회의였다. 이 회의에서 랍비들은 유대교로부터 분리되어 가던 기독교와 자신들을 구별 짓기 위해 초기 기독교인들이 사용하던 70인 역(LXX)을 버리고

정경(Canon)의 확정

자신들만의 새로운 히브리 정경 24권을 확정하였다. 이때 70인 역에 들어 있던, 오늘날 외경(外經)이라고 불리는 책들이 빠지게 되었다. 뿐만 아니라 상하로 나눠져 있던 '사무엘서', '열왕기서', '역대기서' 가 각각 한 권의 책으로 묶여지고, '에스라' 와 '느헤미야' 로 나눠져 있던 것이 '에스라-느헤미야' 로 하나가 되었다. 그리고 별도로 나뉘어져 있던 열두 권의 소예언서를 '열두 책' 이란 이름하에 하나로 묶었다. 그래서 70인 역에서는 39권이었던 것이 히브리 정경에서는 24권이 되었다. 후에 루터를 위시한 종교개혁자들은 번역 대본으로는 히브리 정경을 따르지만, 성경의 분책(分冊)이나 배열(配列)은 70인 역을 따르게 된다.

신약성경의 탄생

히브리 성경이 유대교와 기독교, 그리고 후에 생긴 이슬람교가 공유하는 부분이 있는 뿌리 경전이라면, 신약성경은 기독교만의 고유한 경전이다. 신약성경은 예수의 부활 사건과 성령 강림 사건의 산물이다. 예수 믿는 사람들을 핍박했던 사울은 부활하신 그리스도를 체험한 뒤 가장 열렬한 복음의 사도 바울이 되었다. 처음으로 쓰인 신약성경은 바울이 쓴 편지들이다. 이것들은 대략 주후 50년대 초에서 60년대 초에 걸쳐 기록되었다. 물론 사도 바울은 자신의 글이 오늘날과 같은 성경이 되리라고 생각하며 쓰지 않았다. 하지만 성령의 감동으로 쓰인 그의 편지들은 일찍부터 신앙 공동체에 의해 거룩하고 영감 넘치는 책으로 널리 읽혀지기 시작했다. 복음서는 이보다 나중에 기록되었다. 바울의 편지들에는 예수의 부활과 영광의 빛이 너무나 휘황하여 예수의 지상에서의 삶이 가려져 있다.

기독교 역사의 전환점들

이러한 바울 서신들의 약점을 보완한 것이 복음서다.

최초의 복음서로 여겨지는 마가복음은 로마 군단에 의해 예루살렘 성전이 파괴된 주후 70년경에 쓰였다. 복음서라는 문학 양식은 전기(傳記)와 유사한 형식을 띠고 있기는 하지만, 그렇다고 단순히 역사적인 사실을 보도하는 전기는 아니다. 복음서 역시 부활의 빛에서 바라본 지상에서의 예수의 삶을 말하고 있다. 따라서 복음서에는 부활 이후의 그리스도 신앙과 부활 이전의 역사적인 예수의 삶이 함께 어우러져 있어, 이 양자를 선명하게 분리하기가 매우 어렵다.

또한 복음서는 예수의 다양한 삶의 모습을 보도하기 위한 것이 아니라, 요한복음의 저자가 말하는 바와 같이 "오직 이것을 기록함은 너희로 예수께서 하나님의 아들 그리스도이심을 믿게 하려 함이요, 또 너희로 믿고 그 이름을 힘입어 생명을 얻게"(요 20:31) 하려는 구원론적인 목적 하에 기록된 것이기에, 복음서를 통해 역사적인 예수의 삶을 온전히 복원해 내기란 거의 불가능해 보인다. 특히 공생애 이전의 예수의 삶의 경우가 그렇다. 수많은 작가들의 상상력에 의해, 혹은 정경으로서의 가치와 역사적인 진정성이 없는 후대의 영지주의적 문서에 근거하여 예수의 출생과 유년 시절을 복원하려는 시도가 있었지만, 일종의 가십거리에 지나지 않다.

신약의 정경화 과정

신약성경의 경전 범위가 분명하게 드러난 것은, 1740년 안토니오 무라토리(Antonio Muratori)에 의해 발견된 신약성경의 목록에서다. 이 목록은

정경(Canon)의 확정

170~180년경 로마에서 쓰인 것으로 보이는데, 발견자의 이름을 따서 무라토리 경이라고 불린다. 여기에는 4복음서, 사도행전, 바울의 13서신, 유다서, 요한1서, 요한2서, 요한계시록, 그리고 솔로몬의 지혜서가 포함되어 있다. 신약 정경 형성에 결정적인 자극을 준 것은 마르시온이었다. 그는 유대교의 히브리 성경을 기독교인들에게 무가치한 것으로 여겨, 모든 히브리 성경의 인용들을 제거하고 탈색시킨 누가복음과 열 개의 바울 서신만으로 자신의 성경을 만들었다. 그 후 오리겐은 신양성경을 '아무런 논란 없이 인정된 책들'과 '논란이 되고 있는 책들'을 구분하였다. 전자에는 4복음서, 사도행전, 바울의 13서신, 베드로전서, 요한1서, 그리고 계시록이 속하고, 후자에는 베드로후서, 요한2서, 요한3서, 히브리서, 야고보서, 그리고 유다서가 속하였다.

오늘날과 같은 신약 정경이 확립된 것은 주후 367년 아타나시우스(Athanasius)가 부활절 서신에서 요한계시록을 포함한 신약 27권을 정경으로 채택할 것을 제의한 것에 기인한다. 이것은 실로 신약 정경 형성사에 신기원을 이룬 것이었다. 그 후 히포 회의(주후 393)와 카르타고 회의(주후 397)에서 아타나시우스의 제안을 만장일치로 확정하였다. 이때 각각의 책들이 신약 정경으로 채택되는 데에는, 저자가 사도이거나 또는 사도와 관계를 가진 자의 기록이어야 한다는 '사도성(使徒性)의 원칙'과 성령의 영감으로 기록된 것이어야 한다는 '영감성(靈感性)의 원칙', 그리고 초대 교회에서 보편적으로 받아들여진 것이어야 한다는 '보편성(普遍性)의 원칙'이 작용하였다.

최종적으로 정경에 포함된 것은 4개의 복음서(마태 · 마가 · 누가 · 요한)와 13개의 바울 서신(로마서 · 고린도전서 · 고린도후서 · 갈라디아서 · 에베소서 · 빌립보서 · 골로새서 · 데살로니가전서 · 데살로니가후서 · 디모데전서 · 디모데후서 · 디도서 · 빌레몬서) 외에 역사서인 사도행전, 8개의 일반서신 혹은 공동서신(히브리서 · 야고보서 · 베드로전서 · 베드로후서 · 요한1서 · 요한2서 · 요한3서 · 유다서), 그리고 묵시문학인 요한계시록이다.

이렇게 정경이 확정된 뒤로는, 정경 이외의 또 다른 경전을 인정하거나 정경 가운데 무엇을 더하거나 빼는 행위는 이단적인 것으로 정죄되었다. 또한 성경보다 성령의 직접적인 계시의 우위성을 주장하는 성령론자들도 마찬가지다. 종교개혁자들은 이러한 성령론자들의 주관주의와 열광주의의 위험성을 지적하며, 기록된 하나님의 말씀인 성경을 벗어나는 것을 이단으로 정죄하였다. 정경으로서의 성경은 교회 공동체의 결정이기도 하지만, 성경 자체가 지니고 있는 진리의 능력과 성령의 감동으로 경전으로서의 권위를 인정받은 것이라고 할 수 있다.

정경(Canon)의 확정

서방수도원의 규칙을 세운 누르치아의 성 베네딕트

수도원의 탄생

온전한 삶에 대한 꿈, 혹은 거룩한 욕망

자신의 욕망과 한계를 넘어 온전하고 거룩한 삶을 이루고자 하는 것은, 자기 초월을 지향하는 인간의 포기할 수 없는 꿈이다. 그렇다면 이것은 어떻게 이루어질 수 있을까? 이것에 대한 대답을 '떠남'과 '버림'에서 찾고자 하는 사람들이 있다. '떠남'은 자신을 둘러싼 번잡한 속세와 가정으로부터 떠나는 것이고, '버림'은 자신의 부와 명예를 버리는 자발적인 가난과 육체적인 욕망을 제어하는 금욕의 형태로 나타난다. 이에 더하여 이들은 기도와 명상, 수련과 노동으로 이 지상에서 온전한 삶과 구원 혹은 해탈을 이루고자 한다. 이것은 거의 모든 종교에서 나타나는 현상이기도 한다.

초기 기독교 수도자의 경우도 이와 크게 다르지 않았다. 단지 그 온전한 삶의 모델이 예수 그리스도이며, '그리스도를 본받음'(Imitatio Christi)이야말로 기독교 수도자들이 추구하는 이상이었다. 기독교 수도원 운동은 이러한 기독교적인 삶의 이상이 제도적인 교회 안에서 충족될 수 없을 때 나타난 대안적 삶의 형식이었다. 초기 기독교 공동체가 지녔던 종말론적이며 카리스마적인 성격이 퇴색하면서 제도로서의 교회는 권력화되고 세속화되기 시작했다. 특히 박해 시대가 지나고 로마 제국의 공인된 종교로 부상하면서 이러한 현상은 더욱 심화되었다. 이제 제도 교회는 갈릴리를 거닐던 예수와 그의 제자들의 모습과 멀어지기 시작했다.

"무릇 내게 오는 자가 자기 부모와 처자와 형제와 자매와 더욱이 자기 목숨까지 미워하지 아니하면 능히 내 제자가 되지 못하고 누구든지 자기 십자가를 지고 나를 따르지 않는 자도 능히 내 제자가 되지 못하리라."(눅 14:26~27)는 예수님의 말씀을 철저히 따르는 자들이 박해 시대에 순교자였다면, 기독교가 공인된 이후, 더 나아가 제국의 종교가 된 이후에는 수도자들이었다.

사막의 은둔 수도자와 수도자 공동체

2~3세기경 수도원이 등장하기 전에 금욕과 은둔의 삶을 살기 위해 광야를 떠도는 방랑자들이 있었다. 이와 유사한 개인이나 집단이 기독교 이전에도 존재했다. 유대교의 쿰란 공동체, 세례 요한과 그의 세사들, 그리

수도원의 탄생

고 그리스의 견유(犬儒) 학파 등이 바로 그들이다. 그러나 기독교 수도자들은 이들과 비슷한 면도 있지만 예수 그리스도를 따른다는 점에서 기독교적인 특성을 지녔다. 그리스어로 혼자 혹은 보통사람과는 다른 독특한 삶을 사는 사람을 뜻하는 모나코스(μοναχος)란 단어가 기독교 수도자를 뜻하는 용어로 자리를 잡았다. 여기에서 수도원이란 말이 파생되었는데, 라틴어로 Monasterium, 영어로 Monastery, 독일어로 Mönchtum이라고 한다.

이집트의 광야로 나가 은둔하며 금욕적인 이상을 실천한 최초의 수도사로 전해지는 사람은 안토니우스(Antonius, 약 251~356)다. 니케아 신조를 고수하고자 고군분투한 것으로 유명한 아타나시우스가 쓴 『안토니우스의 생애』(Vita Antonii)를 통하여 이 은둔 수도자는 세상에 널리 알려지게 되었다. 은둔 수도자는 홀로 금욕생활을 하는 것이 원칙이지만, 수도자가 되려는 사람이 명망 있는 은둔 수도자를 찾아가 지도를 받기도 했다. 이들은 보통 천막이나 직접 지은 오두막집, 무너진 성채나 버려진 무덤, 혹은 동굴에서 살았다. 그들의 하루 일과는 대부분 기도와 명상이었고, 최소한의 생계를 위하여 노동을 하였다.

개별적인 은둔 수도 형태를 넘어 공동체적인 수도원을 이룬 사람은 안토니우스와 같이 이집트의 은둔 수도자였던 파코미우스(Pachomius, 약 290~346)다. 그는 은둔 수도자들을 조직하여 더욱 체계적인 수도 생활을 영위하고자 하였다. 공동 거주, 공동 기도와 공동의 노동, 문서로 규정된 공동체적인 규범에 따른 삶, 상급자에 대한 복종 등이 그들이 지켜야 할 원칙이었다. 이들은 노동을 통하여 추수한 생산물을 자신들에게 필요한 최소한의 것을 제하고 가난한 자들에게 나누어 주었다. 이들에게 수도원

기독교 역사의 선환점들

은 수행의 장소였지만, 봉사하는 기관이기도 했다.

파코미우스가 시작한 공동체적인 수도원은 소아시아의 갑바도키아 주교였던 가이사랴의 바실리우스(Basilius von Caesarea, 329~379)에 의해 더욱 신학적으로 체계화되었다. 그는 이집트, 시리아, 팔레스타인 등을 여행하며 배운 것을 바탕으로 『수도 규칙』을 저술하여 '동방교회 수도원의 아버지'가 되었다. 그는 하나님께서는 인간을 고독한 존재가 아니라 함께 살아가는 존재로 만드셨으며, 공동체적인 수도생활이 개별적인 은둔 금욕생활보다 온전한 그리스도인이 되는 최선의 길이라고 생각했다. 이러한 그의 주장은 이후 수도원적인 삶이 공동체적으로 규정되는 데 결정적인 역할을 하였다. 또한 수도원을 황량한 광야가 아닌 도시 속에 세움으로써 세상과 단절하기 위해 광야로 나간 그 열정을 세상 속에서 자기를 포기하고 사회 구제와 교육에 헌신하도록 유도하였다.

동방에서 시작된 개별적인 은둔과 금욕의 수도 형식이 서방에 알려진 것은, 앞에서도 언급한 바 있는 아타나시우스가 저술한 『안토니우스의 생애』를 통해서다. 이 책의 영향을 받은 서방의 대표적 인물은 서방신학의 기초를 놓은 히포의 아우구스티누스(Augustinus von Hippo, 354~430)다. 그는 자신의 『고백록』에서도 안토니우스에 대해 처음 들었을 때의 감동을 기록해 놓고 있다. 그리고 라틴어로 성서를 번역한 것으로 유명한 제롬(Hieronymus, 340/50~420)은 공동체적인 수도원을 서방에 소개하였다.

서방교회 수도원 형성에 중요한 기초를 놓은 사람은 마르세이유에 수도원을 세운 요한 카시아누스(Johannes Cassianus, 360~430/35)다. 그는 이집트의 수도원에서 10년 동안 수도를 했던 사람으로 『수도원 제도와 주된 죄의 극복을 위한 여덟 가지』, 『24 교부 금언록』을 통해 '서방교회 수도원의 아버지' 로 일컬어지는 베네딕트(Benedikt von Nursia, 480~547)에게 큰 영향을 끼쳤다.

서방교회 수도원의 두 유형 - 아일랜드 수도원과 베네딕트 수도원

서방교회의 고유한 특징을 보여 주는 수도원은 아일랜드의 수도원과 이탈리아의 베네딕트 수도원이다. 아일랜드는 432년경 성 패트릭(St. Patrick, 390~460)에 의해 처음으로 선교가 이루어졌다. 그 뒤 섬나라 아일랜드는 유럽 대륙과는 전혀 다른 금욕적인 수도원 중심의 독특한 기독교 형식을 지니게 되었다. 이곳에서는 교회와 수도원의 차이가 없었고, 지역을 담당하는 단위가 교구가 아니라 수도원이 되었다. 말하자면 수도원적인 교회 조직을 지니게 되었다. 심지어 아일랜드인들은 로마의 주교(교황)를 수도원장이라고 불렀다. 아일랜드 수도자들은 금욕적인 경건생활뿐만 아니라 선교에도 열심이었다. 스코틀랜드에서 선교 활동을 한 성 콜룸바(St. Columba, 521~597)가 그 대표적인 인물이다.

유럽 대륙의 수도원은 529년에 베네딕트가 이탈리아 북부 몬테카시노에 세운 베네딕트 수도원이 표준적인 역할을 하였다. 이 수도원의 역사가 곧 서방교회 수도원의 역사의 한 전환점이 되었다. 베네딕트는 당시 전해 내려오던 여러 가지 수도 규칙을 참고하여 독자적인 베네딕트 〈수도 규칙〉을 만들었다. 이 규칙은 모두 73장으로 이루어졌는데, 그는 서론에서 수도생활을 '온전한 마음으로 하나님을 추구하는 생활' 로 규정하였다. 이를 위해 그는 원장 중심의 조직으로 수도원을 운영하고, 수도자들에게는 규칙 준수, 청빈, 순결(독신), 순종을 서약하도록 하였으며, 기도와 명

기독교 역사의 전환점늘

상 외에 육체노동과 공부를 부과하였고, 재산은 공유하며 공동생활을 하도록 하였다.

7세기 말경 대륙의 베네딕트 〈수도 규칙〉은 갈리아 지방을 통해 잉글랜드에도 전파되었다. 이 규칙은 급속하게 확산되어 잉글랜드의 수도원을 지배하게 되었고, 급기야 아일랜드의 수도원적인 전통과 충돌하게 되었다. 이를 해결하기 위해 664년에 아일랜드의 켈트 영성을 대표하는 수도원 대표와 교황과 로마교회를 대표하는 수도자들 간의 회의가 휘트비(Witby)에서 열렸다. 여기에서 영국교회는 로마교회의 전통을 따르기로 결정함으로써 영국의 모든 수도원은 베네딕트 〈수도 규칙〉으로 통일되었다. 게르만족의 프랑크 왕국에서도 역시 베네딕트 〈수도 규칙〉이 관철되었다. 이곳에서 수도원은 단순한 수행기관에 머문 것이 아니라 교육과 고대문화 보전의 중심지가 되었다.

중세 시대 수도원, 그 빛과 어두움

중세 시대 수도원은 교회의 기관인 동시에 국가의 기관이 되었다. 이제 수도원은 금욕과 경건을 추구하는 종교 기관이라기보다는 왕의 보호 하에서 광대한 영지를 소유하고 부와 권력을 향유하는 세속적인 기관으로 전락하기 시작했다. 통치자들은 자신의 권력을 유지하기 위해 수도원을 적절히 활용하였다. 10세기 초반에 타락한 수도원의 개혁 기치를 들고 클루니(Cluny) 수도원이 등장하였다.

이 수도원의 수도자들은 거창한 그 무엇을 한 것이 아니라 그 당시 무시되고 있던 '베네딕트 〈수도 규칙〉을 글자 그대로' 지키고사 하였다. 당시 수도원이 통치자나 귀족들, 그리고 고위 성직자들의 사유 재산처럼 여겨지던 상황에서 베네딕트 〈수도 규칙〉을 통해 경건한 신앙과 수도원의 본래 모습을 회복하고자 한 것은 권력과 부에 저항하는 의미를 지니기도 했다. 이러한 클루니 수도원의 개혁 운동은 전 유럽으로 확산되었고, 이 수도회 출신들이 고위 성직자나 교황의 자리를 차지하면서 교회 개혁을 이끌어 내었다.

그러나 이들도 이후 세속적인 일에 깊이 개입하면서 부와 권력을 얻게 되었고, 급기야 타락의 길을 가게 되었다. 이에 대한 새로운 개혁 운동으로 시토 수도원(Zisterzienser)이 탄생했는데, 이들은 다시 침묵과 은둔 속에서 영적인 수행에 전념하고자 하였다. 그러나 시간이 흐르면서 이 개혁 수도원 역시 개혁의 동력을 상실하였고, 이즈음 도미니크 수도원과 프란시스 수도원과 같은 새로운 수도원들이 등장하였다.

종교개혁 시대 이후의 수도원

아우구스티누스 은자 수도회 출신으로, 수도자로서의 내면적 갈등을 겪으며 오직 하나님의 은혜와 믿음만으로 의롭게 된다는 종교 개혁적 원리를 발견한 루터에게 수도원과 〈수도 규칙〉은 복음에 반하는 것으로 비판되었다. 수도원과 그의 규칙은 양심의 자유와 복음으로 인해 얻어진 그리스도인의 자유를 억압할 수 없었다. 종교개혁을 지지하였던 제후들에 의해 수도원은 폐쇄되거나 압류되었다. 다른 한편, 로마 가톨릭교회 내에서는 종교개혁에 대항하기 위해 교황에게 충성하는 예수회라는 수도공동체가 이그나티우스 로욜라(Ignatius Loyola)에 의해 창립되었다. 이들은

기독교 역사의 선환점들

잃어버린 가톨릭 영토를 회복하고, 아시아나 라틴아메리카로 진출하여 선교와 교육 분야에서 큰 성과를 얻었다.

계몽주의 시대 이후 더욱 철저한 세속화의 과정을 겪으면서, 수도자의 삶은 인간의 본성과 권리와 이성에 반할 뿐만 아니라 수도원은 합리성과 유용성이란 측면에서도 무익한 장소로 치부되었다. 혁명의 시대에 수도원은 수난을 당하였고 폐쇄되거나 국가 기관으로 편입되기가 다반사였다. 그러나 이성의 절대성이 의문시되고, 산업화와 자본주의의 발전이 초래한 억압과 약탈과 자연 파괴와 물질주의 속에서 인간성 상실을 경험하면서, 새로운 차원의 인간성과 깊은 영성의 회복을 위한 수도원 운동이 다시금 부활하고 있다. 가톨릭의 전유물이었던 수도원이 이제 개신교 내에서도 생겨나고 있는데, 대표적인 것으로 프랑스의 '떼제 공동체'(The Taizé Community)와 스위스의 '라브리 공동체'(L'Abri Fellowship)를 들 수 있다.

라틴(서방)신학의 패러다임을 거초한 성 어거스틴

라틴(서방) 신학의 패러다임 등장

라틴(서방) 신학의 등장

초기 기독교회의 언어는 코이네(koine) 그리스어였다. 이
언어는 고전 그리스어와는 달리 알렉산더 대제 이후 그리
스 공통어를 필요로 하게 되었을 때, 그리스 여러 방언에 공
통적으로 들어 있는 요소를 추출, 이를 덧붙여 만든 그리스
공통어다. BC 3세기 이후에는 동부 지중해 일대에서 사용
하였고, 더 나아가 로마 제국의 도시민들의 국제어가 되었
다. 따라서 이 그리스어가 교회와 신학의 언어가 된 것은

기독교 역사의 전환점들

너무나 자연스러운 일이었다. 성경, 신조들, 그리고 최초의 신학적인 저서들이 이 언어로 기록되었다.

고대 교회의 신학 중심지는 서방이 아니라 동방교회였다. 기독교회의 중요한 교리인 삼위일체나 기독론 논쟁은 모두 그리스어를 사용한 동방교회 신학자들 사이에서 일어난 것이다. 신학적인 논쟁은 차치하고라도 상당히 오랜 기간 동안 로마교회의 예전조차 그리스어로 집전되었다. 로마교회에 라틴어 예배가 도입된 것은 360년에서 382년 사이의 일로 추정된다.

콘스탄티누스 황제가 로마 제국의 새로운 수도로 콘스탄티노플을 삼은 후, 동방의 국가와 교회는 당연히 그리스어를 사용하였다. 그러나 서방에서는 점차로 교회의 성장과 함께 라틴어의 중요성이 인식되기 시작했다. 라틴 서방신학의 출발지는 북아프리카(오늘날의 서유럽이 아님) 카르타고(오늘날의 튀니스 근교)였다. 이곳 출신의 터툴리안(Tertullian, 약 150~220)과 함께 그리스 신학보다 거의 백 년 늦게 라틴 서방신학이 태동하였다. 그는 법률가 출신으로 여전히 그리스어를 사용하였지만, 처음으로 라틴어로 된 신학 용어들을 사용하였기 때문에 '라틴 신학의 아버지'라 불리기도 한다. "진실로 아테네와 예루살렘이 무슨 관계가 있으며, 그리스 아카데미와 교회 사이에 무슨 관계가 있는가?"라는 말로 인해 터툴리안이 이교철학에 대해 극도의 거부감을 표명한 것처럼 여겨지지만, 그는 당시의 스토아주의에서 끌어 낸 일련의 철학적인 전제들을 가지고 자신의 신학을 전개하였다. 그는 여전히 그리스풍의 신학에서 자유롭지 않았지만, 자신의 법률적인 용어를 사용하여 영지주의와 마르시온주의적 이단에 대항하였다.

저명한 교회사가인 폰 캄펜하우젠은 터툴리안의 신학적 특징과 의의를 다음과 같이 요약하고 있다. "힘차고 진지하며 실천적인 신학의 지향으로, 오성의 현실적이고 법률적이며 심리적인 성향으로, 사회와 공동체 그리고 견실한 정치적 단체인 교회에 대한 관심으로, 또한 의지와 규범, 기율의 강조로 터툴리안은 과연 최초의 라틴 교부로 등장하였다."(H. v. Campenhausen, Lateinischen Kirchenväter, Stuttgart 1960, 35.)

라틴(서방) 신학의 특징과 라틴 교부들

그리스(동방) 교부들은 형이상학적이고 사변적인 성향을 지녀, 삼위일체론과 그리스도론, 인간의 신화(神化, theosis)의 가능성 등과 같은 물음에 천착하였음에 반해, 실천적이며 법적인 성향이 강한 라틴(서방) 교부들은 죄와 속죄의 문제, 교회의 조직과 직무, 성사의 문제 등 심리적이고 법적인 문제에 몰두하였다.

터툴리안과 같은 카르타고 출신으로 로마에 맞선 주교의 자치권을 주장하였던 키프리안(Cyprian, 약 210~258)은 어거스틴이 등장하기 전까지 라틴 신학을 대표하였다고 볼 수 있다. 그는 교회론과 직분론을 학문적으로 발전시킨 사람이다. 그에 따르면 교회는 주교 중심적이며 위계적인 구조를 가진 가시적인 구원의 기관이다. 이러한 주교 중심적인 교회에 속하는 것이 구원에 필수적이며, 교회는 신자들에게 생명을 주는 어머니와 같은 유일한 존재라고 보았다. 그에게 베드로는 모든 주교들의 원형이며, 교회 일치의 원형이었다. 그리고 모든 개개인의 주교는 교회를 형성하는 이 원형에 참여하고 있다고 보았다. 이것은 박해의 시대에 예견되는 분열의 위험에서 '교회의 일치'를 담보하기 위한 그의 신학적인 고심을 반영하고 있다.

교회의 일치를 주창했던 키프리안은 이단 세례 문제에 있어서 로마의 주교와 신학적인 일치를 이루지 못했다. 그는 터툴리안과 알렉산드리아의 클레멘스의 관점을 따라 이단 세례 (혹은 배교자 세례)는 무효하며 보편적인(가톨릭) 교회에 들어온 이단자들(혹은 배교자들)은 다시 세례를 받아야 한다고 주장하였다. 그러나 로마의 주교인 스테판 I세는 삼위일체 혹은 예수의 이름으로 세례를 받은 이단자들이나 분리주의자들은 단순한 안수만으로 보편적인 교회에 받아들여질 수 있다고 주장하였다. 왜냐하면 로마의 전통은 이미 실행된 세례의 유일회성과 그 유효성을 인정하였기 때문이다. 이 문제는 후에 도나투스 논쟁에서 다시 첨예화되었다. 이 논쟁은 어거스틴과 서방교회의 제도적이며 위계적인 교회관 형성에 큰 영향을 끼쳤다.

키프리안 이후 라틴어 성서 번역자인 제롬(Jerome, 약 345~420)과 그리스적인 것과 라틴적인 것을 종합하였던 암브로시우스(Ambrosius, 약 340~397)와 같은 신학자들이 라틴 신학의 위상을 한 단계 높여 놓았다. 하지만 라틴(서방) 신학을 결정적으로 정점에 이르게 한 사람은 어거스틴(Augustinus, 354~430)이었다. 그는 그리스(동방) 신학을 대체하는 서방신학을 새로운 패러다임으로 확고하게 자리 잡게 한 사람으로, 서방 중세 신학은 말할 것도 없고 종교개혁 신학조차 어거스틴의 신학적 패러다임 속에서 잉태되었다고 할 수 있다.

라틴(서방) 신학의 패러다임 등장

어거스틴 신학의 특징과 그 주제들

어거스틴의 생애와 그의 회심 과정에 대해서는 지면 관계상 생략하고, 여기에서는 그의 신학적인 특징과 그가 고심하였던 주제들을 간략하게 다루고자 한다.

철저히 그리스적 전통에 서 있었던 오리게네스와는 정반대로 어거스틴은 철저하게 라틴적인 사람이었다. 그는 오리게네스가 죽은 지 꼭 백 년 뒤인 354년에 로마 제국의 속주인 누미디아(오늘날의 알제리)에서 로마 시민인 시청 관리의 아들로 태어났다. 그는 전적으로 라틴어를 구사하였으며, 그리스어를 모르는 거의 유일한 학자였다. 그리하여 아테네와 비잔틴은 말할 것도 없고 카르타고에도 연대감을 느끼지 못했으며, 오히려 교회의 중심인 로마에 소속감을 느꼈다. 어거스틴은 동방의 안디옥, 알렉산드리아, 그리고 카파도키아 학자들과 교류하지 않았으며, 그의 교양은 전부는 아니라고 할지라도 거의 대부분 서방적인 것, 라틴어 안에 바탕을 두고 있었다. 또한 라틴어 번역본을 구할 수 있는 경우에만 그리스어 교회 문헌을 참고하였다.

오리게네스는 이교적이고 적대적인 환경에서 젊은 시절부터 그리스도에게 전적으로 헌신하고(마태복음 19장 12절에 따라 스스로 고자가 됨) 데키우스 황제의 박해 때 순교자가 되었음에 반하여, 어거스틴은 이미 기독교가 공인된 상황이었지만 젊은 시절에 기독교를 거부하고 많은 갈등과 방황을 겪고 나서 비로소 기독교인이 되었고, 395년에 마침내 히포의 주교가 되었다. 어거스틴이 북아프리카 교회의 지도자로서 활동할 당시 신학적으로 또한 정치적으로 극복해야 할 여러 위기에 봉착하게 되었으며, 이리한 위기를 대처하는 과정에서 그의 신학이 확립되었다.

도나투스 논쟁과 교회론, 그리고 역사철학

앞에서 언급한 바와 같이 북아프리카 카르타고의 주교인 키프리안은 로마의 주교 스테판 1세와 이단 세례 문제로 대립하였는데, 키프리안의 입장을 따르는 엄격주의자 도나투스(Donatus, 316~355) 주교의 등장으로 이 문제는 더욱 첨예화되었다. 북아프리카 주교의 과반수 이상이 도나투스를 지지하였으며, 이들은 로마 가톨릭교회로부터 분리하여 독자적인 교회를 이루었다.

어거스틴이 히포의 주교가 되었을 때, 이 분열과 갈등은 지속되고 있었다. 그는 하나이며 거룩하고 보편적인 교회가 지상에서는 완전하지 않다는 것을 인정했다. 그는 참 교회는 거룩한 자들, 예정된 자들, 구원받은 자들의 교회이며, 이것은 보이는 교회 안에 감싸여 있으나 인간의 눈에는 가려져 있으며 오직 하나님만이 아신다고 보았다. 그리고 교회가 행하는 성례는 하나님이 그리스도 안에서 행하는 일로서, 그 유효성은 성례를 행하는 사제나 주교의 개인적인 거룩성이 아니라 교회의 객관적인 거룩성에 의존하고 있음을 강조하였다. 이것을 후에 중세교회는 사효성(事效性, ex epere operato)이란 용어로 개념화하였다.

어거스틴은 평화적인 방법으로 이 분열을 극복하지 못하자, 이들을 강제로 교회로 끌어들이기 위해 "강권하여 데려다가 내 집을 채우라."(눅 14:23)라는 성경 말씀을 근거로 하여 폭력적인 방법을 신학적으로 정당화시켰다. 그의 논리는 이후에 강제 개종, 종교 재판, 성전(聖戰)의 신학적인

라틴(서방) 신학의 패러다임 등장

정당화의 근거로 이용(오용)되기도 했는데, 이는 그리스 교부들의 입장과는 다른 것이었다.

그의 교회론은 그의 대작 『하나님의 도성』(De civitate Dei)과 밀접한 관계가 있다. 이 작품은 410년 영원하리라는 로마가 게르만의 일파인 서고트족에 의해 약탈당한 충격적인 사건에 대한 신학적인 대응의 결과물이었다. 그는 이 작품을 통해 콘스탄틴 황제 이후 기독교 제국을 하나님의 도성으로 이해하는 유세비우스의 제국 신학의 한계를 넘어서 지상의 나라와는 질적으로 다른 궁극적이며 영원한 하나님의 도성(나라)을 바라보게 하였다. 그에 따르면 이 세상의 역사는 겸손과 하나님에 대한 사랑이 넘치는 하나님의 나라(civitas Dei)와 교만하며 우상을 숭배하고 자기애(自己愛)에 빠진 악마의 나라(civitas diaboli) 사이의 투쟁인 바, 역사는 한 목표 즉 영원한 하나님 나라를 향해 나아가는 과정으로 파악하였다. 기독교 최초인 그의 역사철학은 중세는 물론 종교개혁과 근세 시대에 이르기까지 유대-기독교적인 직선(直線)사관에 그 영향력을 발휘하였다.

펠라기우스 논쟁과 은총론

어거스틴의 죄와 은총론은 아일랜드 출신의 평신도 수도자 펠라기우스(Pelagius, 355~420)와의 논쟁에서 확고해졌다. 펠라기우스는 순결한 엄격주의자로, 우상숭배적인 이교도뿐만 아니라 부도덕하고 나태한 기독교인들도 신랄하게 비판하였다. 은총은 죄의 용서로서 하나님의 선물임을 부인하지 않았지만, 기독교인들은 자유의지를 가지고 구약의 계명과 그리스도의 모범을 따라서 책임적이며 실천적이어야 한다고 그는 주장하

기독교 역시의 진환점들

였다. 그러나 젊은 시절 방탕의 세월을 보냈던 어거스틴은 인간의 의지란 얼마나 허약한 것인가를 절감하였다. 특히 성욕에서 정점에 이르는 육의 정욕(concupiscentia carnis)은 인간의 의지로 어찌할 수 없는, 아담으로부터 말미암는 원죄의 방증이라고 보았다. 그는 인간의 구원은 전적인 하나님의 은총으로 가능하며, 이 은총을 살아 계신 하나님 자신이라기보다는 성사(聖事)와 결부되는 '물화(物化) 된 은총'(gratia creata)으로 보았다. 그는 은총을 스스로 움직일 수 없는 인간의 의지를 움직이는 일종의 에너지와 같은 것으로 이해하였다.

또한 어거스틴은 원죄론을 더욱 밀고 나가 예정론을 말하기에 이른다. 그에 의하면 천사들의 타락으로 인해 생긴 빈 공간을 채우기 위해 비교적 소수의 믿는 자들을 구원으로 예정하셨다는 것이다. 이 개념을 가지고 종교개혁자 칼빈은 극단적인 이중예정론을 확립하였다. 원죄론과 예정론에 기초한 이러한 라틴(서방) 신학의 패러다임은 인간의 신화(神化)에 관심을 기울이던 동방교회에는 낯선 개념들이었다. 어거스틴은 실제로 그리스어를 몰랐던 유일한 서방의 신학자이자, 동방교회에 의해 철저하게 거부된 신학자였다.

라틴(서방) 신학의 패러다임 등장

로마 수위권 이념의 고전적 종합을
이루어 낸 레오 대 교황

교황의 등장

로마 가톨릭교회와 교황

로마 가톨릭교회에 따르면, 교황은 최초의 감독(주교)인
베드로의 직계 후계자일 뿐만 아니라 지상에서 그리스도의
대리자다. 교황을 영어로 '포프'(Pope)라고 하는데, 이 말은
지상의 아버지를 뜻하는 그리스어 '파파스'(πάπας)와 라틴
어 '파파'(Papa)에서 유래하였다. 또한 교황을 라틴어로
'폰티펙스 막시무스'(Pontifex Maximus)라고 하는데, 이는
'다리'를 뜻하는 '폰스'(pons)와 '만들다'는 '파키오'(facio)
와 '가장 으뜸인 자'인 '막시무스'(maximus)의 합성어로,

기독교 역사의 전환점들

말하자면 교황은 하나님과 인간을 잇는 최고의 연결자, 대리자라는 뜻이다. 사실 이것은 이교(異敎)에서 최고 사제를 가리키는 칭호였다.

로마 가톨릭교회는 "너는 베드로라. 내가 이 반석 위에 내 교회를 세우리니 음부의 권세가 이기지 못하리라. 내가 천국 열쇠를 네게 주리니 네가 땅에서 무엇이든지 매면 하늘에서도 매일 것이요, 네가 땅에서 무엇이든지 풀면 하늘에서도 풀리리라."(마 16:18~19)는 말씀을 근거로, 베드로의 후계자로서의 교황에게 사죄권을 주장하였다. 더 나아가 교황은 지상에서 그리스도의 대리자로서 무오류성을 주장하기도 했다. 이에 반해 동방교회는 일찍이 모든 주교는 원칙상 동일하다고 여겼으며, 교황의 수위권(primacy)을 인정하지 않았다. 동방교회는 각기 민족 교회를 대표하는 총대주교(Patriarchs)를 세우기는 하나, 교황과 같은 권한은 부여하지 않고 상징적으로 교회를 대표할 뿐이었다. 일개 로마교회의 감독(주교)에 불과하였던 자리가 어떤 과정을 거쳐 동방교회와는 달리 이러한 절대적인 위치로 발전(?)하게 되었을까? 로마가 하루아침에 이루어지지 않은 것처럼 교황권도 오랜 시간을 필요로 하였다.

군주적 감독(주교)의 탄생

예수님이 돌아가신 뒤 초기 기독교 공동체를 이끈 사람들은 베드로를 위시한 제자들(혹은 사도들)이었다. 초기 유대 기독교인들은 유대교로부터 분리되지 않았고, 따라서 별도의 조직을 갖추지 않았다. 그러나 점차로 기독교인들이 유대인 회당에서 배척을 당하고 추방되기 시작하자, 기독교인들은 회당과 구분되는 독자적인 조직을 형성하었다. 초기 기독교

교회의 지도자 그룹은 감독들(Bishops)과 장로들(Presbyters)이었다. 그들은 유대교의 장로들과 유사하게 새로운 기독교 공동체의 대표들로서 신앙적인 면에서 모범을 보였을 뿐만 아니라 공동체의 경제적인 부분도 일부 책임지는 역할을 감당하였다.

신약성경에서 감독과 장로는 서로 같은 의미로 사용되기도 한다. 처음에 감독과 장로직은 미분화된 상태로 기능상의 차이로만 이해되었다. 그러나 2세기 중반 교부 이그나티우스(Ignatius)에 이르러 감독과 장로와 집사로 이루어지는 고대 교회의 삼중직이 공고해지게 되었다. 감독직은 처음에 집단적인 합의체의 성격을 띠었으나, 점차로 군주적 단독제로 변하게 되었다. 자연스레 교회 공동체의 지도력은 감독 일인의 손에 주어지게 되었으며, 사도적 권위를 계승하는 존재로 부각되었다. 이그나티우스는 "감독이 있는 곳에 시역 공동체가 존재한다. 마치 그리스도가 있는 곳에 보편 교회가 존재하듯이 감독이 없이는 세례도 성만찬도 할 수 없다."고 말하였다. 또한 "감독은 기독교인들을 하나로 묶는 결정적인 요소가 되며, 감독을 중심으로 기독교 공동체는 신적 조화의 모상이 된다."고 하였다.

로마 교황 이념의 발전

로마의 감독이 자신의 우월성을 주장하기 시작한 것은 2세기 말엽부터다. 이전부터 로마교회는 제국의 수도에 위치하여 정치와 행정의 중심지로서 이점을 지녔을 뿐 아니라, 사도 베드로와 바울의 순교 장소라는 자부심을 지녔다. 로마의 감독 빅토리우스 1세(Victorius I, 189~198)는 로

기독교 역사의 전환점들

마교회의 부활절 시기를 전 교회에 관철시키려다가 리옹의 아레니우스를 비롯한 다른 감독들 저항에 부딪혀 좌절하였다. 스테파누스 1세(Stephanus I, 234~257) 역시 이단과 배교자 세례에 관한 논쟁에서 마태복음 16장 18~19절을 근거로 로마의 감독이 다른 감독보다 우월하다는 주장을 하며 자신의 뜻을 관철시키려 하였으나, 모든 감독의 독자성을 대변한 키프리아누스의 반대에 부딪혀 뜻을 이루지 못했다.

콘스탄티누스 황제에 의해 기독교가 공인된 이후 로마의 감독들은 신학적으로, 법적으로 자신들의 우위권과 지배권을 확대해 나갔다. 율리우스 1세(Julius I, 337~352)는 로마가 항소심 법원이 되게 하였으며, 다마수스 1세(Damasus I, 366~384)는 마태복음 16장 18~19절을 로마의 우월성과 지배권을 위한 확실한 신학적·법적 근거로 삼았고, 베드로와 바울의 무덤과 성당을 화려하게 꾸며 로마의 권위를 높이고자 하였다. 시리키우스(Siricius, 384~399)는 처음으로 자신을 '교황'(Papa)으로 자칭하였다. 동방교회에서도 자신들의 주교를 이렇게 불러왔으나, 5세기 말 이래로 이 칭호는 오직 로마의 감독에게만 적용되어야 한다고 주장하였다. 이노센티우스(Innocentius, 402~417)는 로마의 중앙집권화를 강화하여 모든 교회가 로마의 전례를 따를 것을 요구하였다. 이러한 로마 교황의 이념 발전의 정점에 서 있는 사람이 대(大)교황이라고 불리는 레오 1세(Leo I, 440~461)다.

레오 대교황은 그동안 준비되어 온 여러 요소들을 모아 로마 수위권 이념의 고진적인 종합을 이루어 낸 사람으로 평가받고 있다. 그는 뛰어난 신하자요, 목회자요, 법률가였다. 외교적인 수완도 탁월해, 451년 훈족의 우두머리인 아틸라와 담판하여 이들의 로마 정복을 난념하도록 하였다.

그는 인격이나 도덕적인 자질과 상관없이 베드로의 후계자로 선정된 사람은 베드로의 합법적인 후계자며, 그의 교령은 유효하다고 선언하였다. 그러나 451년의 칼케돈 공의회에서 보듯이 동방교회에서는 레오의 권위가 인정되지 않았다. 이 공의회는 새 로마인 콘스탄티노플 감독에게 옛 로마와 동일한 권위를 부여하였다.

　교황권의 발전에 중요한 이론을 제시한 사람은 겔라시우스(Gelasius, 492~496)다. 그는 소위 '두 권력 이론'을 주장하였다. 그에 따르면 황제와 교황은 동일한 공동체 안에서 서로 다른 기능을 지닌다. 황제는 단지 세속적인 권력만을 지니고, 교황은 사제적인 권력만을 지닌다. 그러나 그는 종교적인 권력이 세속적인 권력보다 우월하다고 주장하였다. 이러한 이론은 중세 시대 그리고리우스 7세(Gregorius VII, 1073~1085)에 이르러 본래 온 세상의 권력은 교황의 것이지만 세속 권력은 황제에게 양도한 것일 뿐이라는 논리로 비약하였다. 그리고 세속 권력에 대한 영적(종교적) 권력의 관계를 육체에 대한 영혼의 관계로 비유하여, 영혼이 육체보다 우월한 것처럼 영적인 권력이 세속적인 권력보다 우월함을 주장하고 관철시키고자 하였다. 이후 교황들은 이 논리에 근거하여 교황의 우위를 주장함으로써 황제와의 갈등이 끊이지 않았다. 교황권은 이노센티우스 3세(Inocentius III, 1198~1216)에 이르러 절정에 이르러, 교황은 지상에서의 그리스도의 대리자이자 태양이며 황제는 태양의 빛을 받아 빛나는 달에 불과하게 되었다. 이러한 절대 교황의 시대에 아씨시의 프란체스코가 등장한 것은 교황권이 차츰 몰락하고 있음을 반증하는 것이었다.

기독교 역사의 전환점들

교황과 관련한 전설 혹은 위조문서들

일개 로마 감독이 지상에서의 그리스도의 대리자로서의 절대 권력을 주장하며 그에 대한 근거로 활용한 것은, 마태복음 16장 18~19절의 성경 말씀만이 아니었다. 이를 위해 무수한 문서들이 위조되고 변조되었다. 이들 가운데 대표적인 예를 하나 들면, 480년에서 490년에 익명의 저자가 지어낸 이야기인 '거룩한 실베스터 교황에 관한 전설'이 그것이다. 이에 따르면 그리스도교 박해자였던 콘스탄티누스 황제가 나병에 걸렸는데, 실베스터 교황이 로마에서 그의 병을 낫게 해 주었을 뿐만 아니라 회개하고 세례를 받게끔 하였다는 것이다. 독단적으로 콘스탄티노플 천도를 계획하고 있던 콘스탄티누스는 황제 예복과 표장을 벗고 교황의 발 아래 엎드려 사죄를 받고 난 뒤, 교황의 동의를 얻어 천도를 시행하였다는 것이다.

이러한 전설은 교회와 유럽 역사에 큰 영향을 끼쳤던 위조문서인 '콘스탄티누스의 증여'가 탄생하는 근거를 제공하였다. 이 문서는 콘스탄티누스가 천도하기 전 실베스터 교황에게 교황청 내의 명칭과 조직을 황궁에 상응하게 만들고 집정관과 귀족을 임명할 권한을 주었으며, 더 나아가 로마와 이탈리아, 그리고 서방 지역을 교황에게 유증하였다는 것이다. 이를 근거로 교황들은 세속적인 지배권을 정당화하였다. 이 외에 교황권을 강화하기 위해 사용된 위조문서들은 9세기 소위 「가(假) 이시도루스 법령집」으로 집대성되었다. 이 문서는 11세기 이래 교황의 지배권을 강화하는 절대적인 근거도 활용되었다 사람들은 수백 년 동안 이 문서들을 '신짜'로 여겼다. 그러나 15세기에 이르러 인문주의자 로렌조 빌리에 의해

‘콘스탄티누스의 증여’가 위조된 문서임이 밝혀졌고, 그 이후 교황의 지배권을 강화하기 위한 근거로 사용된 문서들이 대부분 위조된 것임이 밝혀졌다.

종교개혁 이후의 교황

교황의 절대적인 권위는 중세기 말에 이르러 십자군 전쟁의 실패와 교황청의 분열(한때 세 명의 교황이 동시에 존재한 때도 있었다), 교황의 부패와 타락으로 인해 붕괴되기 시작하였다. 이러한 상황에 결정적 일격을 가한 사람들은 루터를 비롯한 종교개혁자들이었다. 개혁자들은 무엇보다 교황의 사죄권(赦罪權)과 수위권(首位權) 주장을 비판하였다. 루터는 면죄부를 둘러싼 로마 가톨릭 신학자들과의 논쟁 중에서 교황의 수위권 주장뿐만 아니라 교회의 위계적인 구조와 교회가 은총을 매개하는 구원의 기관이라는 주장에 이의를 제기하였다. 그는 마태복음 16장 18~19절에 주어진 사죄권을 전 교회, 즉 세례와 믿음을 통해 그리스도와 연합된 모든 그리스도인들에게 주어진 것으로 이해했다(만인제사장설). 교회의 모든 권한은 근본적으로 성도들의 공동체인 교회에 있는 것이지, 교황이나 위계적인 직제에 있지 않다고 보았다. 루터는 로마 가톨릭교회의 위협과 박해가 심해지자, 교황이 역사의 종말에 등장하는 적그리스도가 아닌가 하는 극단적인 의심까지 하였다.

종교개혁 이후 교황권은 더 이상 서방 기독교를 독점적으로 지배할 수 없게 되었다. 그러나 교황에 충성하는 예수회의 선교로 유럽에서 잃어버린 영토를 신대륙 아메리카나 아시아에서 회복하였다. 그 이후 로마 가톨릭교회는 근대의 합리주의와 세속주의에 대항하여 교황의 영적인 권위를 강화하고자 1870년 제1차 바티칸 공의회에서 교황의 무오류성(infallibility)을 선언하였다. 물론 여기서의 무오류성이란 교황의 인격적인 면에서라기보다는 그가 최종적으로 확정한 교리나 윤리적인 원칙에 있어 그렇다는 것이다. 이에 대해 가톨릭 신학자 한스 큉은 이러한 결정뿐만 아니라, 제2차 바티칸 공의회 때까지 통용되던 「가톨릭 법전」에도 교황의 지배권 강화를 위한 위조문서들인 「가(假) 이시도루스 법령집」의 잔재가 남아 있다고 신랄하게 비판하였다.

교황의 등장

사우디아라비아 메카에 있는 카바.
이곳은 무슬림들이 가장 신성시하는 곳(제단)이다.

이슬람의 발흥

이슬람의 재발견

미국의 심장부를 강타한 2001년 9.11 테러 이후, 전 세계는 이슬람에 대하여 새로운 관심을 갖게 되었다. 그동안 이슬람은 서구 학자들에 의해 오해되고 왜곡된 측면이 있었던 것이 사실이다. 오늘날의 세계를 이해하기 위해서는 이슬람을 제대로 이해하는 것이 꼭 필요하다고 생각한다. 이슬람(아랍어로 복종을 뜻함)은 단순한 신앙 체계만을 의미하는 종교용어가 아니라 정치, 경제, 사회, 문화 등 인간 활동 전체를 포함하는 생활 그 자체라고 할 수 있다.

22개국으로 이루어진 아랍연맹을 포함, 세계에는 56개국의 이슬람 국가(전 세계 영토의 23%)와 약 13억의 신도(세계 인구의 20%)가 있다. 이슬람 국가가 아니라 하더라도 이슬람교도들은 세계 도처로 진출하여 자신의 종교를 확장해 나가고 있다. 우리나라의 경우에도 그동안 낯선 종교로만 느껴졌던 이슬람이 이주 노동자와 국제결혼을 통해 유입되기 시작했다.

7세기 초에 출현한 종교로서의 이슬람은 유일신 사상과 아브라함을 공동 조상으로 하는 유대교뿐만 아니라, 유대교를 모체로 하는 기독교와도 오랫동안 갈등과 대립관계(때로 유화적인 공존의 관계도 있었다.) 속에 있었다. 역사적으로 볼 때, 서구 기독교 세계와 이슬람의 갈등과 대립은 종교적인 요인과 정치적인 요인이 함께 뒤엉켜 있다.

이슬람 지역인 중동은 여전히 세계의 화약고로 인식되고 있으며, 근본주의적인 기독교인들 중에는 종교적인 이유로 이 지역이야말로 선악간의 묵시적인 최후 전쟁인 아마겟돈 전쟁이 이루어지는 곳이며, 예수님이 다시 재림하셔서 새로운 예루살렘 성전을 회복하리라는 희망을 가지고 있다.(기독교 시온주의)

무함마드와 이슬람의 탄생

이슬람은 무함마드(Muhammad)에 의해 시작된 종교이며, 그의 추종자들은 무슬림(Muslim)이라 부른다. 무함마드는 서기 570년 아라비아의 서부 지역에 위치한 메카라는 도시에서 출생하였다. 당시 메카는 우상 종교의 중심지이자 부유한 상업 도시였다. 당시 아랍 부족 가운데 가장 유력하던 꾸라이쉬족이 메카의 상권을 잡고 있었고, 이 메카 상인들은 새로운

동서 교역로의 개척에 눈부신 활약을 하였다. 무하마드는 이 부족의 가난한 집안의 유복자로 태어났다. 그는 장성하여 부유한 과부 카디자에게 고용되어 대상(隊商) 활동을 하며 각지로 돌아다녔으며, 주인이었던 카디자와 결혼한 후에는 상업 활동을 접고 종교적인 사색과 명상에 몰두하였다.

전승에 따르면, 그는 610년 천사 가브리엘을 통해 알라의 계시를 받고 다신교적인 우상숭배를 배척하며 유일신 사상을 전파하였다. 그리고 당시의 사회적 관습에 대한 근본적인 개혁을 요구함으로써 지배계층의 강한 반발과 함께 박해를 받았다. 622년 무함마드와 그의 추종자들은 이러한 박해를 피해 메니다로 이주하였다. 이것을 히즈라(Hijra)라고 부르며, 이때를 이슬람력의 원년으로 삼았다. 메디나로 이주한 무함마드는 그곳에서 최초의 이슬람 공동체인 움마(Umma)를 형성하고 급속한 발진을 이룬 끝에, 이주 10년이 지났을 때 메카를 재탈환하였다.

이슬람의 급속한 팽창

무함마드 사후 정통 칼리파들의 지휘로 아라비아 반도를 평정한 이슬람은 질풍노도처럼 북쪽으로 치고 올라가 비잔틴 제국으로부터 다마스커스와 시리아(635), 그리고 예루살렘과 팔레스타인(638)을 점령하였다. 그리고 사산 왕조의 페르시아를 정복한 후, 알렉산드리아와 이집트 북부(642)를 점령하였다. 이때 이집트에서 억압당하던 곱트인들(그들은 기독론 논쟁 시 단성론을 지지하였다.)은 아랍인들에게 협력하였다. 그 대가로 곱트인들은 이슬람 치하에서 합법적인 기독교인들로 인정을 받았다.

711년부터 시작된 이슬람 군대의 이베리아 반도 정복이 불과 7년 만에

기독교 역사의 전환점들

완결됨으로써, 기독교 유럽의 앞마당에 이슬람이 자리를 잡게 되었다. 이슬람 세력은 여세를 몰아 서유럽을 점령하고자 시도하였으나, 732년 프와티에와 투르에서 프랑크 왕국의 장군인 칼 마르텔(Kral Martel)에게 패함으로써 서부 유럽으로의 진출이 좌절되었다. 그러나 이슬람은 무함마드가 죽은 지 100년도 지나지 않아 서쪽 피레네 산맥에서 동쪽 히말라야 산맥까지 팽창하여, 프랑크 왕국과 비잔틴 제국을 포위하는 형국이 되었다.

기독교 세계는 단순한 교리와 강력한 군사력을 바탕으로 혜성같이 등장한 이슬람에 두려움과 공포감을 느꼈다. 세계사 무대에 갑자기 등장한 이슬람 세력으로 인해 가장 치명적인 상처를 받은 것은 비잔틴 제국이었다. 알렉산드리아, 안티오키아, 예루살렘 등 기독교의 모태 같은 곳들이 이름만 남은 채 이슬람의 영지로 전락하였다. 그러나 게르만에 의한 서로마 제국의 몰락 후 비잔틴 제국의 지배하에 있던 로마교회와 교황은 자신들의 독자적인 권력을 확대하는 기회로 삼았다. 또한 칼 대제의 프랑크 제국은 이슬람으로부터 기독교를 지키는 보호자로서의 위상이 강화되었다.

중세 후기에 서유럽 기독교 국가의 주도로 시작된 십자군 전쟁 때 십자군이 무슬림으로부터 예루살렘을 재탈환(1099)한 적이 있었으나, 1187년에 술탄 살라딘이 예루살렘을 다시 점령하였다. 기독교에 의한 이베리아 반도의 재정복(Reconquista)은 거의 800년 가까운 세월에 걸쳐 이루어졌다. 콜럼버스가 신대륙을 발견한 1492년, 같은 해에 이베리아 반도의 남부 중심 도시인 그라나다가 스페인 군대에 함락됨으로써 기독교에 의한 재정복이 완료되었다.

비록 서유럽에서는 물러났지만, 이슬람은 13세기부터 해상 실그로드를 따라 말레이시아, 인도네시아, 필리핀 일부 지역까지 전파되어 그 영토를 확장하였다(그 결과, 세계 최대의 이슬람 국가가 아랍이 아닌 인도네시아가 되었다.). 기독교 세계에 가장 큰 충격을 준 사건은 1453년 이슬람의 새로운 맹주인 오스만 터키가 비잔틴 제국의 수도인 콘스탄티노플을 함락한 일이었다. 오스만 터기 제국은 다시 발칸 반도와 중앙아시아로 진출하여 광대한 지역을 이슬람화하였다.

기독교와 이슬람의 갈등과 대립

콘스탄티누스 대제 이후 기독교는 주로 시리아 수도사들에 의해 로마의 국경을 넘어 아라비아로 전파되었다. 금욕적인 사막의 수도사들과 은둔자들은 아랍인들에게 깊은 영향을 주었고, 아랍 기독교의 특성을 규정하였다. 기독론 논쟁 시 단성론을 지지한 기독교 분파가 아라비아 북부와 중부에 전파되었다. 아랍인들 사이에서는 유대교와 기독교의 영향으로 토속적인 원시종교를 비판하면서 본래적인 아브라함의 종교를 새롭게 갱신하려는 운동이 일어났다. 이들을 하니프(Hanif)라고 하는데, 무함마드도 이에 속한다.

무슬림은 유대교보다는 기독교가 더 발전된 계시 종교라 생각한다. 그들은 적어도 무함마드가 등장하기 전까지는 예수가 최고의 예언자이며, 유대교나 기독교는 알라(하나님)의 계시인 '구약성경'을 가진 같은 아브라함에 뿌리를 둔 종교라고 간주한다. 그러나 유대교는 아브라함의 종교에서 떠나 모세와 바벨론 포로 이후 변질되었고, 기독교는 예수를 오해하고 왜곡하여 예수를 하나님 자신으로 숭상함으로 다신교로 전락하였다

기독교 역사의 전환점들

고 비판한다. 무슬림은 예수의 동정녀 탄생, 승천(예수는 십자가상에서 죽지 않았다. 왜냐하면 알라의 능력은 크시므로 그를 죽게 할 수 없었다.)을 인정한다. 그러나 삼위일체론과 예수의 신성과 같은 교리나 그림, 조각품, 성인 숭배 등을 유일신 사상에 반하는 것으로 비판한다. 그들은 무함마드가 올바른 일라(하나님) 신앙을 계시하는 하나님이 보낸 마지막 예언자라고 믿는다.

7세기 초 이슬람이 출현 이후 승승장구하면서 급속히 팽창하자, 유럽 기독교회는 큰 위기감과 공포감에 빠졌다. 무엇보다 기독교 이후의 종교인 이슬람이 기독교 계시의 절대성을 부정하면서 기독교 지역을 이슬람화하자 심각한 신학적인 곤경에 처하게 되었다. 비잔틴의 신학자 다마스커스의 요한은 이슬람을 고대 교회에 출현했던 이단으로 규정하면서, 종말의 때에 나타나는 적그리스도이며 다니엘 7장에 나오는 '작은 뿔'이라고 보았다. 그러나 이슬람이 기독교 세계의 일원이란 소속감과 자기 이해가 없다는 점에서 이방 종교로 규정되기도 했다. 기독교 신학자들은 이슬람은 기독교의 삼위일체 교리를 오해하고, 예수의 죽음과 부활과 하나님 됨을 이해하지 못하고 곡해한 이방 종교이며, 그들의 경전인 꾸란(코란)은 사실적인 것도 있지만 많은 경우 오류와 모순과 조잡한 곡해로 가득한 것이며, 일부다처제에서 나타나는 성적인 방종은 그들의 비윤리적인 성격을 보여 주는 것이라고 비판하였다.

이슬람의 군사적·정치적인 승리에 가장 민감하게 반응한 것은 비잔틴 제국이었다. 비잔틴의 신학자들은 이슬람의 '지하드'에 구약성서적인 '거룩한 전쟁'으로 대응하여 이슬람에 빼앗긴 영토를 되찾고자(십자군 전쟁) 하는 한편, 문서 활동을 통하여 이슬람의 교리를 공격하였다. 이러한

이슬람의 발흥

와중에도 『신앙의 평화에 대하여』를 쓴 니콜라우스 쿠자누스와 『유대인, 철학자 그리고 기독교인 사이의 대화』를 쓴 아벨라드에 의해 기독교 신앙을 변증하면서 이슬람을 이해하고자 한 노력은 평가할 만하다.

기독교와 이슬람이 군사적·정치적으로 대치하기는 했지만, 상호간에 외교적이고 상업적인 교류가 중단된 적은 없었다. 그리고 아리스토텔레스의 철학이 서방교회에 들어오게 된 것도 이슬람 학자들의 덕분이었다. 이 일에 핵심적인 역할을 한 사람은 코르도바 출신의 이슬람 철학자이자 법학자이자 의사인 이븐 루쉬드(ibn Rushd, 1126~1198)였다. 그는 서방에서 아베로에스라고 불렸는데, 아리스토텔레스에 대한 그의 철학은 파리 대학과 젊은 토마스 아퀴나스에게 엄청난 지적 도전을 주었다. 중세 후기 스콜라 신학은 이러한 지적인 자극 속에서 탄생한 것이었다.

종교개혁 이후의 이슬람

16세기 초 오스만 터키가 유럽을 위협할 때, 종교개혁자 루터는 이슬람을 타락한 기독교 세계에 대한 하나님의 경고와 채찍으로 이해하고자 했다. 그러다 점차로 루터는 이슬람을 적그리스도인 교황과 더불어 종말의 시대에 나타나는 다니엘서의 '작은 뿔'로 이해하였다. 그러나 이슬람을 적그리스도 세력인 교황과 바티칸보다는 상대하기 쉬운 적으로 간주하였다. 루터 사후에도 개신교와 로마 가톨릭은 신학적으로 서로를 '이슬람적인' 이단으로 정죄하였지만, 정치적으로는 상대편을 제압하기 위해 필요에 따라 오스만 터키 세력과 손을 잡기도 하였다. 특별히 로마 바티칸은 합스부르크 왕가의 헤게모니를 견제하기 위해 이슬람을 이용하

기독교 역사의 전환점들

기도 하였다. 이러한 관계는 17세기 후반까지 지속되었다.

서방 세계가 이슬람을 좀 더 객관적으로 이해하기 시작한 것은 18세기 계몽주의에 이르러서다. 그 이후 과학혁명과 산업혁명을 성공시킨 서방 세계가 이제 역으로 쇠퇴하기 시작한 이슬람 지역을 식민지화하였다. 제1, 2차 세계대전 후에 서방의 지배로부터 독립한 이슬람 국가들은 정체성 유지와 현대적 개혁 사이에서 큰 혼란과 갈등을 겪었다. 그럼에도 이들은 오일달러를 배경으로 국제적인 무대에서 기독교 문명권에 대항하는 강력한 세력으로 부상하고 있다.

이슬람의 발흥

동방교회의 예배의식

동방교회와 서방교회의 분열

분열의 씨앗

고대 기독교의 중심지는 팔레스타인, 소아시아, 북아프리카, 그리고 발칸 반도를 포함하는 동방(동로마 제국) 지역이었다. 로마를 중심으로 한 서방교회는 초기에 신학적으로 동방교회의 영향 하에 있었다. 그러나 로마 교황권이 강화되고 라틴 신학적 패러다임이 자리를 잡게 됨에 따라 분열 조짐이 나타나기 시작했다.

이미 동·서방교회는 그리스와 라틴어란 이질적인 언어로 인해 신학용어상의 많은 어려움을 야기하였다. 어거스

기독교 역사의 진환점늘

틴은 그리스어를 모른 채 라틴어만을 구사하여 신학적인 작품을 완성하였다. 그는 라틴어 번역본을 구할 수 있는 경우에만 그리스어 문헌을 참고하였다. 그의 신학은 동방교회에 의해 철저하게 거부되었다. 콘스탄티노플 주재 교황 사절 출신의 그레고리우스 대(大)교황(Pope St. Gregory the Great, 590~604)같은 박식한 교황조차 그리스어를 말할 줄 몰랐다는 데서 동·서방교회의 언어상의 이질성이 극명하게 드러난다. 역으로 라틴어를 아는 비잔틴 동방교회의 총대주교들도 없었다. 이들의 교류는 언제나 통역관이나 전문가들의 도움을 받아 이루어졌다.

동·서방교회의 이질성은 언어뿐만이 아니라 정신적·문화적인 면에서도 두드러졌다. 사변적인 사고를 즐기던 비잔틴 동방 사람들은 라틴 서방 사람들을 무식하고 야만인처럼 생각하였으며, 반면에 서방 사람들은 동방 사람들을 교만하고 음험한 사람들로 간주하였다. 교회의 관습과 전례에서도 서로 차이를 드러냈다. 예를 들면 동방교회에서는 서방교회와 달리 고해성사를 수도사들이 전담하였으며, 동방교회 성직자들은 서방교회 성직자들과 달리 수염을 기르고 결혼도 하였다. 이러한 언어적·문화적·종교적 관습의 차이에 더하여 동·서방교회의 분열을 결정적으로 가속화시킨 것은 정치적인 요인들이었다.

로마 제국의 수도(首都) 이전과 교황권의 강화

동·서방교회의 상호 불신과 갈등은 서방교회가 교황을 정점으로 한 중앙집권적 교회 체제를 동방교회에 관철시키려고 한 데서 근본 원인을 찾을 수 있다. 서방교회에서 교황권이 강화된 것은, 기독교를 공인한 콘스탄티누스 대제가 330년에 순교의 피로 얼룩진 '옛 로마'를 버리고 '콘스탄티노플'(옛 비잔틴)로 수도를 옮긴 것이 한 계기가 되었다. 이제 황제는 '새 로마'인 콘스탄티노플에 거주하게 되었다. 이는 '옛 로마'가 황제의 직접적인 지배권으로부터 멀어졌음을 의미하였고, 로마교회는 이러한 상황을 자신의 영향력을 확대하기 위한 기회로 적극 활용하였다.

이에 더하여 476년 게르만 민족에 의해 서로마 제국이 붕괴됨으로써, 황제의 영향력이 절대적이었던 비잔틴 동방과는 달리 세속 권력의 공백이 생긴 서방에서는 로마의 주교들이 새로운 권력자로 부상하기 시작했다. 5세기 말 로마의 주교(교황) 겔라시우스는 소위 '두 권력 이론'을 통해 황제의 권력에서 벗어나고자 했을 뿐만 아니라 지상의 전 교회에 대한 지배권을 주장하였다.

로마교회는 교황의 권력을 강화시키기 위해 베드로의 사죄권을 주장하였다. 서방의 군주제적·중앙집권적인 교황 중심의 교회는 동방교회 사람들에게는 처음부터 낯선 것이었다. 동방교회는 지역 신앙 공동체(교회)와 그 주교로부터 출발하며, 교회는 동등한 지역 개별 교회들의 연방적인 공동체로 이해하였다. 그리고 동방교회의 중심에 자리한 것은 교회 법전이 아니라 성사와 전례와 신경들이었다. 서방교회의 교황 중심적인 경향에 대하여 동방 비잔틴의 황제였던 유스티니아누스는 제국 교회의 원칙과 교회에 대한 황제의 지배권을 강화하였다.

서방교회의 비잔틴 지배로부터의 독립

서로마 제국을 멸망시킨 게르만 민족 가운데 프랑크족이 가장 강력한

기독교 역사의 전환점들

왕국을 형성하였다. 이들은 이교도들이거나 아리우스적인 기독교에 경도되어 있었다. 이러한 프랑크족을 로마 가톨릭교회로 개종시키는 데 결정적인 역할을 한 사람은 클로드비히(Chlodwig)였다. 그는 가톨릭 공주와 혼인하고 첫 아들을 가톨릭식으로 영세를 줌으로써 프랑크 왕국을 가톨릭 국가로 만드는 정초를 놓았다. 그 후 프랑크 왕국을 이슬람 공격으로부터 지켜낸 칼 마르텔의 아들 피핀이 프랑크 왕이 된 뒤, 754년에 로마의 교황 스테파누스 2세와 중요한 협약을 하였다. 이 협약에서 교황은 피핀을 '로마의 수호자'로 인정하였고, 왕은 교황에게 이탈리아 땅의 일부를 증여(소위 '피핀의 증여')하였다.

서방에서 일어난 이러한 일련의 사건은 동방교회의 입장에서 볼 때 그동안 유지되어 온 그리스도교 세계의 정치적인 통일성을 심각하게 훼손하는 행위였다. 영토 지배권은 오직 황제에게만 귀속되는 권한이었는데, 이제 교황이 제국의 적(敵)인 야만인과 야합하여 영토에 대한 지배권을 행사하려는 것은 동방교회의 눈에 제국과 교회에 대한 반역(反逆)으로 비쳐졌다. 이 반역의 길은 800년 교황 레오 3세(Pope Leo III)가 성탄절날 밤에 로마의 성베드로성당에서 프랑크 왕국의 왕 칼(Karl)에게 서로마 제국황제의 칭호를 부여함으로써 돌이킬 수 없는 강을 넘게 되었다. 유일한 황제의 칭호를 받고 있던 동방의 정통 황제에 대립하는 새로운 황제의 등장은 명백한 정치적 분열을 보여 주는 것이었다.

동 · 서 교회 분열의 신학적인 요인

동 · 서 교회의 분열을 가져온 데에는 정치적인 이유 외에 신학적인 이

유도 있었다. 동방교회는 칼케돈 공의회 이후 최대의 논쟁인 성화상(Icon) 논쟁으로 거의 100여 년간 소용돌이에 휘말리게 되었다. 성화상은 6~7세기에 왕성하게 제작되었는데, 이것이 처음에는 경건한 기억과 문맹자를 위한 교육의 매체로 사용되다가 점차로 신적 능력의 매개물로, 일종의 '그림 부적'으로 기능하기 시작했으며, 심지어 숭배의 대상으로 여겨지기도 했다. 황제 레오 3세는 이러한 성화상 숭배를 이교적인 우상숭배로 규정하고 모든 성화상을 제거하도록 법률을 발표하였으며, 이에 따르지 않는 총대주교를 교체하였다.

서방교회와 교황 그레고리우스 2세는 황제의 성화상 파괴에 반대하였다. 교황은 이러한 시도를 단호하게 정죄하였다. 그러나 레오 3세에 이어 황제에 오른 콘스탄티누스 5세(Constantinus V)는 교황의 정죄에두 불구하고 754년 칼케돈 근교에서 개최된 공의회에서 성화상 파괴를 동방교회 전체의 교리로 선언하였다. 로마교회는 이에 대응하여 769년 라테란 공의회에서 성화상 공경을 정당화하였다.

그 후 동방교회 내에서도 변화가 일어났다. 황후 이레네는 787년 니케아 공의회(오늘날 제7차 보편 공의회로 간주함)에서 다시 성화상 숭배를 허용하였다. 이 공의회에서는 "성화상에 대한 숭배는 원상에게로 넘어간다. 참 흠숭(欽崇)은 하나님께만 바쳐야 하며, 성화상에는 무릎 꿇기, 입맞춤, 분향, 촛불 등을 통한 상대적인 공경만 허용된다."고 규정하였다. 그 후 815년 비잔틴 제국에서는 재차 성상 파괴론자들이 득세하였으나, 황후 테오도라에 이르러 843년 성화상 숭배를 최종적으로 결정하였다. 이 날을 기념하여 정교회에서는 오늘날에도 매년 사순절 첫 주일을 '정통교의의 축일'로 지내고 있다.

로마교회는 성화상 파괴를 승인한 754년과 이를 번복하고 성화상 숭배를 승인한 787년의 공의회 결정을 모두 부정하고 성상을 파괴하는 것은 경박한 것으로, 성상을 숭배하는 것은 죄짓는 것으로 규정하였다. 단지 성화상을 그림을 통해 알기 쉽게 설명하는 '가난한 자들의 성서'라는 교육적인 가치만을 인정하는 선에서 성화상 공경을 허용하였다.

성화상 숭배 이외에 동·서 교회를 갈라놓은 신학적인 쟁점은 소위 '필리오크베'(filioque) 논쟁이라는 것이었다. 본래 니케아-콘스탄티노플 신조에는 '성령은 성부로부터 나온다'라고만 규정되어 있는데, 서방교회, 특히 스페인에서는 '그리고 성자로부터'(filioque)라는 표현을 첨가하여 '성령은 성부, 그리고 성자로부터 나온다'라고 고백하였다. 칼 대제는 이것을 교황에게 수용하도록 촉구하였으며, 점차로 서방교회에 널리 퍼지게 되었다. 그러나 동방교회는 이러한 첨가를 용인할 수 없었으며, 이를 둘러싼 논쟁은 격렬해졌다. 마침내 867년 동방교회의 총대주교 포티우스는 서방교회의 이러한 첨가를 이단적인 것으로 정죄하였다. 이것은 1054년에 최종적으로 이루어진 동·서 교회 분열의 중요한 신학적인 요인으로 간주되고 있다.

1054년 동·서 교회의 최종 분열과 그 이후

신학적인 문제와 더불어 정치적인 이유로 9세기 말에 교황 니콜라우스 1세는 콘스탄티노플의 총대주교인 파티우스를 파면하였다. 이에 대항하여 콘스탄티노플 총회는 교황을 파면하였다. 이 사건은 우여곡절 끝에 869~70년에 양측의 잠정적인 타협으로 일단락되었다. 그러나 농·서 교회의 오랜 갈등과 대립은 마침내 1054년에 최종적인 분열이라는 파국을 맞이하게 되었다.

문제의 발단은 교황 레오 9세가 동방교회(비잔틴) 영역인 남부 이탈리아 지역에 비잔틴식 전례 대신 서방교회 라틴식 전례를 강요한 것이었다. 이에 케룰라리우스 콘스탄티노플 총대주교는 서방교회 전례를 전통에 따르지 않는 제멋대로라고(특히 성체성사에 누룩을 넣지 않은 빵을 사용하는 것과 사순절 기간 중 토요일에 단식하는 것 등) 비난하면서, 이에 대한 보복으로 비잔틴 전례를 받아들이지 않는 콘스탄티노플에 거주하는 라틴 사람들의 성당을 폐쇄시키겠다고 위협하였다.

이 문제를 해결하기 위해 콘스탄티노플에 온 교황사절단의 단장 훔베르트 추기경은 화해를 이루기는커녕 오히려 상황을 더욱 악화시켰다. 그는 콘스탄티노플 총대주교의 칭호에 이의를 제기했을 뿐만 아니라 그의 서품의 유효성까지 의심함으로 총대주교를 격분시켰다. 그리고 '필리오크베' 문제를 다시 꺼내 격렬한 논쟁을 야기했다. 결국 논쟁에서 밀린 훔베르트는 1054년 7월 16일, 그 사이 교황이 사망했다는 소식을 들었음에도 불구하고 케룰라리우스 총대주교와 그의 협력자들에 대한 파문 교서를 직접 작성하여 성 소피아대성당 제대 위에 놓아두고 로마로 돌아갔다. 이에 대해 케룰라리우스는 훔베르트와 그의 일행을 역으로 파문하였다. 이것은 엄밀히 말해 교회 대 교회의 파문은 아니었지만, 이때부터 비잔틴 전례에서는 로마 교황의 이름이 불리지 않았다. 그리고 콘스탄티노플에 있던 라틴 성당들은 폐쇄되었고, 이후로 동·서 교회의 분열은 고착되었다.

동·서 교회 간의 최악의 상황은 1204년 제4차 십자군 원정 중에 일어났다. 라틴 서방군대는 동방의 콘스탄티노플을 점령하고 약탈하였으며, 불법적으로 라틴 황제직과 라틴 교회를 세워 57년 동안 지배하였다. 이슬람 세력을 점령해야 할 십자군이 동방의 자매 교회를 점령하였다는 것은 오늘날에도 동방교회에 지울 수 없는 상처로 남아 있다. 비잔틴 제국의 수도 콘스탄티노플은 1453년 이슬람 국가인 오스만 터키에 의해 영욕의 1,100여 년의 역사를 마감하게 되었다. 이후 동방교회의 중심지는 새로운 '제3의 로마' 인 모스크바로 옮겨 가게 되었다.

동방교회와 서방교회의 분열

성지 예루살렘의 탈환을 명분으로 시작되었으나,
세속적인 정복과 약탈 전쟁으로 변질된 십자군 운동

십자군 전쟁

십자군, 십자가에 대한 반역?

십자가는 본래 로마 제국이 반란자와 중범죄자를 처형하
는 형틀로, 저주와 치욕의 상징이었다. 그러나 초기 기독교
인들은 처절하게 죽은 예수의 십자가에서 하나님의 사랑과
구원을 보았다. 이제 십자가는 희생적인 사랑과 화해의 상
징이 되었다. 하지만 콘스탄티누스 대제가 기독교를 공인
한 후, 십자가는 더 이상 고난의 상징이 아니라 승리와 영광
의 상징이 되었다. 십자가를 앞세운 교황과 로마 가톨릭교
회는 유럽 기독교 세계의 지배자가 되었고, 이제 십자가는

거부할 수 없는 지배의 상징이 되었다.

십자가의 지배권이 관철되지 않았을 뿐만 아니라 중세 유럽 기독교 세계를 위협하는 가장 강력한 세력은 이슬람이었다. 계시 종교이며 선교 지향적 종교인 기독교와 이슬람의 충돌은 이슬람이 팽창하면서 불가피하게 발생하였다. 십자군 전쟁은 이러한 두 세력이 지중해 주변 지역의 영토 쟁탈을 위해 11세기 말부터 13세기 후반까지 약 200여 년에 걸쳐 일으킨 세계사적인 전쟁이었다.

기독교에서는 거룩한 혹은 의로운 전쟁으로, 이슬람에서는 지하드(아랍어로 '투쟁' 또는 '전투'라는 뜻)로 모두가 신앙에 의한 신앙을 위한 성전(聖戰)임을 주장했지만, 시작이 어떠했든 이 과정 속에서 드러난 것은 인간의 추악한 욕망과 지배욕임을 부인할 수 없다. 그런 의미에서 순수한 종교적인 성전은 없다고 할 수 있다. 거의 모든 종교 전쟁은 종교적으로 타자에 대한 지배와 영토에 대한 약탈을 정당화하지만, 결국 자신의 종교적 이상에 대한 반역으로 귀결된다. 십자군 전쟁 역시 기독교와 이슬람이 각각 그들의 전장에서 나부낀 십자가와 초승달(및 샛별)에 대한 반역에 다름 아니었다. 이러한 양상은 오늘날 석유에 대한 지배권을 확보하기 위해 이라크를 악의 축으로 규정하고 마치 성전인양 선전하며 벌였던 부시의 이라크 전쟁에서도 반복되고 있다고 할 수 있다.

십자군 전쟁의 원인

아라비아 반도를 평정한 이슬람은 질풍노도처럼 시리아(635), 팔레스타인(638), 알렉산드리아와 이집트 북부(642)를 점령하였다.

이러한 상황 속에서 로마의 교황들은 이슬람과의 전쟁은 불가피한 것으로 여겼다. 교황권이 절정에 있던 그레고리우스 7세 때 십자군 전쟁을 구체적으로 계획하였다. 그러나 그는 황제 하인리히 4세와의 서임권 투쟁에 몰두하느라 이 계획을 실행에 옮기지 못하였다.

그레고리우스 7세의 꿈은 교황 우르바누스 2세(1088~1099)에 의해 실행되었다. 그는 잃어버린 성지를 탈환하고 이교도들로부터 고통당하는 비잔틴 그리스도인들을 구해 동·서 교회의 재통일을 이룩하려고 했다. 우르바누스 2세에게 전쟁의 빌미를 준 것은, 새롭게 이슬람 세계의 강자로 부상한 셀주크 투르크족이었다.

이들은 페르시아를 장악한 후 소아시아와 팔레스타인으로 진출하여 1071년에 예루살렘을 정복하고 기독교인들의 성지 순례를 방해하였다. 이전의 이슬람 세력은 자신들의 경제적인 이익으로 인해 기독교인들의 성지 순례를 방해하지는 않았다. 그러나 셀주크 투르크는 순례자들을 약탈하였을 뿐만 아니라, 예루살렘에 있는 기독교도들을 박해하였다. 이것은 종교상의 문제뿐만이 아니라 동방 교역상의 큰 문제를 야기하였다.

이러한 상황을 이용하여 우르바누스 2세는 1095년 프랑스의 클레르몽 회의에서 십자군 원정(전쟁)의 필요성을 역설하였다. 그는 설교에서 "하나님께서 그것을 원하신다!"고 외침으로써 수많은 사람들을 흥분시켰다. 이어 열정적인 설교자들이 유럽 각지를 순회하면서 십자군 전쟁의 당위성을 설파하며 출전을 독려하였다.

기독교 역사의 전환점들

십자군 전쟁의 전개

십자군에 참여한 이들은 영주와 기사들만이 아니라 농노와 부랑인들, 심지어 어린아이들까지 있었다. 십자군에 참가하는 것은 속죄의 한 방편이었으며(면죄부의 관념 탄생), 이교도와의 거룩한 전쟁에서 전사하는 것은 순교로 여겨졌다. 이러한 종교적인 열정 외에 이들을 움직인 것은 동방세계에 대한 막연한 기대감, 특히 '젖과 꿀이 흐르는 가나안 땅'에 대한 환상이었다.

200여 년에 걸친 여덟 차례의 십자군 원정(전쟁) 중에서 성공한 것은 제1차 전쟁뿐이었고, 나머지는 십자군 본래의 의미가 왜곡되어 이교도들뿐만 아니라 같은 기독교 형제들에 대한 약탈로 점철된 실패한 전쟁이었다.

제1차 십자군 원정은 영국과 프랑스의 귀족들을 중심으로 구성되었다. 국왕은 아무도 참가하지 않았다. 교황은 국왕의 참가를 의식적으로 배제하였으며, 특히 서임권 투쟁으로 대립관계에 있던 독일의 황제를 배제하고 교황의 사절을 총사령관으로 삼음으로써 십자군을 주도하려는 교황의 의지를 분명하게 드러냈다. 이 십자군의 규모는 5천에서 1만 명에 이르는 기사와 1만 명 전후의 보병, 그리고 다수의 비전투요원들이 함께한 것으로 역사학자들은 보고 있다.

십자군은 셀주크 투르크를 격파하며 시리아 지역을 재탈환하였고, 에데사와 인디오키아에 십자군 국가를 건설하였다. 마침내 1099년 6월 7일에 십자군은 예루살렘에 입성하였다. 예루살렘에서는 피비린내 나는 살육전이 감행되었는데, 이때 솔로몬 성전에서만 1만여 넝이 살해되었다고 한다. 결국 십자군은 예루살렘 왕국을 건설하고 영국 왕의 동생인 고트프리를 '성묘의 수호자'로 선출하였다. 그가 죽은 후에는 그의 동생 볼드윈이 예루살렘 왕국의 국왕으로 등극하였다.

이즈음 예루살렘 성전과 순례자를 보호하기 위한 십자군 기사단들이 등장하였는데, 그 가운데 '성전 기사단'(Knights of the temple)이 가장 유명하였다. 흰 옷에 붉은 십자가를 붙인 이 성전 기사단은 '전장의 사자'로 불리며 이슬람 세력과의 전투에서 혁혁한 성과를 거두었다. 이 성전 기사단은 성지를 보호하는 일 외에 금융기관, 토지 소유, 무역업을 하는 세계 최초 다국적 기업이라고 할 수 있을 만큼 그 당시 유럽 경제에서 중요한 역할을 하였다. 또한 예루살렘 성전의 유물을 보관하며 비밀 입교식을 통해 점차로 독립적인 교회 내의 비밀 결사체가 되었다. 1304년 10월 13일 프랑스 파리 전역에서 대대적인 템플 기사단 검거로 해체되기까지 이 성전 기사단의 영향력은 지대하였다.

제1차 십자군이 성공한 데는 그 당시 셀주크 투르크 내의 분열도 한 몫 하였다. 그러나 1128년경 이슬람 세력들은 내분을 극복하고 십자군에 의해 상실된 지역을 재탈환하고자 기도하였다. 이러한 새로운 위기 속에서 제2차 십자군이 결성되었다. 프랑스의 루이 7세와 독일의 콘라드 3세가 참가한 이 전쟁은 내분으로 인해 실패하였다. 이 전쟁의 영웅은 이슬람 세계를 통일하였던 전설적인 전사 살라딘(Saladin)이었다. 그는 이집트와 시리아를 통합한 후, 1187년에 예루살렘을 정복하였다(2005년 리들리 스콧이 감독한 영화 'Kingdom of Heaven'이 이 당시를 배경으로 하고 있다.). 예루살렘에 입성한 살라딘은 예루살렘 국왕 볼드윈 4세를 풀어 주었을 뿐만 아니라 기독교도들을 학살하거나 재산을 약탈하지 않았다고 한다.

기독교 역사의 전환점들

살라딘에 의해 예루살렘이 점령된 후 영국, 프랑스, 독일 왕이 직접 참여한 제3차 십자군 전쟁이 있었으나 서로간의 갈등과 대립으로 인해 아무런 성과도 거두지 못했다. 교황 이노센티우스 3세 때에 제4차 십자군이 출범하였다. 이 십자군은 성지 회복보다는 상업적인 이익과 동지중해 교역로를 확보하려는 베네치아가 개입됨으로써 처음부터 순수성을 상실하였다. 베네치아는 중요 항구와 전략상의 요충지를 획득함으로써, 이후 지중해 세계의 강력한 도시국가로 부상하는 발판을 마련하였다.

제4차 십자군은 성지를 회복하기는커녕 자신들의 도움을 요청한 비잔틴 제국의 콘스탄티노플을 점령하고 약탈하였으며, 거기에 라틴 제국 (1204~1261)을 세워 통치함으로써 동방교회에 치유될 수 없는 상처를 남겼다. 또한 이노센티우스 3세는 십자군을 이용해 프랑스 내의 영지주의적 개혁 분파였던 카타르(Kathar)파 혹은 알비겐(Albigen)파를 무참하게 학살하였다. 이 십자군 기간 중에 '어린이 십자군'(Children's Crusade)도 생겨났다. 신의 계시를 받았다는 12세의 양치기 소년 에티엔을 따라 12~13세의 어린이 약 3만 명이 참여하였으나, 이들 중 상당수는 지중해를 건너던 배가 침몰하여 익사하였으며 살아남은 어린이들은 노예로 팔려갔다.

제5차 십자군은 예루살렘 근처에 가 보지도 못하고 좌절되었으며, 제6차 십자군은 독일 황제 겸 시칠리아 왕이었던 프리드리히 2세에 의해 주도되었는데 그의 능란한 외교력에 의해 1229년에 예루살렘 대부분을 회복하였을 뿐만 아니라, 10년간의 휴전도 성사되었다. 하지만 교황을 비롯한 유럽의 기독교인들은 그를 지지하지 않았다. 교황 그레고리 9세는 그기 예루살렘 왕으로 즉위하기 위하여 예루살렘을 방문하자 예루살렘 왕국 자체를 파문하였다. 이로 인해 예루살렘 왕국은 분열되었고, 이 틈에 이집트의 지원을 받은 카와리츠파 투르크족에게 1244년 점령되었다. 그 이후 예루살렘은 영국의 위임 통치를 받게 되는 1917년까지 이슬람 세력의 지배하에 있었다.

제7차 십자군이 가지는 의미는 십자군을 주도했던 프랑스 왕 루이 9세가 1250년에 이슬람 세력의 포로로 잡혔다가 풀려난 뒤, 그 당시 이슬람 세력을 위협하고 있던 몽골과 동맹을 추진했다는 점이다. 이미 1245년에 몽골의 네스토리우스파 기독교(야리가온)와 접촉을 시도한 적이 있는 서유럽 기독교는 이슬람을 견제하기 위해 몽골군을 이용하고자 했던 것이다. 그러나 이 시도는 아무런 성과도 거두지 못하고, 오히려 시리아까지 진출한 몽고군에게 위협을 느끼게 되었다. 1260년 이집트의 이슬람 세력은 몽골군을 격퇴시킴으로써 동지중해에서 번성하게 되었고, 이를 계기로 몽골족은 기독교보다 이슬람을 더 강한 종교로 여겨 일부가 이슬람으로 개종하는 일이 발생하였다.

마지막 제8차 십자군 역시 아무런 성과도 없이 끝나, 1096년부터 1290년까지 8차례에 걸친 십자군 원정(전쟁)은 사실상 막을 내리게 되었다.

십자군 전쟁의 의의

십자군 전쟁은 여러 모로 실패가 예정된(?) 전쟁이었다. 십자군의 주도권을 둘러싸고 영국, 프랑스, 독일, 그리고 교황 간에 내분이 벌어졌고, 십자군의 순수한 종교적 열정 대신 경제적인 탐욕이 우선하였으며, 유럽 세계의 폐쇄성으로 인해 이슬람에 대해 전혀 무지했던 점 등을 실패 요인으로 들 수 있다.

비록 십자군 전쟁은 실패하였지만, 유럽의 역사에 큰 영향을 끼쳤다. 프랑스와 이탈리아 도시들은 십자군의 원군 행로였던 내륙과 지중해를 통해 동방 중계무역을 발전시켰으며, 이러한 상업적인 교류와 함께 유럽인들은 비잔틴과 이슬람의 수준 높은 문화를 경험함으로써 지적인 지평을 넓혀 갔다. 정치적으로는 중세 봉건귀족과 기사계급은 몰락한 반면 시민계급은 성장하고 왕권은 강화됨으로써 초기 근대사회의 맹아가 움트기 시작했다. 또한 십자군 운동 가운데 노출된 민족 간의 갈등은 유럽 제 민족의 민족의식을 촉발시켜 근대 민족국가로 나아가는 시발점이 되었다. 무엇보다 십자군의 타락과 실패로 인해 교황과 로마-가톨릭교회의 권위는 실추되었고, 이는 그 이후 벌어진 '아비뇽의 유수'(1309~1376)와 '대분열'(1378~1415)의 전조가 되었다.

중세 후기에 서유럽 기독교 국가의 주도로 시작된 십자군 전쟁 때에 유럽의 십자군이 무슬림으로부터 예루살렘을 재탈환(1099)한 적이 있었으나, 1187년 술탄 살라딘이 예루살렘을 다시 점령하였다. 기독교에 의한 이베리아 반도의 재정복(Reconquista)은 거의 800년 가까운 세월에 걸쳐 이루어졌다. 콜럼버스가 신대륙을 발견한 1492년, 같은 해에 이베리아 반도의 남부 중심 도시인 그라나다가 스페인 군대에 함락됨으로써 기독교에 의한 재정복이 완료되었다.

스콜라 신학의 완성자 토마스 아퀴나스

스콜라 신학

스콜라 신학의 개념

'스콜라' 라는 말은 그리스어 '스콜레' (σχολή)라는 말에서 나온 것으로, '여유' 또는 '여가' 라는 뜻을 지니고 있다. 이 말이 라틴어로 '스콜라' (schola)로 번역되면서 '학교' 혹은 '학파' 라는 의미로 쓰이게 되었는데, 이것은 처음에 프랑크 왕국의 '카롤링어 르네상스' 시대의 궁정학교, 혹은 수도원 학교를 지칭하였다. 이곳이 초기 스콜라 신학(혹은 철학)의 모태가 되었다.

스콜라 신학은 아주 다양한 현상이어서 한 마디로 정의

하기가 어렵다. 그것은 고대 그리스-로마 세계로 침입한 게르만 민족이 기독교화 되면서 자신들이 새롭게 대면하게 된 기독교적인 전통을 체계적으로 정리하고 습득한 것에서 시작되어져, 점차로 이성의 힘으로 전통적인 신앙을 해석하고 논증하려는 학문적인 작업으로 발전하였다. 스콜라 철학의 역사적인 전개는 크게 '초기 스콜라 신학'(800~1200경), '전성기 스콜라 신학'(1150~1300경), '후기 스콜라 신학'(1300~1400경)의 3단계로 나눌 수 있다.

초기 스콜라 신학

스콜라 신학이 본격적으로 시작되기 전, 고대와 중세의 다리 구실을 한 인물로는 보이티우스와 위(僞) 디오니시우스를 들 수 있다. 이들은 이후에 전개되는 스콜라 신학의 서로 다른 두 유형의 원천이 되었다. 보이티우스(Boetius)는 신앙과 이성을 조화시키고자 시도한 '로마의 마지막 철학자이자 동시에 최초의 스콜라 철학자' 였다. 보이티우스 사후의 유럽은 부족 간의 이주와 전쟁, 전염병 등으로 인해 학문과 사상의 불모지로 변하였다. 500년 뒤 라틴 세계에 학문이 부활하게 되었을 때, 모든 사상가들의 출발점은 보이티우스가 해석하고 응용했던 아리스토텔레스의 논리학이었다. 이성을 통해 신앙을 합리적으로 설명하고자 했던 그의 시도는 이후 스콜라 철학의 역사에서 반복돼 나타난다. 다른 한편으로 이성적 합리주의 신학의 위험을 일정한 한계 내에 묶어 두려는 경향이 거의 동시에 나타났는데, 이른바 위(僞) 디오니시우스(Pseudo-Dionysius)의 '부정(否定) 신학' 이 바로 그것이다. 그는 신에 관한 모든 긍정적 진술은 부정이리

113

는 교정 수단을 필요로 한다고 주장하였다.

초기 스콜라 신학의 대표자로는 캔터베리의 안셀무스(Anselm of Canterbury, 1033~1109)를 들 수 있다. '이해를 추구하는 신앙'(fides quaerens intellectum)이나 '이해하기 위해서 믿는다'(credo ut intelligam)라는 그의 유명한 명제는 계시의 신비가 모든 이성적 추론의 전제가 됨을 표명하고 있다. 그의 존재론적인 신 증명과 만족설적인 구원론 역시 신앙적인 전제와 게르만적인 법적 사유의 틀에서 이루어진 것이다.

이성을 통한 합리적인 신학과 신비적인 부정의 신학이 정면으로 부딪친 대표적인 사례는 클레르보의 베르나르(Bernard of Clairvaux, 1090~1153)와 피에르 아벨라르(Pierre Abélard, 1079~1142) 사이의 논쟁이다. 시토 수도회의 대수도원장이었던 베르나르는 신비주의자이면서 탁월한 교회 정치가였다. 그는 성 빅토르의 휴고(Victor Hugo, 1097~1141)의 신비적인 지식과 경건, 의지의 순종에 영향을 받아 고난의 신비주의를 주장하였다. 이에 반해 아벨라르는 『sic et non』(긍정과 부정)라는 저서에서 교부들이 말했던 서로 상충하는 진술들을 모았으며, 158개의 서로 다른 명제들을 찬성과 반대의 두 형태로 배열하여 합리적인 비판을 통해 진리를 드러내고자 하였다. 이러한 아벨라르의 비판적인 신학 방법을 베르나르는 "신앙은 믿는 것이지 논쟁하는 것이 아니다."라는 말로 단호하게 거부하였다.

아리스토텔레스의 충격과 전성기 스콜라 신학

초기 스콜라 철학은 전체적으로 아우구스티누스와 플라톤의 사상을

기독교 역사의 전환점들

바탕으로 체계화되는 추세에 있었다. 그러나 거의 1,000여 년이 넘도록 서구 세계에서 잊혔던 아리스토텔레스(Aristoteles, BC 384~322)의 저술들이 12세기에 이르러 스페인에서 일하던 기독교 성직자들에 의해 재발견되었다. 1100년에 이미 톨레도와 리스본 같은 이슬람 문화의 중심지들은 기독교인들의 통제에 놓이게 되었다. 유럽에서 몇 개의 수도원과 교회학교에서만 교육이 허용되던 시기에, '안달루스'라고 불리던 스페인의 이슬람 지역에서는 이슬람 학자들이 이를 대학에서 가르쳤으며, 시설이 좋은 도서관에서 연구하였다. 이들은 고대 아테네나 알렉산드리아에 버금하는 학문의 꽃을 피우고 있었다.

아리스토텔레스의 저술들은 아랍어로 번역되어 바그다드, 카이로, 톨레도, 코르도바에 있는 큰 대학들의 도서관에 보관되었다가 재발견된 것이었다. 서유럽인들이 이슬람교와 유대인 학자들의 도움을 얻어 그 저술들을 라틴어로 번역하게 되었을 때, 아리스토텔레스의 저술뿐만이 아니라 그에 대한 탁월한 해석자들이었던 아비세나(이브시나: 페르시아의 의사이자 이슬람의 유명한 철학자), 아베로에스(이븐 루슈드: 이슬람의 종교철학자), 마이모니데스(유대교 철학자)와 같은 12세기의 세계적인 철학자들의 저술도 함께 번역되었다. 서방 라틴 세계에서 재발견된 아리스토텔레스의 저술은 격리된 시골의 한 지역에 불과했던 유럽을 광대한 세계 문명의 중심지로 바꾸어 놓는 전기가 되었다. 서방 라틴 세계는 유대인들과 무슬림이 자신들이 전혀 들어보지도 못한 아리스토텔레스의 저작들을 소유하고 있음을 발견하고 충격을 받았다. 그것은 6세기에 보이티우스가 라틴어로 번역했던 논리학에 관한 몇 가지 저술 정도가 아니라 아리스토텔레스의 위대한 논저인 『형이상학』, 『자연학』, 『천체에 관하여』, 『영혼에 관하여』, 『니코마스의 윤리학』, 『정치학』, 『시학』 등 인간과 자연에 관한 모든 분야의 저술들이었다.

이렇게 재발견된 문헌들은 다양한 문화적인 배경을 지닌 학자들에 의해 라틴어로 번역되어 새롭게 건립된 유럽의 대학교에 전파되었다. 이것은 엄청난 지적 충격이었다. 한 역사가는 아리스토텔레스의 저술의 발견은 서구 사상사의 중요한 전환점이며, 후세에 나타났던 뉴턴의 과학과 다윈주의 충격에 비교할 만한 것이라고 평가하였다. 이것은 그 후 100여 년에 걸친 논란의 신호탄이 되었다. 이로써 본격적인 전성기 스콜라 철학이 시작되었다.

아리스토텔레스의 자연철학 사상에 매력을 느낀 기독교 신학자들은 '이성적인 방법을 사용하여 창조된 세계와 신의 관계를 어떻게 설명할 수 있는가?' 하는 문제로 고심하였다. 아리스토텔레스는 이교도였고, 일원론적이며 범신론적인 그의 사상은 이원론적인 플라톤 사상의 종합으로서의 고대 교회의 교리와 신학(특히 아우구스티누스의 신학)에 심각한 충격과 도전을 주었다. 아우구스티누스가 『신의 도성』에서 비하시킨 물질적인 현실 세계를 찬양하고, 자연 현상에 대한 신비주의적인 설명을 혐오하며, 인간 본성에 대한 낙관주의를 표명하는 아리스토텔레스의 사상은 수세기 동안 지속되어 온 영원한 사후세계에 대한 동경과 금욕적인 기독교적인 가치관과는 배치되는 것이었다. 그는 창조자나 구원자에 대해서 아무것도 말하지 않았으며, 우리의 죄가 내세에서 어떠한 결과를 초래할 것인가에 대해서도 전혀 신경을 쓰지 않았다. 그에게 신은 우주의 내적인 존재이며, 우주의 모든 것으로 하여금 그것의 본성이 허용하는 한에서 스스로를 실현하도록 이끄는 부동의 원동자(Unmoved Mover)일 뿐이었다.

기독교 역사의 전환점들

그의 저술은 전통적인 기독교의 교리에 위협적이기는 하나, 자연세계에 대하여 이전에는 보지 못했던 포괄적이고 통합적인 설명을 제시하고 있기에 신학자들에게 큰 매력으로 다가왔다.

새로 등장한 아리스토텔레스 사상의 도전을 대담하게 받아들인 중세 최초의 신학자는 도미니쿠스 수도회의 수사인 알베르투스 마그누스(Albertus Magnus, 1193~1280)였으며, 이를 발전시켜 스콜라 신학을 집대성한 사람은 그의 제자 토마스 아퀴나스(Thomas Aquinas, 1225~1274)였다. 그는 독일 쾰른에서 알베르투스와 8년간 함께 공부한 뒤 1252년 파리로 돌아오자마자, 보나벤투라(Sanctus Bonaventura, 1221~1274)가 이끌던 신플라톤주의적 신비주의자들인 프란체스코스 수도사들과 지성적인 논쟁에 휘말리게 되었다. 보나벤투라는 자연적인 존재들은 신의 참여나 개입 없이 작용하며, 그 자체의 원인과 결과를 갖는다는 아리스토텔레스의 주장에 비판적이었다.

이에 반해 아퀴나스는 자연에 관한 아리스토텔레스의 견해는 타당하며, 자연적인 원인에 초자연적인 원인을 덧붙이는 등의 작업을 통해 물질을 정신적인 것으로 만들어서는 안 된다고 주장하였다. 그에 따르면 단지 아리스토텔레스에게서 부족한 것은 자신들의 본성에 따라 행동하고 성장하려는 내적 성향을 지닌 창조된 모든 사물의 존재가 전적으로 신에 의한 것임을 깨닫지 못했다는 데 있다. 그는 종교와 자연과학, 즉 창조자에 대한 사랑과 그의 창조에 대한 이해 간에는 어떤 갈등도 있을 수 없다고 보았다. 그러면서 이것을 "은총은 자연을 파괴하는 것이 아니라 완성하는 것이다."라는 말로 정식화하였다. 그는 하나님으로부터 창조된 모든 사물은 비록 온전하지는 않지만 그 자신의 본질을 투영한다(존재의 유

스콜라 신학

비)고 봄으로써, 하나님과 물질세계를 분리하는 이원론을 극복하려고
하였다.

그는 이성의 영역을 신학의 영역 깊숙한 곳까지 확장하고, 자연신학이
라고 불리는 분야를 개척함으로써 당시의 사람들을 놀라게 하였고, 위험
한 급진주의자라는 비난을 받았다. 그의 사상이 가톨릭교회에 받아들여
지기까지는 적지 않은 시간이 필요했다. 아퀴나스에 따르면 자연적인 이
성을 사용하여 증명할 수 없는 교리는 세 가지가 있을 뿐인데, '무로부터
의 창조', '삼위일체로서의 신의 본성', 그리고 '인간 구원에 있어서 예수
그리스도의 역할'이 바로 그것이다. 그러나 신의 존재, 불멸성, 완전성 등
과 같은 것들은 관찰된 자료를 분석하고 일반화하는 인간의 이성을 사용
함으로써 도달할 수 있다고 보았다. 그는 보나벤투라가 자연의 자율성을
침해함으로써 자연적 이성의 자율성을 침해하게 되리라는 것을 알지 못
했다고 비판하였다.

아퀴나스는 거대한 전통인 아우구스티누스와 아리스토텔레스의 사상
이 어떤 관계 속에 자리매김해야 하는지를 깊이 고민하여, 그의 역작 『신
학대전』(summa theologia)에서 양자를 종합하려고 시도하였다. 그의 사고
체계에는 조화를 이루는 이중층이 등장하는데, 철학적인 형식과 논리적
인 관점에서는 아리스토텔레스를 따르고, 신학적인 관점에서는 아우구스
티누스의 전통을 따른다고 볼 수 있다. 그는 철학이라는 아래층은 위층인
신학을 위하여 돕는 기능을 한다고 보았다.

기독교 역사의 전환점들

아퀴나스가 수립한 신앙과 이성의 조화로운(?) 동거는 이성과 계시 사이의 메울 수 없는 틈을 직시한 프란체스코파 신학자들에 의해 도전을 받았다. 둔스 스코투스(Duns Scotus, 1270~1308)는 이제 신과 인간의 관계를 존재론적인 범주 대신에 인격적인 관계로 보고, 하나님은 주권적인 자유의지고 인간은 제한된 자기의 자유의지 가운데서 하나님께 대답한다고 주장하였다. 신학과 철학(과학)을 날카롭게 구분한 프란체스코 수도회의 탁월한 학자였던 윌리엄 오컴(William Ockham, 1285~1347)은 아퀴나스가 자연신학을 형식화하는 데 오류를 범했으며, 과학과 종교는 서로 분리된 상태로 있는 편이 훨씬 낫다고 주장하였다. 아퀴나스로 대표되는 '옛 길'(via antiqua)을 버리고 오컴으로 대표되는 '새 길'(via moderna)을 따랐던 가브리엘 비엘(Gabriel Biel, 1420~1495)은 루터에게 깊은 영향을 끼침으로써 새로운 종교 개혁적 패러다임을 만드는 데 기여하였다.

그리스도 이후 가장 완벽한 그리스도인으로
여겨지는 성 프란체스코

아씨시의 성 프란체스코

성 프란체스코, 그 현재적 의미

기독교 역사에 있어서 그리스도인 가운데 예수의 삶의
모습에 가장 근접한 인물은 누구일까? 사람마다 평가는 다
르겠지만, 성 프란체스코를 그 가운데 하나로 내세우는 데
에는 가톨릭 교인이든 개신교 교인이든, 심지어 일반인들
조차 큰 이견이 없는 것 같다. 심지어 어떤 이들은 성 프란
체스코야말로 첫 번째(니체식으로 말하자면 유일한 그리스도
인이었던 예수 다음의) 그리스도인 혹은 마지막 그리스도인
이라고 추앙하기도 한다.

그는 13세기 전반기에 중앙집권화, 법정화, 성직자 중심화 된 로마 가톨릭 체제를 전적으로 부정하지 않으면서도(이 점에서 반가톨릭적이며 이단적인 카타르파나 왈도파의 개혁 운동과는 다르다.) 예수의 길을 올곧게 따름으로써, 이 교회가 지니고 있는 문제점을 첨예하게 드러낸 사람으로 평가받고 있다. 1209년 당시 교회와 세상에 대한 지배권을 주장하던 막강한 교황 이노센티우스 3세와 가난하고 보잘 것 없는 아씨시 출신의 한 수도사의 대면은 상징적인 사건이었다. '썩어 무너진 교회를 재건하라' 는 십자가에 달리신 분의 환시를 통해 자신이 가진 모든 것을 버렸던 프란체스코와 이 세상의 모든 권력을 향유하고 있던 교황과의 만남은 그 시대의 위기를 반영하는 것이었다. 교황은 전날 밤 꿈속에서 쓰러져 가는 성 라테란 대성당을 프란체스코가 어깨로 부축하여 세우는 것을 보고 프란체스코의 '작은 형제들의 수도회' 의 회칙과 수도회를 인정하였고, 그럼으로써 로마교회 체제의 위기를 극복하려고 하였다.

그는 비록 지금으로부터 800여 년 전의 인물이긴 하지만, 오늘날에도 여전히 예수 그리스도를 따르는 제자의 위대한 모범으로 언급된다는 점에서 시대를 넘어 현재적인 의미를 지닌다고 할 수 있다. 브라질의 해방신학자 레오나르도 보프(Leonardo Boff)는 성 프란체스코의 사상과 삶의 모습에서 우리 시대의 위기와 문제를 해결하기 위한 한 사례를 발견하였다(Francis of Assisi, Maryknoll, NY: Orbis Books, 2006). 그의 사상 속에 깔려 있는 로고스를 대신하는 에로스와 파토스적인 요소, 그리고 그가 보여 준 자발적인 가난, 청빈과 단순한 삶, 가난한 자들에 대한 자비와 연대, 생태학적 감수성 등을 생각할 때, 보프가 그를 중세 시대에 살던 포스트모던적 인물로 간주한 것(앞의 책, 16)은 지나친 일이 아닐 것이다.

프란체스코의 생애

성 프란체스코(San Francesco d'Assisi, 1181~1226)는 로마에서 북동쪽으로 약 160Km 떨어진 곳에 있는 소도시 아씨시의 부유한 포목상 피에트로 디 베르나르도네의 아들로 태어났다. 그의 본래 이름은 조반니 디 베르나르도내였는데, 그의 아버지가 사업상 프랑스를 여행하던 중에 태어나 프랑스를 뜻하는 프란체스코란 닉네임으로 불리게 되었다. 그는 젊은 시절 자유분방한 생활을 하였다. 1202년 아씨시와 페루자 사이에 벌어진 전쟁에 참여했다가 포로가 되어 일 년간 감옥에서 지낸 후 많은 보석금을 내고 석방되었다. 그는 그 후에 기사가 되기 위해 남부 이탈리아에 종군하기도 했다.

그는 아씨시로 되돌아온 뒤 친구들과 함께 방탕한 생활을 하던 중에 병을 앓게 되었다. 그는 삶의 허무함으로 인해 방황하게 되었고, 그러던 중 1205년에 회심을 경험하게 되었다. 그는 아씨시 변두리를 거닐거나 한적한 장소에 있는 동굴에서 몇 시간을 보내며 명상을 하곤 했다. 그러던 어느 날, 말을 타고 가던 그는 한 나환자와 정면으로 마주치게 되었다. 그는 그 나환자를 보고 놀랐지만, 곧 마음에서 이는 감동으로 말미암아 말에서 내려와 그 사람에게 다가가 돈을 쥐어 주고는 평화의 입맞춤을 하였다. 그는 삶 전체를 통해 이 만남을 가장 소중히 여겼는데, 심지어 죽음을 맞이하면서도 이 기억을 떠올릴 정도였다.

이 일 외에 또 다른 만남이 그를 전적으로 변화시켜 주었다. 이번에는 낡고 반쯤은 버려진 아씨시 밑쪽에 위치한 성 다미아노 성당에서였다. 한 가난하고 늙은 신부가 그 성당을 담당하고 있었는데, 그는 너무 가난해서 십자가 앞을 밝히는 기름조차 살 돈이 없었다. 프란체스코는 초라한 나무 십자가를 바라보며 묵상하던 중, 무너진 성당을 보수하라는 환시를 경험하였다. 그는 그 성당을 보수하기 위해 아버지의 가게에서 값비싼 포목을 모두 꺼내 시장에 가서 자신의 말과 함께 팔았다. 그리고는 그 돈을 성당의 신부에게 갖다 주었는데, 그 신부는 그 돈을 정중히 거절하였다. 그 대신 프란체스코에게 봉사자로서 교회에 봉사하는 것을 허락해 주었다.

그 소식을 듣고 몹시 화가 난 프란체스코의 아버지는 시 법원과 교회에 프란체스코의 행동의 부당성과 진실을 규명해 줄 것을 요구하였다. 프란체스코는 이제 만인 앞에서 자신의 행위에 대해서 해명하지 않으면 안 되었다. 그는 아씨시의 중앙광장(옛 미네르바 신전)에 모인 주교와 군중 앞에서 다음과 같이 말했다. "지금까지는 피에트로 베르나르도네를 아버지라 부르고 그의 아들로 살았지만, 이제는 하나님을 아버지라 부르면서 하나님의 아들로 살겠습니다." 그러면서 그는 자신의 아버지에게 받은 모든 옷을 벗어버리고 자신의 길을 떠나갔다. 그는 "너희 주머니에 금이나 은이나 동전도 가지지 말며 여행 가방도 신도 지팡이도 가지고 다니지 말라."고 하신 예수님의 말씀을 액면 그대로 믿고 그렇게 실행했던 것이다. 이러한 그의 행동에 대해 옛 친구들까지 그를 미친 수도자 취급을 하였다.

그럼에도 그는 청빈을 친구로 삼고, 구걸 행위를 통해 성 다미아노 성당뿐만 아니라 다른 성당들을 수리하는 일을 계속하였다. 그 과정에서 아씨시 아래쪽 움브리아 평원에 자리 잡고 있던 포르치운쿨라 성당은 프란체스코 운동의 무대가 되었다. 프란체스코의 신앙의 실천에 감동을 받은 사람들의 공동체가 생겨났다. 프란체스코는 이들을 '작은 형제들'이라고

아씨시의 성 프란체스코

불렀는데, 이는 수도자들이 예수 그리스도와 사도들의 모범을 따라 진정한 형제들로, 그리고 진정한 의미의 수도자로 살 것이라고 믿었기 때문이었다. 이 '작은 형제들' 공동체는 꾸준하게 그 숫자가 늘어갔다. 프란체스코는 고향 아씨시 수바시오(Subassio) 산에 은둔처를 세웠는데, 이는 후에 카르체리 수도원이 되었다.

1209년 이노센티우스 3세 교황에 의해 수도회를 인정받은 후 프란체스코는 1213년 모로코 선교를 시작하였고, 이어서 시리아와 아프리카에도 선교사로 가기를 원했지만 파선과 질병으로 모두 좌절되었다. 1215년 11월에 프란체스코는 역사적인 제4차 라테란 공의회에 참석하였다. 그는 이곳에서 또 다른 위대한, 후에 상호경쟁적이 된 수도회의 창설자 도미니크(Dominic, 1170~1221)를 만났다. 1219년에는 십자군을 따라 이집트로 갔다가 술탄 말렉크 알 카멜을 만나 십자군 전쟁의 평화로운 해결을 위한 대화를 시도하였다. 그러나 그는 포로 신세가 되었으며 그 와중에도 술탄을 개종시키려고 시도하였다. 그 뒤 포로에서 풀려나 1220년에 예루살렘 순례를 하고 선교 활동을 벌인 결과, 예루살렘에서도 '작은 형제들' 의 모임이 시작되었다.

프란체스코는 예수 그리스도가 십자가에 매달릴 때 입은 상처가 성인들에게 그대로 나타나는 초자연적인 현상으로 알려진 성흔(聖痕)으로 유명하다. 1224년 성 십자가 현양 축일인 9월 14일 전후에 프란체스코는 단식기도를 하던 도중 갑자기 십자가에 못 박힌 세라핌을 목격하고 그리스도가 받은 다섯 상처를 자신의 손과 발 그리고 옆구리에 똑같이 입었는데, 이것은 최초로 공식 확인된 성흔이다. 하지만 이 성흔 현상 이후, 그는 건강이 급속히 안 좋아져 눈이 반쯤 멀었고 심한 병까지 얻었다. 1226

년 10월 3일 프란체스코는 동료 수도자들에게 요한복음서의 수난기를 읽어 달라고 청하고 나서, 시편 141편을 노래한 후 세상을 떠났다. 이때 그의 나이는 44세였다. 그로부터 2년 뒤 1228년 프란체스코는 교황 그레고리우스 9세에 의해 성인으로 시성되었다.

프란체스코의 삶의 특징

성 프란체스코의 삶은 한 마디로 자발적인 가난의 삶이었다. 그의 이러한 삶을 규정한 말씀은 "너희가 거저 받았으니 거저 주라. 너희 전대에 금이나 은이나 동을 가지지 말고 여행을 위하여 배낭이나 두 벌 옷이나 신이나 지팡이를 가지지 말라. 이는 일꾼이 자기의 먹을 것 받는 것이 마땅함이라."(마 10:8~10)는 예수님의 말씀이었다. 그는 일평생 이러한 원칙을 고수하고자 사유 재산을 소유하지 않았으며, 자신의 '작은 형제들' 이 대규모 교회와 건물을 건축하는 것과 로마 교황청에 대한 특전을 받기 위해 간청하는 것을 금지하였다. 그리고 '작은 형제들' 이 비상시를 제외하고는 탁발 대신에 노동을 통하여 생계를 유지하도록 하였다.

프란체스코는 또한 "누구든지 자기 십자가를 지고 나를 따르지 않는 자는 능히 내 제자가 되지 못하리라."(눅 14:27)는 예수의 말씀을 철저히 따르며 그리스도의 남은 고난을 채운 사람이었다. 예수의 가난과 십자가의 고난이 자신이 살아야 할 길이라 믿었으며, 실제로 그는 자신을 고통당하는 예수와 동일시하였다. 그에게 나타난 성흔 현상은 아마도 이러한 그의 고난의 동일시를 극명하게 보여 주는 증거가 아닌가 한다.

그는 그 당시 스콜라 신학자들과는 달리 책을 통해 시식과 학문을 추

아씨시의 성 프란체스코

구하기보다는 삶의 실천과 자연과의 교감을 더 중요시 여겼다. 그는 자연 세계와 우주 만물을 하나님의 생명으로 가득 찬 존재로 인식하였다. 심지어 죽음조차도 우리의 사랑스런 자매로 부를 정도였다. 그가 쓴 '형제 태양의 송가'(Canticum fratris solis)에 있는 다음과 같은 구절은 이러한 그의 의식을 잘 대변하고 있다.

> 내 주여! 당신의 모든 피조물 그 중에도,
> 언니 해님에게서 찬미를 받으소서.
>
> 그 아름다운 몸 장엄한 광채에 번쩍거리며,
> 당신의 보람을 지니나이다. 지극히 높으신 님이시여!
>
> 누나 달이며 별들의 찬미를 내 주여 받으소서.
> 빛 맑고 절묘하고 어여쁜 저들을 하늘에 마련하셨음이니이다.
>
> 언니 바람과 공기와 구름과 맑게 갠 날씨, 그리고
> 사시사철의 찬미를 내 주여 받으소서.
> 당신이 만드신 모든 것을 저들로써 기르심이니이다.

성 프란체스코 이후

프란체스코 운동은 점차로 교회 안에 순치되어 일반 수도회의 하나가 되었으며, 화려하고 거대한 성당과 건물을 세우지 말라는 성 프란체스코의 뜻과는 상반되게 그의 추종자들은 화려한 성당과 수도원 건물을 세웠다. 그리고 시간이 흐를수록 아래로부터의 가난하고 보잘 것 없는 '작은 형제들' 의 모임에 사제, 대학생, 지식인들이 참여하게 되었다. 이들 가운데서 뛰어난 학자들이 배출되었는데, 성 보나벤투라(St. Bonaventura of Bagnorea)를 비롯하여 둔스 스코투스(Duns Scotus), 윌리엄 오캄(William Ockham), 성 안토니오(St. Anthonius of Padua) 등이 바로 그들이다.

프란체스코는 1939년 이탈리아의 수호성인으로 선포되었고, 1980년에는 교황 요한 바오로 2세에 의해 생태학자들의 수호성인으로 선포되었다. 오늘날 가톨릭교회의 미사에서 그의 축일에 바치는 기도 내용은 다음과 같다. "하느님, 가난하고 겸손한 성 프란체스코를 통하여 살아 계신 그리스도의 모습을 저희에게 보여 주셨으니, 저희도 그를 본받아 성자를 따르게 하시고, 사랑과 기쁨으로 가득 차 주님과 하나 되게 하소서. 성부와 성령과 함께 영원한 하느님이신 우리 주 그리스도의 이름으로 기도하나이다. 아멘."

아씨시의 성 프란체스코

1521년 보름스 제국회의 앞에 선 루터.
그는 죽음의 위협을 무릅쓰고 자신의 종교개혁적 사상을 옹호하였다.

마르틴 루터와 종교개혁

복음의 회복, 교회의 분열

개신교인들 가운데 천주교회(로마-가톨릭)를 기독교의 범주에 넣지 않고, 종교를 분류할 때 불교, 천주교, 기독교 등으로 분류하는 경우를 보게 된다. 그러나 교회사적으로 볼 때 기독교의 범주에는 초대 기독교로부터 시작하여 로마 가톨릭교회, 동방 정교회, 그리고 아르메니아교회나 에티오피아교회 같은 독자적인 민족 교회들도 다 포함이 된다. 개신교회는 로마-가톨릭교회를 모태로 하여 상대적으로 나중에 탄생한 서방 기독교회의 한 분파일 뿐이다.

기독교 역사의 전환점들

이러한 역사적이고 객관적인 사실에도 불구하고, 왜 적지 않은 개신교인들이 개신교만이 참된 기독교이고, 로마 가톨릭교회는 기독교와는 다른 종파(혹은 이단)라고 규정하는 것일까? 여기에는 로마-가톨릭교회에 의해 가려져 있었거나 왜곡되었던 복음의 진리를 회복하고, 그 기초 위에 참된 교회를 세웠다는 개신교회의 강한 자부심과 우월감(?)이 깔려 있다고 생각한다. 개신교회는 종교개혁의 정당성과 개신교회의 참됨을 강조하기 위해 중세 로마 가톨릭교회의 타락과 그 이단성을 지나치게 강조하거나 그 연속성을 부인하는 경향이 있다. 이에 반하여 로마 가톨릭교회는 비록 당시 로마 가톨릭교회의 타락은 인정한다 하더라고 루터의 종교개혁은 '하나의 거룩한 사도적인 보편적 교회'(One Holy Apostolic Catholic Church)를 깬 분리주의적인 불행한(혹은 잘못된) 사건이며, 개신교회는 결국은 보편적인 교회 안으로 돌아와야 할 신앙 공동체에 불과하다고 보고 있다.

루터와 그의 종교개혁에 대한 평가는 저마다의 입장에 따라 현저히 다르지만, 종교개혁이 중세 스콜라적인 로마 가톨릭과는 다른 새로운 신학과 교회의 패러다임을 가져왔다는 사실을 부인할 수는 없다. 종교개혁은 단순한 교회사적인 사건만이 아니라 유럽의 사회 정치적인 지형도를 바꾼 세계사적인 사건이었다. 그러나 이 사건은 처음부터 거창한 청사진을 가지고 시작된 것이 아니라, 서유럽의 한 변방 비텐베르크의 이름 없는 수도사에 불과했던 마르틴 루터의 실존적인 신앙의 고뇌 속에서 시작되었다

1517년 10월 31일에 그가 비텐베르크 성(城)교회에 95개 논제를 내건 것은 단순히 면죄부 판매에 대한 부당성 때문이 아니라(면죄부는 루터 당

시에 처음 발행된 것도, 불법적인 것도 아니었다. 이미 십자군 전쟁 당시에도 존재하였다.), 그가 새롭게 재발견한 칭의론에 근거하여 이제까지의 로마 가톨릭교회의 교리와 관행에 대해 진지하게 토의하고자 한 열망 때문이었다. 그가 든 작은 불꽃이 당시에 휘발성을 지닌 사회적 · 정치적인 상황에 떨어지자마자 걷잡을 수 없는 요원의 불길처럼 타올랐던 것이다. 구텐베르크가 발명한 활자 인쇄술은 루터가 쏟아 낸 종교개혁적인 사상들을 확산시키는 데 결정적인 기여를 하였다.

수도사 마르틴 루터

마르틴 루터(Martin Luther, 1483~1546)는 아들을 법률가로 출세시키려는 광부 출신의 아버지 뜻에 따라 에어푸르트대학에서 법학을 공부하던 법학도였다. 그런 그를 수도사의 길로 접어들게 한 것은 죽음에 대한 공포감이었다. 그는 여름 방학을 마치고 대학으로 복귀하던 중 스토테른하임이란 곳에서 예기치 않게 천둥번개를 동반한 폭우를 만나 극심한 공포에 휩싸이게 되었다. 이때 그는 광부들의 수호성인이었던 안나에게 도움을 청하였고, 자신도 모르는 어떤 힘에 이끌려 수도사의 길로 가기로 서원하였다.

그는 수도사야말로 예기치 않게 닥칠 죽음에 직면해서도 하나님 앞에 부끄러움 없이 나갈 수 있는 거룩한 삶을 살 수 있다고 믿었다. 그는 에어푸르트의 아우구스티누스 은둔 수도회의 수도사가 되었고, 그 뒤 1511년 비텐베르크로 자리를 옮겨 그곳에서 수도사이자 대학교수로서의 삶을 살았다. 그는 수도사로서 하루하루의 삶을 성화된 삶으로 만들기 위해 피

기독교 역사의 전환점들

나는 고행을 하였다. 그러나 시간이 지날수록 사도 바울이 직면했던 것과 같이, 원하는 선을 행하기보다는 원하지 않는 악에 치우치는 자신의 곤고함과 절망을 뼈저리게 느끼게 되었다. 무수한 고행과 고해성사로도 해결되지 않는 내면의 갈등이 깊어질수록 그에게는 지킬 수도 없는 율법을 인간에게 제시하시고 그에 따라 심판하시는 하나님에 대한 증오심이 생겨나기 시작했다. 그에게 하나님은 더 이상 자비로운 사랑의 하나님이 아니라 심판하시는 하나님, 무서운 하나님이셨다. 하나님이 이러할진대, '과연 우리 인간은 어떻게 하나님의 은총과 자비를 느낄 수 있을 것인가?', '어떻게 인간은 하나님 앞에서 의로워질 수 있는가?' 하는 물음들이 젊은 수도사 루터의 마음을 휘어잡았다.

그러한 고민을 안고 자신의 수도원 탑(塔) 안에 있는 방에서 시편과 로마서를 연구하던 중에, 그는 '하나님의 의(義)'에 대하여 새로운 인식을 하게 되었다. 특히 "복음에는 하나님의 의가 나타나서 믿음으로 믿음에 이르게 하나니 오직 의인은 믿음으로 말미암아 살 것이다."(롬 1:17)는 구절을 통해 하나님의 의는 심판하는 데 그 본질이 있는 것이 아니라 그리스도를 통해 인간에게 주어져 인간을 의롭게 하는 데 있으며, 따라서 구원은 나의 의(義)가 아니라 오로지 하나님의 은혜로 그리스도를 통하여 나에게 주어진(수동적인) 의를 믿음으로 이루어진다는 깨달음을 얻게 되었다. 이로써 하나님은 더 이상 무서운 심판자가 아니라 자애로운 아버지의 모습으로 다가왔고, 복음은 그야말로 기쁜 소식이 되었다. 루터는 이러한 깨달음의 순간을 "마치 천국 문이 열리고 내가 거기로 들어가고 있다는 생각이 들었다."라고 표현할 정도로 환희에 젖었다. 이것을 '루터의 탑 방에서의 체험'이라고 말하며, 종교개혁의 핵심 원리하고 힐 수 있는 칭의(Justification)를 재발견하는 순간이었다.

루터 개혁 사상의 핵심들

루터의 종교개혁 사상은 처음부터 완성되어 있었던 것이 아니라, 그가 깨달은 칭의론을 바탕으로 한 로마 가톨릭교회와의 투쟁 속에서 구체적인 형상을 갖추게 되었다. 그에게 절박했던 신학적인 주제는 구원론과 교회론이었다. 루터가 보름스 제국 회의가 열리기 직전인 1520년에 발표한 「독일 그리스도인 귀족들에게, 기독교회의 개선에 관하여」, 「교회의 바벨론 포로에 대하여」, 「그리스도인의 자유」 등에 그의 종교개혁 사상의 핵심들이 잘 담겨 있다. 소위 3대 종교개혁 문서라 불리는 이 문서들은 그 영향력에 있어 95개 논제를 훨씬 능가하였다.

「독일 그리스도인 귀족들에게, 기독교회의 개선에 관하여」에서 루터는 교회가 스스로 개혁할 능력이 없을 때, 황제나 독일 귀족은 세례받은 그리스도인의 자격으로 교회 개혁을 수행할 수 있음을 천명하였다. 그는 '교회는 그리스도를 믿는 모든 신자들의 모임'이며, 세례 받은 모든 그리스도인은 원칙상 동일한 영적 신분을 지닌 구성원이 된다는 '만인사제설'을 주장하였다. 또한 교황만이 성서를 구속력 있게 해석할 수 있다는 주장에 대해, 루터는 전통이나 교황의 직권이 성서의 바른 해석을 결정하는 것이 아니라 '성서가 그 스스로 해석한다'고 주장하였다. 교황만이 공의회를 열 수 있다는 주장에 대해서는 만인사제직의 원칙에 따라 세례 받은 세속 정치가들이 성서를 기준삼아 교회 개혁을 수행하기 위해 자유로운 공의회를 소집할 수 있다고 반박하였다. 로마 가톨릭교회가 세운 이러

기독교 역사의 전환점들

한 인간적인 장벽을 허문 후에야 비로소 참다운 복음이 드러나고 참다운 교회가 세워질 수 있다고 루터는 보았던 것이다.

「교회의 바벨론 포로에 대하여」에서는 로마교회의 성례전론을 성서적인 입장에서 비판하였다. 로마교회는 성례전의 효력을 객관적인 거룩한 교회와 사제들의 사도적 권위에 두었다. 이에 반하여 루터는 "성례를 성례답게 만드는 것은 오직 하나님의 말씀과 성도 개개인의 믿음뿐"이라고 주장하였다. 그는 로마 가톨릭의 일곱 가지 성례 가운데 오직 세례와 성만찬만을 성서에 의해 뒷받침되는 성례로 보았을 뿐, 나머지는 교회가 신자들을 구속하기 위한 인위적인 기제로 보았다. 특별히 루터는 로마 가톨릭교회가 하나님의 은총을 물화(物化)시키며 이것을 교회가 독점적으로 보유하고, 성례전을 통하여 인간에 분배, 주입되는 것처럼 생각하는 은총 이해에 대해 강력하게 거부하였다.

「그리스도인의 자유」에서 루터는 복음 안에서 획득된 그리스도인의 자유가 무엇이며, 이러한 자유의 올바른 사용이 어떠한 것인지를 다음과 같이 요약하였다. "신앙 안에서 그리스도인은 더 할 수 없이 자유로운 만물의 주이며, 아무에게도 예속되지 않는다. 그러나 사랑 안에서 그리스도인은 더 할 수 없이 충실한 만물의 종이며 모든 사람에게 예속된다."(WA 7, 20, 25~21, 4.) 그는 인간은 신앙을 통해서만 의롭게 되며 하나님의 자유에 참여한 사람으로서 자유로운 것이고, 이 신앙은 사랑을 통하여 밖으로 작용하며, 이웃의 행복을 위하여 자신의 자유를 기꺼이 포기하는 것이라고 보았다.

종교개혁의 위기와 극복

루터의 종교개혁은 외부적으로 강력한 로마 가톨릭교회의 반격과 함께, 내부적으로는 급진적인 종교개혁 세력들의 이탈과 적(敵) 전(前) 분열로 위기에 처하였다. 처음에 루터의 동료로 종교개혁에 동조하였던 칼 슈타트는 점차로 영성주의적 관점에서 교회의 제도성을 부인하기 시작했으며, 루터에게 영향을 받았던 토마스 뮌처는 농민전쟁의 지도자로 부상하면서 묵시적이며 열광주의적인 관점에서 루터의 후원자였던 제후들을 공격하며 급진적인 사회 변혁을 추구하였다.

루터는 초기에 뮌처나 농민들의 개혁 요구를 동정적으로 보았다. 그러나 점차로 과격한 양상을 띠자, 루터는 두 왕국설의 논리에 따라 이들에게 질서 있는 개혁과 세상 통치자들에 대한 복종을 요구하였다. 자신의 요구를 따르지 않자 그는 통치자들이 폭력으로 농민전쟁을 진압하는 것을 정당화하였다. 이를 계기로 루터는 결정적으로 제후들을 후견인으로 하는 종교개혁을 추진하게 되었다. 이를 두고 비판자들은 루터의 종교개혁을 제후들의 종교개혁이라고 비판하기도 하지만, 그 당시 막강한 로마 가톨릭의 위협 앞에서 막 움트기 시작한 종교개혁의 어린 싹을 보호하기 위해 불가피했던 측면이 있는 것도 사실이다. 다른 한편, 스위스에서는 성만찬에 대한 서로 다른 이해가 계기가 되어 루터교회와는 다른 개혁교회가 출현하게 되었다.

종교개혁의 빛과 어두움

루터는 그 어떠한 인간이 세운 전통과 권위도 성서와 신앙의 양심보다 앞설 수 없으며, 칭의론이야말로 교회가 '서고 넘어지는' 시금석이라고 천명하였다. 이러한 루터의 입장은 개인의 자유를 신장시킨 점이 있지만, 아리스토텔레스의 영향으로 은총과 자연, 계시와 이성을 조화시키려는 전성기의 스콜라신학과의 결별을 가져왔다. 이 결과, 종교개혁 신학은 개인의 구원 문제에 집중함으로써 자연세계가 신학의 관심에서 멀어졌으며, 아우구스티누스와 플라톤적인 이원론적 구조가 전면에 다시 등장하게 되었다. 또한 칭의론을 오해한 나머지 기독교인의 삶과 윤리가 부차적인 것이 되었다. 이로 인해 루터교회는 교조적이 되었고 윤리적으로 타락하게 되었으며, 이를 개혁하고자 칭의와 더불어 성화(Sanctification)를 강조하는 제2의 종교개혁으로서의 경건주의가 등장하게 되었다.

오늘날 개신교회와 로마 가톨릭의 일치에 있어서 장애가 되는 것은 칭의론이기보다 오히려 교황권, 마리아 숭배 등과 같은 교리와 교회법이라고 볼 수 있다.

제네바 대학 벽에 있는 스위스 종교개혁자
기욤 파렐, 존 칼빈, 테오도르 베자, 존 녹스의 기념상

스위스 종교개혁과
개혁교회의 탄생

츠빙글리와 스위스 종교개혁

마르틴 루터가 수도사로서 종교개혁자가 된 반면에, 스위스의 츠빙글리(Zwingli, 1484~1531)는 인문주의자로서 종교개혁자의 길을 걸어갔다. 츠빙글리는 1518년 취리히의 그로스뮌스터 성당의 사제가 되었다. 그는 심한 병을 앓고 난 후 인생의 허무와 무능함을 깨닫고, 성서와 죄와 칭의(稱義)에 관한 아우구스티누스 사상을 연구하면서 점차 에라스무스의 인문주의와 멀어지고, 루터의 종교개혁 사상에

동조하게 되었다. 츠빙글리는 칭의론에 근거해서 에라스무스의 자유의
지론을 거부하였으며, 그가 로마 가톨릭교회의 권위와 위계 구조를 과감
하게 끊지 못했다고 비판하였다.

그러나 츠빙글리는 점차 취리히에서 루터의 영향권에서 벗어난 독자
적인 종교개혁을 추진하게 되었다. 그가 루터와 결정적으로 갈라지게 된
것은, 루터와 다른 성만찬에 대한 이해를 표명하면서부터다. 이 둘 사이
의 성만찬 논쟁은 종교개혁 시기에 일어난 가장 중요한 신학적 논쟁이었
다. 루터의 영향 아래 있던 독일의 남서부 몇몇 도시들은 츠빙글리의 주
장에 동조하여 루터교회로부터 이탈하려는 조짐을 보이기 시작했다.

신학적으로 정치적으로 복잡하게 전개되었던 성만찬 논쟁의 결과, 독
일 남서부는 루터의 영향 하에 그대로 머물게 되었지만, 스위스 종교개혁
은 최종적으로 루터로부터 분리되어 독자적인 개혁교회로 나아가게 되
었다. 이 새로운 개신교회는 루터파는 여전히 로마~가톨릭의 잔재를 청
산하지 못했음에 반하여 자신의 교회는 철저하게 완성된 개혁(Reformed)
을 이룬 교회란 자의식을 가졌다. 그리스도 안에서 '하나 되게 하는 성만
찬'(고전 10:16~17)에 대한 해석의 차이가, 막강한 로마 가톨릭 세력에 의
해 생존의 위기에 처해 있던 종교개혁 세력들을 분열시킨 것은 아이러니
라고 할 수 있다.

루터와 츠빙글리의 성만찬 이해

일상적인 식탁에 올라오는 빵과 포도주는 말 그대로 우리가 먹고 마시
는 음식에 불과하지만, 이것이 교회에서 거행되는 성만찬 예식에 올라오

게 되면 단순한 빵과 포도주가 아니라 그리스도의 몸과 피와 관련 있게 된다. 로마 가톨릭교회는 제단에서 축성(祝聖)된 빵과 포도주는 실체적으로 그리스도의 몸과 피로 변한다는 '화체설'(化體說)을 주장한 반면, 루터는 빵과 포도주는 그대로 있으면서 부활하신 그리스도의 몸이 실제적으로 그 요소들과 함께 한다는 '공재설'(共在說)을 주장하였다. 츠빙글리 역시 가톨릭의 화체설을 비판하였을 뿐만 아니라, 루터의 공재설도 가톨릭의 잔재에 불과하다고 비판했다.

츠빙글리는 1524년 후반에 "이것은 내 몸이다."(hoc est corpus meum)라는 말씀을 홀란드 출신의 호엔의 논문을 인용하여 '~이다'(est)를 '상징하다'(significat)로 해석하였다. 그에게 성만찬에서의 빵과 포도주는 실제로 그리스도의 몸과 피가 아니라 몸과 피를 상징할 뿐이었다. 그는 "살리는 것은 영이니 육은 무익하니라."(요 6:63)라는 말씀을 근거로 그리스도의 몸과 피는 영적인 의미를 지녔다고 확신하였다. 그러나 루터에게 이러한 해석은 그리스도의 인성과 신성의 신비한 결합을 이성으로 부정하는 이단적인(네스토리우스적인) 위험한 일이었다. 그는 기독교 신앙의 근거는 이성이 아니라 말씀이며, 이것이 부정될 때 기독교 신앙은 무너진다고 보았다. 따라서 루터는 가톨릭교회의 입장보다도 츠빙글리의 입장이 훨씬 위험하다고 판단하였다.

이에 대해 츠빙글리는 성서적으로나 경험적으로나 이성적으로 '부활하여 하나님 우편에 앉아 계신 그리스도'가 성만찬에 실제로 임재한다는 것은 타당하지 않다고 주장하였다. 이에 대해 루터는 부활하신 그리스도는 특정한 장소에 매임 없이 모든 곳에 편재(遍在)하시는 분이며, 그리스도의 인성과 신성은 분리될 수 없다고 재차 반박하였다. 헤센의 필립공의

주선으로 1529년 마르부르크에서 이 문제를 해결하고자 회담을 가졌지만, 결국 합의에 이르지 못하였다. 츠빙글리의 종교개혁은 스위스 북부와 서부로 점차 확산되었으며, 츠빙글리가 사망한 후에는 그의 후계자인 하인리히 불링어(Heinrich Bullinger, 1504~1575)에 의해 1536년 취리히, 베른, 바젤에서 공동으로 「제1차 스위스 개혁교회 신조」가 작성됨으로써 개혁교회는 더욱 공고해졌다.

제2세대 종교개혁자 칼빈의 등장

루터나 츠빙글리에 비해 한 세대 정도 후배인 칼빈(John Calvin, 1509~1564)은 선배들의 어깨를 딛고 위대한 종교개혁자가 될 수 있었다. 그는 1509년 프랑스에서 태어났으며, 인문주의적인 기반에서 성장하였다. 그는 수도사도, 사제도 아닌 인문학과 법학을 전공한 평신도였다. '칼빈이 종교개혁 사상을 수용한 것은 정확하게 언제인가?' 라는 물음에 대한 대답은 지금도 진행형이다. 분명한 것은 그가 이미 1527년에 루터나 마르틴 부처의 저술을 알고 있었다는 점이다. 또한 그가 1528년에 종교개혁 도시인 스트라스부르크를 방문한 것도 종교개혁에 관심을 갖게 된 계기가 되었다고 볼 수 있다. 칼빈 자신의 증언에 따르면 그의 종교개혁적인 전향은 내적인 갈등과 투쟁이 있던 1533년 8월에서 다음해 5월 사이에 일어났다.

칼빈은 종교개혁적인 사상으로 인해 박해를 받아 파리를 떠나는 운명에 처하게 되었다. 그는 1534년 스트라스부르크를 거쳐 바젤에 정착하였고, 거기에서 스위스의 종교개혁자 파렐, 비레, 그리고 츠빙글리의 후계

스위스 종교개혁과 개혁교회의 탄생

자인 불링어를 만나 교류하였다. 1536년 그는 이곳에서 『기독교 강요(綱要)』 초판을 완성하였다. 자신의 종교개혁적인 사상을 조직적으로 기술한 이 기념비적인 책은 구성 형식에서 1529년에 나온 루터의 『요리문답서』를 따르고 있다. 우선 이 책은 프랑스 내의 개신교회를 변증하기 위해 쓰였다. 칼빈은 프랑스 왕 프랑수아 1세에게 바친 헌사에서 개신교도는 뮌스터 왕국의 재세례파와는 달리 어떤 정치적인 폭도가 아니라 충성스런 신하임을 주장하였다. 이 책은 한편으로는 로마 가톨릭교회와, 다른 한편으로는 급진적인 종교개혁 세력과 논쟁하면서 기독교 신앙의 핵심적인 교리를 유려한 라틴어 문체로 논리적이며 체계적으로 변증함으로써 칼빈주의적 개혁교회 신학의 전범(典範)이 되었다.

제네바 종교개혁

칼빈이 본격적으로 종교개혁자의 길로 접어든 것은, 1536년 8월에 스위스의 제네바에 잠시 체류했던 것이 계기가 되었다. 그는 본래 그곳을 경유하여 파리로 돌아갈 계획이었으나, 거기에서 베른의 도움을 받아 제네바의 종교개혁을 추진하고 있던 파렐(Farel, 1489~1565)의 요청으로 종교개혁에 참여하게 되었다. 공식적인 교회 직분을 가지고 있지는 않았지만, 칼빈은 파렐과 더불어 교리와 교회의 규례를 개정하는 일에 착수하였다. 1537년 칼빈은 「제1차 제네바 교리문답」을 편집하여 시민들을 대상으로 엄격한 교회의 권징(勸懲)을 시행하였다. 이를 시행하는 데 칼빈은 시의회와 협력하였다. 그는 성도들의 삶이 실제적으로 변할 수 있는 조치들을 취하여, 거룩한 생활을 하였다는 것을 증명할 수 있는 사람들만 주일날 성만찬에 참여할 수 있게 하였다. 심지어 그는 종교개혁적 신앙을 고백하지 않는 사람은 누구든지 도시에서 추방해야 한다고까지 주장하였다.

그러나 칼빈은 이러한 조치를 시행하던 중 시의회와 갈등을 일으켜 파렐과 함께 제네바를 떠나지 않으면 안 되었다. 그는 스트라스부르크로 가서 그곳에 있는 프랑스 이민자 교회의 설교직을 담당하면서, 종교개혁자 마르틴 부처의 도움을 받아 신학 연구에 몰두하였다. 1539년에 그는『기독교 강요(綱要)』2판과『로마서 강해』를 출판하였다. 이 기간에 제네바의 종교개혁은 지지부진하였으며, 심지어 제네바를 다시 로마 가톨릭교회로 되돌려야 한다는 요구가 나오기도 했다. 그러자 위기감을 느낀 제네바의 개신교 목사들은 칼빈을 다시 제네바로 불러들였고, 1541년 칼빈의 주도적인 노력으로 교회 규례가 시의회를 통과하게 되었다. 이 교회 규례는 교회직제를 목사, 교사, 장로, 집사의 사중직으로 규정하였고, 장로는 목사들과 함께 '콘시스토아'(consistoire)에 참여하여 공동체의 질서를 관리하도록 하였다. 새로운 교회 규례는 도시의 도덕적인 생활에도 관여하여 분쟁이나 비방, 사기나 절도, 화려한 복장이나 사치를 규제하였다. 칼빈과 시의회는 일종의 신정(神政) 정치를 시행하였다. 이 통치는 매우 엄격하여 시간이 지나면서 그 규례를 실제적으로 집행하는 데 있어 많은 어려움이 발생하였다.

1549년 칼빈은 츠빙글리의 후계자인 불링어와 「일치신조」(Consensus Tigurinus)를 자성하여 스위스 개혁교회의 일치를 이루어 냈다. 또한 여러 신학 논쟁에도 참여하였는데, 그 가운데 유명한 것은 카스텔리오와 세르베투스와 벌인 논쟁이다. 교장 출신인 인문주의사 카스텔리오(Sebastianus

141

Castellio, 1515~1563)는 구약의 「아가서」(雅歌書)는 단지 세속적인 사랑의 시에 불과하다고 주장하였을 뿐만 아니라, 사도신경에 나오는 '그리스도의 지옥행'(한국 교회의 사도신경에는 이 구절이 생략되어 있다.)에 대한 표현도 문자적으로 이해하지 말고 인간 대표로 하나님의 심판대에 오르신 그리스도가 겪어야 했던 지옥의 고초로 이해해야 한다고 주장하였다. 이에 대해 칼빈은 카스텔리오가 하나님의 말씀을 모독하고 있다고 여기고, 그를 제네바에서 추방시켰다. 다른 한편 칼빈은 스페인 출신의 의사로 반삼위일체론자인 세르베투스(Michael Servetus, 1509~1553)가 처형되는 데 일조하였다. 1554년 칼빈은 「정통 신앙의 수호」란 글을 통해 세르베투스의 처형을 정당화하였다. 이러한 일련의 논쟁과 종교재판으로 제네바에서 칼빈의 위치는 확고해졌다.

칼빈주의적 개혁교회의 확산

이제 스위스 개혁교회의 중심은 칼빈과 제네바가 되었다. 칼빈은 1559년에 자신의 기념비적인 저서 『기독교 강요(綱要)』의 최종판을 완성하였으며, 자신의 제자인 베자와 함께 제네바 아카데미를 세웠다. 이 제네바 아카데미는 루터 생전의 비텐베르크를 능가하는 국제적인 명성을 얻었다. 칼빈의 개혁사상과 제네바의 종교개혁을 배우기 위해 유럽의 각지에서 수많은 신학자들과 목사들과 망명객들이 모여들었다. 스코틀랜드의 종교개혁자 존 낙스(John Knox)는 이 아카데미를 "사도 시대 이래 지금까지 지상에 존재했던 가장 완벽한 그리스도의 학교"라고 극찬했다. 이곳을 거쳐 간 수많은 학생들은 각기 자기의 조국에 칼빈주의와 개혁교회를

기독교 역사이 전환점들

확산시키는 데 큰 기여를 했다.

칼빈주의는 스위스의 국경을 넘어 프랑스, 네덜란드, 스코틀랜드, 그리고 심지어 루터교회의 아성인 독일 지역까지 확산되었다. '위그노'(Huguenots)라고 불린 프랑스의 칼빈주의자들은 로마 가톨릭 세력의 피의 박해 속에서도 프랑스 개혁교회를 지켜나갔고, 제네바 망명생활을 끝내고 스코틀랜드로 돌아간 존 낙스 역시 로마 가톨릭 세력과의 목숨 건 투쟁을 통해 스코틀랜드 개혁교회를 세워 나갔다. '고이센'(Geusen)이라고 불리는 네덜란드의 칼빈주의자들은 로마 가톨릭의 수호자로 자처하는 스페인에 대항하여 불굴의 독립투쟁을 전개해 나갔으며, 영국에서는 엘리자베스가 영국 성공회를 강화시키기 위해 새로운 수장령과 통일령을 발표하자 칼빈주의의 영향을 받은 일단의 사람들(청교도)이 이에 저항하였다. 독일의 경우도 1560년 칼빈의 『기독교 강요(綱要)』의 영향을 받은 팔츠의 선제후 프리드리히 3세가 하이델베르크를 중심으로 한 자신의 영지를 독일 내 최초의 개혁교회 영지로 만들었다.

스위스 종교개혁과 개혁교회의 탄생

세속 권력으로부터 신앙을 분리할 것과, 성인세례를 주장하여
주류 종교개혁파들로부터 혹독한 박해를 받은 재세례파들

재세례파 운동

철저한 혹은 급진적인 종교개혁

16세기 종교개혁에는 크게 두 종류의 흐름이 있었다. 먼저 루터파, 츠빙글리파, 칼빈파, 그리고 영국의 성공회와 같이 제후나 시의회나 왕의 보호와 지원 아래 추진된 관료적 혹은 제도권적인 종교개혁이 있다. 이들은 세속 권력과 결탁하여 자신의 영토 내에서 독점적인 종교개혁을 관철시키면서 자신과 다른 유형의 종교개혁 세력을 박해하였다. 이 주류적 종교개혁은 교회와 세속 권력과의 유착을 특징으로 하는 콘스탄티누스적 유산에서 벗어나지 못했다.

기독교 역사의 전환점들

이러한 주류 기득권적인 종교개혁을 비판하면서, 교회를 세속적인 권력으로부터 해방시키고 관습화되고 형식화된 집단적인 신앙에서 벗어나 개인적인 차원에서의 참된 영혼의 거듭남과 삶의 변화를 강조한, 그래서 더욱 철저한(그런 점에서 급진적인) 또 다른 흐름의 종교개혁이 출현하게 되었다. 이 흐름 중에 대표적인 것이 바로 재세례파 운동이다. 이는 콘스탄티누스의 기독교 공인 이래 유럽 기독교를 규정지은 교회와 국가의 결탁에 대한 유례없는 철저한 자기반성이며, 이후로 국가 교회를 거부하는 여러 유형의 자유 교회의 원천이 되었다.

1525년 스위스의 취리히에서 시작된 이 운동은 많은 박해 속에서도 유럽 전역으로 퍼져나갔다. 그러나 1535년 독일 뮌스터에서 일단의 광신주의적인 재세례파주의자들이 일으킨 천년왕국 소동으로 재세례파에 대한 부정적인 이미지가 각인되었다. 이러한 부정적으로 덧칠되어진 재세례파 운동을 순화시켜 새로운 모습으로 재생시킨 사람이 메노 시몬스(Menno Simons)였다. 그의 추종자들은 그의 이름을 따서 '메노파'(Mennonites)라고 한다. 또 다른 분파들로는 지도자 야콥 후터(Jacob Hutter)의 이름을 딴 '후터파'(Hutterites), 메노파 장로였던 야콥 암만(Jakob Ammann)을 추종하는 '아미쉬'(Amish) 등이 있으며, 이들 대부분은 박해를 피해 북아메리카로 넘어가 오늘날까지 자신들의 평화주의적이고 신학적·실천적인 전통을 이어가고 있다.

재세례파 운동의 태동

츠빙글리가 취리히에서 행한 종교개혁이 더디고 철저하지 못하다고 생각하며 불만을 가진 일단의 그룹이 생겨났다. 가톨릭 성직자였다가 전향한 게오르그 블라우로크(Georg Blaurock), 츠빙글리의 애제자인 펠릭스 만츠(Felix Manz)와 콘라드 그레벨(Konrad Grebel) 등이 그들이었다. 이들 '스위스 형제들'은 회심을 통해 변화되는 삶을 경험하면서, 개인의 주체적인 신앙고백이 없는 유아세례는 진정한 세례가 될 수 없다고 확신하였다. 츠빙글리는 이들의 이러한 주장을 비판하면서 유아세례의 폐지를 이단적인 것으로 정죄하였다.

그러나 이들은 과감하게 서로에게 진정한 세례인 '신앙의 세례'를 감행하였다. 이들은 스위스 북부와 독일 남부 지역을 돌아다니며, 이러한 자신들의 주장을 전하였을 뿐만 아니라 실제로 '신앙의 세례'도 베풀었다. 츠빙글리와 시의회는 재세례파에 반대하는 법을 통과시키고 그들을 체포하도록 명령하였다. 펠릭스 만츠는 이에 대한 첫 번째 순교자가 되었다. 당국자들은 침례를 주장하던 그를 물에 빠뜨려 죽였다. 이후로 수많은 재세례파 신자들이 반국가적이며 이단적인 사람들로 체포되어 처형되었다. 이들은 박해로 인해 자신들의 신학을 체계화시킬 여유를 갖지 못했을 뿐만 아니라, 교리적이며 이론적인 신학 자체에 매력을 느끼지도 못했다. 이러한 가운데 재세례파의 신학을 정립한 대표적인 사람이 발타자르 훕마이어다.

발타자르 훕마이어의 생애와 신학

발타자르 훕마이어(Balthasar Hubmaier)는 본래 가톨릭의 유명한 학자였다. 1515년에 그는 독일의 잉골슈타트대학의 부총장을 역임하였으며,

기독교 역사의 전환점들

그 다음해에는 레겐스부르크 대성당의 사제가 되었다. 1522년 그는 개신교로 전향함과 동시에 사제직에서 물러난 뒤, 스위스 취리히 근교의 한 개혁파 교회의 목사직을 맡았다. 이즈음에 재세례파 그룹인 '스위스 형제들'과 교류하며 그들의 영향을 받은 것으로 추정된다. 그는 1525년 초에 유아세례에 대해 비판하는 설교를 하기 시작했으며, 4월 부활절 주일에 전 회중에게 '신앙의 세례'를 베풀었다. 5월에 츠빙글리는 재세례파를 공격하는 책을 출간하였으며, 훕마이어는 이에 대항하여 '신자들의 기독교 세례'라는 재세례파 최초의 논문을 발표하였다. 그 후로부터 그는 소책자들을 통하여 츠빙글리와 논쟁을 벌였다. 그는 경찰에 체포되어 고문을 당한 후에 자신의 주장을 철회하는 대가로 풀려났고, 그 뒤 취리히를 떠나 니콜스부르크의 모라비안 시에 정착하였다. 그곳에서 그는 다시 목회를 시작했으며, 6,000여 명에게 '신앙의 세례'를 베풀었다. 1528년 결국 그는 황제가 보낸 재세례파 사냥꾼에 잡혀 합스부르크가의 수도인 빈에서 화형을 당하였다. 그리고 3일 후에 그의 아내는 다뉴브강에 빠져 죽었다.

그는 루터나 츠빙글리의 개혁에 일정 부분 동의하였으나, 그들이 콘스탄티누스 황제 이래 지속되어 온 유럽 기독교의 특징인 교회와 국가 간의 결탁이 가져온 폐단을 극복하지 못했다고 보았다. 그 결과 세속 권력의 지배하에 있는 교회는 진정한 신약의 교회가 아니며, 태어나면서 당연하게 기독교인이 되고 통과의례적으로 세례를 받는 상황에서 누가 진정한 신자인지 구별하기 어렵다고 그는 주장하였다. 그에게 진정한 교회는 국가나 사회로부터 구별되어 불려내어진, 말 그대로 '에클레시아'(ecclesia)로서의 교회였다. 그는 세속정부가 개인의 양심과 신앙을 억압하는 것과

재세례파 운동

이단자들을 처형하는 것에 대하여 강력하게 비판했다. 그는 종교 당국자들에게 이단자로 여겨지는 자들을 폭력으로 처벌하기보다는 회개를 위하여 희망을 가지고 기도할 것을 촉구했다. 그의 적대자들은 그가 국가를 부정한다고 모함했지만, 그는 군주와 행정장관들이 기독교인들에게 하나님의 말씀을 거역하도록 명령하지 않는 한, 그들을 존중하며 그들에게 순종하도록 자신의 추종자들에게 권면하였다.

그의 신학의 초점은 믿음과 회심과 삶의 변화에 집중되었다. 이러한 관점에서 참된 믿음과 회개가 선행되지 않는 유아세례는 '인간들에 의해 창안되고 만들어진 장난'에 불과하다고 보았다. 그는 유아세례는 "마치 포도주가 충분히 숙성되기도 전에 그것을 좋은 포도주라고 주막 앞에 내거는 것과 같다."고 비판하였다. 그에게 있어 침된 세례는 성령에 의해 회심하고 거듭나게 됨을 공중 앞에서 증거하는 것으로, 재세례야말로 첫 번째의 진정한 세례였다. 단지 기독교인의 가정에서 태어났다는 이유만으로, 그리고 부모나 교회의 신앙 때문에 자동적으로 기독교인이 될 수 없음을 그는 분명히 하였다.

홉마이어는 화형당하던 해에 재세례파의 「기독교 요리문답」을 저술하였다. 거기에서 그는 세 종류의 세례에 대하여 논하는데, 첫 번째 성령세례는 '하나님의 살아 있는 말씀을 통해, 그리고 성령에 의해 발생하는 우리 마음의 내적 조명'으로, 절대적으로 먼저 있어야 하는 내적인 세례다. 두 번째 물세례는 '모든 사람 앞에서 자신의 죄를 고백하고 물을 받음으로써 성령의 내적 세례에 대한 외적이며 공적인 증명'으로서의 세례다. 그는 이것을 새로운 신자가 교회의 일원이 되고 그리스도를 위한 삶을 살고자 하는 서약의 의식으로 보았다. 끝으로 피의 세례는 '죽을 때까

기독교 역사의 전환점들

지 매일 겪는 육체적인 성화' 다. 그는 두 번째 물세례를 첫 번째 성령세례와 세 번째 피의 세례를 잇는 다리와 같은 것으로 이해하였다.

그는 기독교인의 삶은 예수 그리스도 안에서 나타난 하나님의 선재적인 은혜에 대한 응답으로서, 자유로운 개인의 결단과 함께 시작된다고 확신했다. 이러한 맥락에서 어린아이는 자유로운 개인적 결단을 할 수 없기에 유아세례는 폐기되어 마땅한 것이었다. 또한 그는 아우구스티누스의 예정에 반대하여 에라스무스적인 인간의 자유의지와 신인협동설을 지지하였다. 그는 「의지의 자유」라는 글에서, "하나님은 당신의 도움 없이도 당신을 창조하셨다. 그러나 당신의 도움 없이 그분은 당신을 구원할 수 없을 것이다."라고 말하였다. 그가 말하는 자유의지란, 자연적 능력이 아니라 죄로 타락한 인간을 살리는 그리스도와 성령의 활동의 결과다. 그러므로 그는 "하나님은 모든 백성에게 자신의 말씀을 보내시고, 그들에게 능력, 자유, 그리고 선택권을 주신다. 따라서 모든 백성은 바로 그분을 받아들일 수도 있고, 거절할 수도 있다."고 말한다. 그는 성령을 통한 하나님의 사역에 기초하여 자유의지를 믿은 첫 번째 개신교 신학자였다. 타락으로 파괴된 자유의지가 그리스도의 성령에 의해 회복되었기 때문에 인간은 자신의 결단과 행동에 대해 당연히 책임을 져야 한다는 그의 관점은, 17세기 초에 등장한 네덜란드의 아르미니우스의 그것과 동일한 것이었다.

메노 시몬스와 재세례파의 유산

재세례파의 분파 중에서 소수 종파이긴 하지만, 오늘날까지 유럽과 미

국 각지에 남아 적지 않은 영향력을 끼치는 집단이 '메노파'(Mennonites)
다. 이 이름은 창시자인 메노 시몬스(Menno Simons, 1469~1561)에서 유래
한 것이다. 그는 독일 뮌스터에서 재세례파 일부의 열광주의적 소동으로
인해 광신적 집단으로 매도된 재세례파 운동을 재건한 걸출한 지도자로,
네덜란드 농부의 가정에서 태어나 어릴 시절에 볼스워드의 프란체스코
회 수도원학교에 들어가 사제 예비교육을 받았다. 1524년 3월 28세의 나
이로 위트레흐트에서 사제 임명을 받았으며, 7년 뒤 1531년에 고향 비트
마르숨 본당에서 마을 사제가 되었다. 그는 1530년 초반에 루터와 츠빙글
리의 책을 읽기 시작했으며, 1535년 재세례파였던 동생 피터가 당국에 체
포되어 처형된 후, 심각한 영적 시련을 겪다가 회심을 체험하게 되었다.
그 뒤로 그는 당국의 추격을 받으면서도 북유럽을 돌아다니며 바해받는
재세례파 교인들에게 설교하고, 사람들에게 자신의 신앙을 전파하였다.
그는 정식으로 신학교육을 받지 않고 조직적인 신학서를 쓰지도 않았지
만, 자신의 회심 체험과 살아 있는 신앙을 설교와 찬송, 소책자들을 통하
여 담대하게 전했다.

　메노 시몬스는 발타자르 훔마이어와 마찬가지로 유아세례를 '인간의
가증스런 행위이자 우상숭배'라고 비난하였다. 유아들은 복음을 들을 수
도, 이해할 수도, 회개할 수도 없으며, 신약성경 어디에서도 그리스도가
이를 명하지 않았기 때문이었다. 유아들에게 세례를 주는 것은 그들이 인
생을 사는 가운데 나중에 회개하고 회심할 필요가 없다는 것을 함의하기
때문에 결국 그들을 멸망으로 이끌 것이라고 그는 염려했다. 이 같은 재
세례파의 견해에 반해 루터는 유아세례는 이를 이끄는 사람들의 '낯선
믿음', 즉 부모와 대부(代父)들의 믿음과 기도를 통하여 그리스도의 의(義)

기독교 역사의 전환점들

가 유아에게 전가되며, 원죄는 용서되고 정화되고 새로워진다고 주장하였다. 루터는 세례의 유효성은 수세자의 긍정에 있는 것이 아니라 수세자에 대한 하나님의 긍정에 있다고 보았는데, 이러한 하나님의 능동성과 수세자의 수동성은 그의 칭의론의 구조이기도 하다.

재세례파가 지니는 교회사적인 의미는 콘스탄티누스 이래 교회와 세속 권력과의 결탁을 그 존재양식으로 하는 유럽 기독교에 대한 철저한 자기반성과 비판으로, 세속의 지배로부터 벗어나 순수한 성서적 기독교를 재건하고, 국교로서의 관습적인 기독교 신앙으로부터 개인의 회심과 체험에 기초한 살아 있는 신앙을 회복하고자 치열하게 노력하였다는 점이다. 유아세례를 거부하고 성인(成人)들의 재세례(신앙의 세례)를 주장한 것도 이러한 이유에서였다. 16세기 재세례파 운동은 이후에 등장한 다양한 모습의 자유 교회 운동의 원천이 되었다. 또한 그들이 추구하였던 비폭력 평화 운동의 전통은 오늘날 메노나이트 신학자인 존 하워드 요더(John Howard Yoder)의 평화신학과 윤리에서 보듯이 그 영향력을 상실하지 않았다.

자신의 재혼문제와 정치적인 동기로 로마 가톨릭과
결별하고 영국 성공회를 만든 헨리 8세 왕

영국 성공회와 청교도의 등장

세속적인 동기로 시작된 종교개혁

영국의 종교개혁은 독일이나 스위스의 그것과는 달리 신
학적인 동기에 의해 시작된 것이 아니라, 헨리 8세 왕의 개
인적이며 정치적인 이유로 시작되었다. 영국 종교개혁의
특징은 한 마디로 국가권력에 의한 위로부터의 개혁이라고
할 수 있다.

영국 종교개혁의 중심에 서 있던 헨리 8세(Henry VIII,
1491~1547)는 1521년 루터의 「교회의 바벨론 포로에 대하
여」를 반박하는 「7성례전의 옹호」란 글을 써서 교황 레오

기독교 역사의 전환점들

10세로부터 '신앙의 수호자'(The Defender of the Faith)란 칭호를 받았던 인물이다. 그는 과부가 된 형수인 아라곤 출신의 캐서린과 재혼하였다. 그녀는 후에 신성로마 제국의 황제가 되는 칼 5세의 아주머니이기도 하였다. 교황도 이 결혼을 허용하였으나, 불행하게도 캐서린이 왕위를 계승할 아들을 낳지 못하자 헨리 8세는 궁정 시녀인 앤 볼린과 사랑에 빠지고 말았다. 왕은 시녀와 재혼할 속셈으로 로마 교황 클레멘스 7세에게 캐서린과의 혼인을 무효화시켜 달라고 요청하였으나, 교황은 칼 5세와의 관계를 고려하여 이를 거부하였다. 이에 헨리 8세는 1534년 로마교회와 결별하고, 성직자가 아님에도 불구하고 자신의 영토에서는 자신이 교회의 유일한 수장(首長)임을 선언하였다.

그는 영국의 주교를 직접 임명하고, 영국 내의 모든 성직자를 국법 아래 복속시켰다. 그리고 로마 교황의 수위권에 대한 비판을 더 이상 이단으로 규정하지 않았다. 당대 최고의 지성인이자 왕의 친구였던 토마스 모어는 헨리 8세의 로마 교황청과의 결별을 교회법상 문제가 있다고 판단하여 반대하였다. 그러자 왕은 토마스 모어와 그를 지지하는 많은 주교들은 단호하게 처형하였다.

마침내 교황은 헨리 8세를 로마 가톨릭교회에서 출교하였고, 가톨릭 지지자였던 신성로마 제국의 황제 칼 5세와 프랑스의 왕 프랑스와 1세는 헨리 8세에 대항하는 공동전선을 형성하였다. 헨리 8세는 루터의 종교개혁을 지지하는 독일 제후들의 결사체인 슈말칼덴 동맹과 연대를 시도하였다. 그러나 비텐베르크의 루터파 신학자들도 헨리 8세의 재혼을 승인하지 않았기 때문에 성사되지 못하였다. 이러한 국제적인 고립 속에서도 헨리 8세는 완고하게 자신의 개혁을 밀고 나갔다.

성공회(영국 국교회) 분립의 의미

성공회 신학자들은 자신들의 기원을 헨리 8세의 종교개혁에서 찾지 않고 2세기 후반으로 거슬러 올라간다. 말하자면 로마 제국의 지배하에 있으면서도 로마 황제의 영향이 거의 미치지 않았으며, 교황의 수위권이나 로마 가톨릭교회가 아직 확립되지 않던 시기의 브리튼 민족 교회를 영국 교회의 시발점으로 삼는 것이다.

로마 교황 그레고리우스가 파송한 아우구스티누스 선교단이 처음으로 영국 땅에 도착한 596/97년 이전에 브리튼에 있던 교회를 켈트(Celtic) 교회라 부른다. 아우구스티누스의 영국 선교는 사실상 그가 도착하기 전에 이미 뿌려져 있던 복음의 결실을 거두는 격이었다. 이로써 영국 서부, 북부 지방에 근거를 둔 켈트 교회와 로마로부터 들어온 선교단이 영국의 동남부 지방에서 활동하게 되었다. 그러나 시간이 지나면서 영국 내에 있는 서로 다른 두 전통이 갈등을 빚기 시작했다. 이러한 갈등을 수습하기 위해 양측의 교회 지도자들은 664년 휘트비(Whitby)에 모여 상호 협력과 일치를 합의하였다. 그 이후 캔터베리 대주교를 대표로 하는 영국 교회는 로마 가톨릭교회의 일부로 편입되었다.

이러한 역사적인 배경 속에서 성공회 측은 비록 헨리 8세의 세속적인 동기로 촉발된 것이긴 하지만, 1534년에 발생한 영국 성공회의 (재)탄생을 타락한 로마 가톨릭교회의 간섭으로부터 독립하여 초기 영국 교회, 더 나아가 초대교회의 전통과 가르침을 회복한 역사적인 사건으로 해석한다. 이런 이유로 유럽 대륙의 종교개혁이 초대교회로부터 내려오는 공교회의 사도적 계승권이나 주교직 자체를 거부한 것에 반하여, 성공회는 로

기독교 역사의 전환점들

마 교황을 공교회 주교의 한 사람으로 인정하되 주교 이상의 특권은 인정하지 않았다. 성공회는 로마 교황권을 거부하더라도 597년 제1대 캔터베리 대주교인 아우구스티누스 이래 주교직의 전승을 지키는 데 아무런 문제가 없다고 생각하였다. 또한 17세기에 이르러 성공회 신학자들은 성공회가 신학과 제도적인 측면에서 '중용의 길'(via media)을 감으로써 로마 가톨릭교회와 개신교회의 중도적 일치의 한 모범을 제시했다고 주장하였다.

성공회의 발전 과정

1547년 헨리 8세가 죽은 후, 세 번째 부인에게서 태어난 에드워드 6세(1547~1553)가 왕위를 계승하였다. 그러나 에드워드는 불과 9세에 불과했기 때문에 그의 외삼촌인 서머셋 공작이 섭정하게 되었다. 캔터베리 대주교였던 크랜머는 서머셋을 도와 성공회를 더욱 견고히 하였다. 이때 대륙에서 건너온 종교개혁자들 중, 특별히 마르틴 부처는 크랜머를 도와 1549년에 새로운 예배 의식서인 『공동 기도서』를 발행하는 데 기여하였다. 이를 통해 개신교적인 요소들이 성공회에 들어오게 되었다. 그 결과 성만찬에서의 희생제의적인 성격과 연옥설은 거부되고, 성직자 독신 제도는 폐지되었으며, 미사는 말씀 예배로 대체되었다.

에드워드 6세가 1553년 병으로 죽자, 헨리 8세와 캐서린 사이에 태어난 메리(1553~1558)가 적법한 왕위 계승자로 등장하였다. 그녀는 헨리 8세가 제정한 법과 로마와의 단절을 무효화하고 에드워드 6세 때 이룩한 개신교적인 개혁을 폐지하면서, 모든 것을 헨리 8세가 종교개혁을 임으키기 전의 상태로 되돌리고자 했다. 그녀는 자신의 친 로마 가톨릭적인 정책에 반대하는 대주교 크랜머를 비롯해 수많은 주교들과 성직자들을 숙청하고 잔인하게 처형하였는데, 그때 얻은 그녀의 별명이 '피의 메리'다. 그녀는 또한 스페인의 필립 2세와 결혼하여 정치적인 탄력을 받고자 하였지만 성공하지 못했다.

1558년 메리의 죽음으로 피의 공포정치는 끝나고, 헨리 8세와 앤 볼린 사이에서 태어난 엘리자베스 1세(1558~1603)가 불과 25세의 나이로 왕위를 이어받았다. 엘리자베스 1세는 나이에 어울리지 않는 노련함으로 로마 가톨릭 세력과 개신교 세력의 양극단을 피하면서 잠시 중단되었던 에드워드 6세의 종교개혁을 더욱 공고히 하였다. 그녀는 수장령을 새롭게 부활하였으며, 『공동 기도서』를 개정하였을 뿐만 아니라 종교개혁 사상을 반영하는 영국 교회 『39개 조항』을 확정하였다. 이는 1552년에 발표된 크랜머의 42개 조항을 기초로 하여 영국 교회에 맞게 새롭게 교정한 것이었다.

교황과 로마 가톨릭교회는 엘리자베스 여왕의 반로마 가톨릭 정책에 노골적으로 반대하며 전복을 위한 음모를 꾸몄다. 이에 대해 여왕은 로마 가톨릭을 국가의 적으로 규정하고, 발각된 음모자들을 가차 없이 처형하였다. 1588년 스페인 왕 필립 2세는 마침내 무적함대를 동원하여 엘리자베스를 무너뜨리려고 시도하였으나, 오히려 풍랑으로 인해 엘리자베스의 함대에 패함으로써 대서양 지배권을 상실하였다. 이로써 영국은 로마 가톨릭 세력의 간섭으로부터 완전히 벗어나게 되었다. 1593년 리처드 후커는 『교회법』을 완성하여 성공회의 교리와 법과 제도를 완성하였다.

청교도의 등장과 그 분파들

엘리자베스 여왕이 확립한 성공회의 교리와 법은 비록 많은 부분 로마 가톨릭의 요소를 제거한 것이었지만, 영국 내에 있는 개신교들, 특히 제네바의 칼빈주의를 추종하는 사람들의 눈에는 불완전한 것이었고 아직도 청산(淸算)되어야 할 가톨릭의 잔재가 많이 남아 있었다. 이들 대부분은 메리 여왕 때의 박해를 피해 독일이나 스위스의 제네바로 망명했다가 돌아온 사람들이었다. 이들 가운데 존 낙스는 스코틀랜드로 가서 제네바를 모범으로 삼는 장로교회를 세우고자 투쟁하였다. 이들은 특히 성공회가 주교직을 고수하고, 예전에서 로마 가톨릭의 요소를 그대로 따르는 것을 비판하였다. '청교도'(Puritan)란, 이러한 가톨릭적인 잔재를 '정화시키는'(purify) 사람들을 다소 조롱하며 부르는 말이었다.

청교도의 기원에 대해서는 여러 가지 설이 있지만, 엘리자베스 치하에서 벌어진 예복 논쟁에서 그 구체적인 실체가 드러났다는 것이 통설이다. 1559년 엘리자베스 여왕은 영국 내에서의 모든 예배와 의식의 일치를 위해 '통일령'(Act for the Uniformity)을 발표하고 여기에 순응하지 않는 자들은 법적으로 처벌하였다. 청교도들은 여기에 규정된 로마 가톨릭교회의 잔재인 예전과 성직자들의 법의와 제복의 착용을 반대하였다. 그러나 청교도들 가운데 여왕의 법령에 따르면서 개혁을 시도하자는 순응적 청교도들과 순응을 거부하는 비국교도 청교도들로 나뉘게 되었다.

영국 성공회에 머물면시 청교도적인 개혁을 기도한 대표적인 사람으로 케임브리지대학의 신약교수였던 토마스 카트라이트(Thomas Cartwright, 1535~1603)를 들 수 있다. 그는 제네바 모형에 따라 주교제 내신 장로 제도에 근거한 의회정치를 통해 교회를 치리하고자 하였다. 다른 한편 성공회 내에서의 정화는 불가능하다고 판단하여 분리하여 독립적인 교회를 세운 분리주의자들도 있었는데, 로버트 브라운(Robert Brown, 1550~1633)과 헨리 베로우(Henry Barrowe, 1550~1593)가 대표적인 인물이다. 이들은 주교제나 장로의회 정치 대신에 개체 교회 회중이 중심이 되는 회중주의를 지향하였다. 또한 청교도들 중에는 네덜란드의 재세례파와 연결되어 영국의 침례파를 형성한 이들도 있었다.

영국 의회는 성공회를 따르지 않는 모든 분파를 탄압하였다. 청교도들 중에는 이를 피해 네덜란드로 망명을 떠나기도 했는데, 1620년 메이플라워호를 타고 대서양을 건너 신대륙에 도착하여 미국 개신교의 새 장을 연 사람들이 바로 이들이다. 이후 유럽 각지에서 국가나 국가 교회로부터 박해를 받는 수많은 비국교파, 자유(독립) 종파들이 신앙의 자유를 찾아 신대륙으로 이주하면서 미국에는 국가로부터 자유로운 다양한 교파의 교회들이 뿌리를 내리게 되었다.

청교주의(Puritanism)의 영향

청교주의는 칼빈주의의 영향으로 하나님의 절대 주권과 하나님의 계시로서의 성경의 절대 권위를 주장하며, 성경 말씀과 계명에 따른 거룩한 삶을 살 것을 강조한다. 성(聖)과 속(俗)을 구분하는 청교도들의 엄격한 삶의 태도가 극명하게 드러나는 한 사례가 바로 '주일성수'(主日 聖守) 전통이다. 1647년 청교도 혁명의 와중에 탄생하게 된 「웨스트민스터 소요리문답」은 '모든 신자는 주일에 세상일을 멈추고 안식해야 하며, 오락뿐

기독교 역사의 전환점들

만 아니라 모든 세상적인 언어와 생각까지도 삼가며, 하나님께 예배하는 공적인 일뿐 아니라 사적인 훈련을 온전히 해야 한다.”고 규정하였다.

막스 베버는 금욕과 엄격한 자기 절제, 그리고 근면을 특징으로 하는 청교주의가 칼빈주의와 더불어 초기 자본주의의 발달에 기여했다고 평가하였다. 다른 한편 청교주의는 미국으로 넘어가 계몽주의와 경쟁하면서 미국 건국의 한 사상적인 기초가 되었으며, 독일에서 일어난 루터교 경건주의 운동에도 적지 않은 영향을 끼쳤다. 청교주의는 16세기 영국에서 일어난 사건으로서의 시대적 개념이지만, 어느 시대에나 나타날 수 있는 엄격한 기독교인의 삶의 한 유형으로도 이해할 수 있다.

영국 성공회와 청교도의 등장

교황에 절대충성하며, 반종교개혁의 선봉장이 된
예수회의 창립자 로욜라의 이그나티우스

로욜라의 이그나티우스와
예수회

로마 가톨릭교회의 개혁과 부흥

종교개혁 이후 혼란스러웠던 로마 가톨릭교회가 트리엔
트 공의회를 통해 스스로를 재정비(재공고화)하였다면, 침
체된 로마 가톨릭교회에 새로운 활력을 불어 넣고 교육과
선교 분야에서 혁혁한 공을 세운 것은 로욜라의 이그나티
우스(Ignatius of Loyola, 1491~1556)가 창시한 예수회(Society
of Jesus)다.

이들은 초기에 종교개혁과 무관하게 시작되었지만, 교황

에 대한 충성과 교육과 선교의 열정으로 얼마 지나지 않아 로마 가톨릭 신앙의 강력한 옹호자이자 반종교개혁(Counter-Reformation)의 선봉장으로 부상하였다. 나아가 이들은 유럽을 넘어 신항로를 따라 아메리카 신대륙과 아시아로 진출함으로써 기독교 해외 선교의 새 장을 열었다. 라틴아메리카에서의 선교가 주로 식민주의적인 관점에서 원주민들을 강제적인 방법으로 개종시키는 것이었다면, 예수회의 중국 선교는 지식인이나 관리들에게 학문과 과학 문물을 통해 접근하는 '위로부터의 선교'와 '토착주의 선교' 방식을 취함으로써, 이제까지와는 다른 새로운 선교 방식의 가능성을 보여 주었다.

로욜라의 이그나티우스

로욜라의 이그나티우스는 본래 스페인 바스크 귀족 출신의 장교였다. 그는 1521년 스페인의 팜플로나 지역을 공격한 프랑스 군대와의 전투에서 심한 부상을 입었는데, 이때 병상에서 그리스도의 생애와 많은 성자들의 삶에 대한 책을 읽으면서 깊은 영적 체험을 하게 된다. 이 회심 체험이 그의 영성생활의 원천이 되었다. 그는 이전의 방탕했던 삶을 회개하고 성인들의 삶을 따를 것을 결심한 뒤 참회자로서 예루살렘을 순례할 계획을 세웠다.

이그나티우스는 예루살렘으로 가는 도중 만레사라는 곳에서 18개월 동안 머무는 동안 신비한 체험을 하였다. 그는 이때 영 분별하는 통찰을 얻게 되고, 삼위일체 하나님의 신비와 성육신의 신비를 드러내는 환상을 보았다고 한다. 이러한 체험은 후에 그의 기념비적인 작품인 『영성 수련』

(Exercitia Spiritualia)의 밑바탕이 되었고, 그로 하여금 고독한 참회자의 삶을 넘어서 영적인 일들에 대해서 말하고 영적인 수련을 통해 다른 사람을 돕고자 하는 갈망을 품게 하였다. 예루살렘행이 좌절되자, 그는 공부를 한 후 남을 도울 계획을 세우고는 33살의 나이로 바르셀로나에서 라틴어를, 그리고 알카라에서 자유 학문(artes liberales)과 스콜라 철학을 공부하였다. 그는 이곳에서도 다른 사람들과 영적인 일들에 대해 토론하고 영성 수련을 행했는데, 신학 수업을 받지 않고 이러한 일들을 한다는 이유로 종교재판을 받고 출교당할 위기에 처하기도 했다.

그 후 이그나티우스는 살라망카대학을 거쳐 1528년부터 1535년까지 당시 인문학의 최고봉이었던 파리대학에서 수학하였다. 이때 그는 영적인 대화와 영적 수련을 통해 프란시스 사비에르를 포함한 6명의 동지를 모으게 된다. 1534년 이들 '주 안에서의 형제들'은 청빈한 삶과 이웃에 대한 봉사, 예루살렘 순례를 결의하였고, 1537년에는 베네치아에서 사제 서품을 받은 뒤 이때부터 자신들의 모임을 '예수회'라 불렀다. 예루살렘 순례 계획이 여러 차례 좌절되자 그들은 교황을 위해 절대 충성하는 것으로 이를 대신하고자 하였고, 1540년에 교황으로부터 공식적인 수도회로 인정받았다. 그 후 이그나티우스는 1556년 죽을 때까지 로마에 살면서 예수회의 수장으로서 수도회의 발전을 위해 헌신하였다.

그는 체계적인 조직신학자이거나 저술가는 아니었지만, 그가 남긴 편지나 특별히 『영성 수련』은 그의 영적인 내면을 잘 보여 줄 뿐 아니라 영성 수련의 실제적인 방법을 제시한다는 점에서 오늘날까지도 지속적인 영향력을 갖고 있다. 그는 신비 체험을 중요시하긴 했지만, 인간의 건전한 이성과 윤리적인 덕목은 성서와 배치되지 않는다고 보았다. 그리고 근원적인 차원에서 이 세상이 성령에 의해 이끌림을 받는다는 확신을 가지고 자신의 추종자들에게 고전적인 스콜라 신학도 공부해야 함을 역설하였다. 이러한 입장은 훗날에 예수회가 스페인에서 새롭게 강조되기 시작한 토마스주의(Thomism)를 자신들의 신학적인 근거로 삼고, 타문화나 종교에 열린 태도로 접근하는 한 요인이 되었다.

예수회의 성장과 선교 활동

이그나티우스 사후에도 예수회는 비약적인 발전을 거듭하였다. 그의 후계자들은 유럽 각지에 여러 교육기관들을 세웠으며, 그들 가운데는 트리엔트 공의회에서 적극적으로 활동하는 신학자들도 있었다. 특히 독일에서 예수회 회원들은 반종교개혁의 선봉장이 되었다. 목회나 교육 분야뿐만이 아니라, 예수회는 일찍부터 해외 선교에 눈을 돌려 아시아와 라틴 아메리카로 진출하였다.

이그나티우스와 함께 예수회를 결성했던 프란시스 사비에르(Francis Xavier, 1506~1552)는 이미 1541년에 포르투갈 왕의 지원을 받아 인도의 고아로 선교하러 떠났다. 그는 주로 인도 남부에서 활동하였는데, 과감하게 토착화 선교 정책을 취함으로써 그 이전에 도미니쿠스회 수도회나 프란체스코 수도회에서 거두지 못한 선교의 업적을 이루었다. 그는 8년 동안 활동하면서 약 10만 명에게 세례를 주었다고 한다. 그는 친구인 포르투갈 신원을 통해 일본 선교에 관심을 갖고 몇 명의 수사들과 함께 일본 가고시마로 진출하여 일본 선교를 개시하였다. 그곳에서 2년 3개월 농안 머물면서 1천5백여 명의 개종자를 얻었는데, 이것이 일본 선교의 씨앗이 되었다.

일본 선교를 개척한 사비에르는 1551년에 인도의 고아로 귀환하였다. 그러나 일본에서 활동하는 동안 중국 선교의 필요성을 절감했던 그는, 그 다음해에 인도를 떠나 중국의 광동에 가까운 상천도라는 섬에 도착하였다. 그는 그곳에 도착한 지 얼마 지나지 않아 사망함으로써 안타깝게도 중국 선교를 실행하지 못했다. 1568년 교황은 카르네르를 중국 주교로 임명하면서 본격적인 중국 선교를 추진하였다. 1573년에 40여 명의 선교사가 무역의 중심지인 마카오에 도착하였고, 이후 1582년에 미셸 루지에리(Michael Ruggieri)와 마테오 리치(Matteo Ricci)가 도착함으로써 중국 선교의 새로운 장이 열리기 시작했다. 이들은 마카오에서 중국어와 중국 문화를 공부하며 때를 기다렸다.

예수회의 중국 선교

1583년 마침내 루지에리와 리치는 광동성의 수도인 조경에서 허락을 받아 본격적인 선교 활동을 시작했고, 일 년 만에 성당을 건축할 수 있었다. 이듬해에 루지에리는 한문으로 『성교실록』(聖敎實錄)을 간행하였고, 리치는 〈산해여지전도〉(山海輿地全圖)라는 세계지도를 제작하였다. 이 지도는 중국을 세계의 중심으로 알고 있던 중국인들에게 큰 반향을 일으켰다. 처음에 루지에리와 리치는 민중 종교인 불교를 통해 접근하려고 하였으나, 중국이 유교 중심의 사회란 것을 인식한 후에는 유학자들과 지배계층을 상대로 한 선교 정책을 택하였다. 루지에리는 명나라 황제에게 선교 허락을 받을 수 있도록 로마 교황에게 사절을 보낼 것을 청원하기 위해 이탈리아를 방문하였으나, 다시 돌아오지 못하고 거기에서 숨을 거두었다. 이후로 중국 본토 선교는 리치에 의해 주도되었다.

1589년 리치는 소주(韶州)로 가서 유명한 유학자 구태소를 만나 교류하면서 승려복을 벗고 유학자의 복장을 입었다. 그리고 구태소의 도움을 받아 1591년에 중국 고전『사서』(四書)를 라틴어로 번역, 중국인 학자들로부터 '태서학자'(泰西學者)란 칭호를 받았다. 이후 그는 남창(南昌)에 6년간 머무르면서『천학실의』(天學實義)를 저술하고 키케로의『교우론』(交友論)을 번역하여 지식인층의 호감을 얻었다.

리치는 1595년 잠시 북경을 방문한 후 남경(南京)으로 거처를 옮겨 1598년까지 그곳에 머물렀다. 그는 그동안 많은 유학자들과 교류하면서 친분을 다졌고, 서양 학문을 전하는 동시에 그들로부터 중국의 문화를 적극적으로 배웠다. 1601년 그는 마침내 신종 황제를 알현하고 북경 거주를 허락받았다. 그는 이때 황제에게 서양의 자명종과 함께 진기한 서양 문물을 선물로 줌으로써 서양에 대한 관심을 불러일으켰다. 북경에 정착한 리치는 사대부들과 정부 관리들과 함께 천주교와 서양 학문에 대해 많은 대화를 나누었다. 이를 통해 이지조, 서광계와 같은 유명한 학자들이 세례를 받게 되었다. 리치는 이들 학자들과 함께 오래 전부터 작업하였던『천주실의』(天主實義)를 1603년에 완성시킴으로써, 천주교 선교의 중요한 전환점을 마련하였다. 학문을 통해 왕실과 지식층으로부터 인정받은 리치는 북경에는 교회를, 남창에는 예수회 초등학원을 설립하였다. 그가 죽은 1610년에 이르러서는 2천어 명의 천주교 신자가 생겨났다.

예수회와 전례(典禮) 논쟁

리치가 사망한 직후 대부분의 동료 예수회 선교사들과 달리 롱고바르디는 1613년 교황청에 편지를 보내 하나님을 호칭하는 용어로 상제(上帝)나 천(天)이란 말을 사용하는 것을 금지시켜 달라고 요청하였는데, 이로써 전례 논쟁이 시작되었다. 그는 하나님을 지칭하는 라틴어 Deus의 한문 음역만을 고수하였다.

리치는 중국의 전통 문화를 존중하여 중국인들이 오랫동안 사용하고 원시 유교 경전에도 등장하는 천(天) 혹은 상제(上帝)와 기독교의 하나님을 비교하면서, "수많은 고전을 검토한 결과, 상제는 결국 우리가 믿는 하나님(天主)이며 단지 이름만 다를 뿐이다."라고 주장하였다. 그러나 그는 신유학인 주자학에서 말하는 태극(太極)과 하나님과는 동일시하지 않았다. 한편 공자 숭배나 조상 제사를 중국의 전통문화로 존중하였다. 대부분의 예수회는 리치의 이러한 수용적이고 문화 적응적인 입장을 따른 반면에, 1630년 이후 중국에서 활동한 다른 선교회들(도니미쿠스회, 프란체스코스회, 아구구스티누스회 등)은 하나님에 대한 호칭으로 오직 천주(天主)만을 고집하고, 중국 문화를 우상숭배로 규정하는 비타협적인 선교 방식을 고수하였다.

이 논쟁은 중국 내 선교회들 간의 논쟁을 넘어 파리대학을 중심으로 한 유럽 신학자들 간의 신학적인 논쟁으로 비화되었으며, 급기야 교황과 청나라 황제까지 개입하는 상황으로 악화되었다. 결국 1704년 클레멘트 11세 교황은 하나님에 대한 호칭은 천주(天主)만을 사용하며, 조상 제사나 공자 숭배, 위패의 사용 등을 금지시켰다. 이제까지 천주교에 호의적

기독교 역사의 전환점들

이었고, 조상 제사나 공자 숭배에는 별다른 종교적인 의미가 없다고 해명까지 하였던 청나라 황제 강희제는 분노하여 마테오 리치 입장에 동의하지 않는 중국 내 선교사를 모두 추방하도록 지시하였다. 그 후 몇 차례 교황의 특사가 방문하였지만, 청 황제는 결국 1720년에 천주교 금령(禁令)을 반포하였다. 이후 중국 천주교회는 아편전쟁 후 체결된 1842년의 남경 조약으로 중국이 서방에 개방되기까지 박해를 받게 되었다. 이 전례 논쟁은 오늘날 기독교가 타문화권에서 어떻게 선교해야 하는지에 관하여 많은 시사점을 남기고 있다.

이후 예수회는 유럽에서의 세력 확장을 두려워한 반대파들과 얀센주의자들과 계몽적인 자유사상가들의 공격을 받았다. 그 결과 예수회는 1773년 클레멘스 14세 교황에 의해 해체되었다가, 1814년에야 재승인되는 우여곡절을 겪었다.

기독교 종파 간에 벌어진 30년 전쟁(1618~1648)을
종식시킨 베스트팔렌 평화조약

기독교 종파주의와 종교 전쟁

교회의 분열과 종파주의 시대

교황을 정점으로 통일된 기독교 제국을 형성하였던 서방
교회는, 종교개혁 이후 로마 가톨릭, 루터교회, (칼빈의) 개
혁교회, 그리고 영국 국교회(성공회)로 나뉘어져 서로 경쟁
하게 되었다. 이들 종교개혁적인 종파들은 국가나 제후들
혹은 시의회의 도움을 받아 개혁을 달성하였다는 공통점이
있다. 그러나 이들과 달리 종교를 철저히 국가권력으로부터
분리하여 순수한 신앙의 공동체를 이루고자 했던 분파들도
생겨났는데, 재세례파와 영성(성령)파가 바로 그들이다.

16세기 후반기부터 각 기독교 종파들, 특히 루터교회와 개혁교회는 자기의 정체성을 공고화하기 위한 내부적인 작업으로 정통 신조(信條)를 확정하였고, 외부적으로는 타 종파와의 신학 논쟁을 벌이면서 본격적인 세력 확장에 돌입하였다. 역사적으로는 이 시대를 일컬어 '종파주의 시대' 혹은 '종교개혁 후기 시대'라고 하며, 신학적으로는 '정통주의 시대' 또는 '신조 시대'라고 말한다.

이 시기에 서유럽의 종교적 지형도는 변화를 겪어, 스페인과 이탈리아, 대부분의 프랑스, 남부 독일의 일부는 로마 가톨릭 지역으로 남고, 대부분의 독일, 덴마크, 노르웨이, 스웨덴, 핀란드는 루터교회 지역이 되었다. 그리고 스위스, 네덜란드, 스코틀랜드, 남부 프랑스의 일부는 칼빈주의적 개혁교회 지역으로 변하였다.

동유럽의 종교개혁은 서유럽과는 달리 다양한 방식으로 진행되었다. 종교개혁 사상은 소수인 상류층을 중심으로 전파되었다. 폴란드에서는 특별히 인문주의적인 성향을 지닌 귀족들 사이에서 그 기반을 형성하였고, 왕의 성향에 따라 가톨릭과 프로테스탄트 사이를 오가다가 1550년에 이르러 공식적으로 로마 가톨릭교회로 남기로 하였다. 그럼에도 불구하고 개신교 세력은 전적으로 소멸되지 않았다. 헝가리 역시 16세기 전반에 종교개혁적인 영향을 상당히 받았음에도 불구하고 예수회의 영향으로 인해 지벤뷔르겐 지방을 빼고는 대체로 가톨릭 국가로 남았다.

정통주의와 일치신조의 형성

종교개혁은 교황이나 교회의 전통 대신에 '오직 성서'만을 유일한 권위로 인정하였다. 성서는 신앙이나 신학, 그리고 교회의 관습(전통)이 올바른 것인가 아닌가를 규정하는 시금석이었다. 그러나 구체적으로 성서를 해석할 때 그 해석이 해석자에 따라 달라진다는데, 개신교의 어려움이 있다. 그 다양한 해석 가운데 누가 최종적으로 올바른 해석을 결정할 것인가, 하는 권위의 문제가 발생한 것이다. 종교개혁의 영웅 루터나 칼빈이 살아 있을 때는 그들의 해석이 최고의 결정적 권위를 가졌다. 그러나 그들이 죽고 나자 성서에 대한 해석뿐만 아니라 그들의 저작이나 신학에 대한 상이한 해석이 대두되면서, 같은 종파 내에서도 올바른 해석을 둘러싼 치열한 논쟁이 발발하였다.

이 논쟁들은 루터나 칼빈의 생전에 이미 내포돼 있었던 문제들이었다. 각 종파는 먼저 이 문제를 해결하여 정체성과 내적인 통일성을 견고히 하지 않고는 타 종파와의 교리적 논쟁에서 승리할 수 없었다. 이러한 노력의 결과 등장한 것이 일치신조다. 이것은 내부적으로는 일치를, 외부적으로는 구별을 표지하였다. 이것을 통하여 각 종파는 자신들의 신학적 보루를 견고하게 쌓았던 것이다. 이러한 과정에서 종교개혁자들이 버렸던 중세의 스콜라적인 요소가 재도입되었으며, 그들이 보여 주었던 유연성은 사라지고 개신교 신학은 더욱 경직되고 교조화되었다.

루터교의 경우, 루터 사후 소위 원 루터의 입장을 대변한다고 자부하는 '순수 루터파들' 과 가톨릭과의 중재적인 입장을 띤 필립 멜랑히톤을 추종한 '필립주의자들' 이 치열한 신학적인 논쟁을 벌였다. 이 논쟁은 1577년의 「일치신조」를 통해 일단락되었다. 독일의 루터교회는 이 신조를 통해 자신의 정체성을 확고히 하였는데, 전체적으로 보아 멜랑히톤보다는 루터 편으로 더욱 다가가는 것이었다. 이를 통해 루터교회는 아우구스부르크 신앙고백의 기반 위에 서 있는, 적법한 교회임을 분명히 하였다. 1580년 독일 제국의 의회는 이러한 「일치신조」에 루터교회가 인정하는 고대 신조와 루터 신조를 포함한 「일치 예식서」를 공인하였고, 이를 바탕으로 루터교회는 정통주의를 확립하여 나갔다. 지역의 제후들도 이를 규범으로 삼아 교회 통치를 가시화하였다.

개혁교회의 신조들은 스위스, 네덜란드, 스코틀랜드, 벨기에, 동유럽, 그리고 독일에 이르기까지 다양한 형태를 띠었다. 스위스 개혁교회의 경우, 1549년 불링거와 칼빈은 「일치신조」를 작성하여 성만찬 이해의 일치를 보았다. 독일의 개혁교회는 1563년 「하이델베르크 교리문답」의 형식으로 자신들의 신조를 확정하였다. 우르시누스와 올레비아누스의 주도로 멜랑히톤파와 칼빈파, 그리고 츠빙글리파를 대표하는 신학자들에 의해 작성된 이것은 독일 개혁파에서 가장 유명한 신조이며, 그 영향력에 있어서 루터의 「소-대 교리문답」에 비견할 만한 것이었다. 이 신조에서 두드러진 경향은 칼빈의 이중예정론을 약화시킴으로 루터파와의 극단적인 대립을 피하려 했다는 점이다.

칼빈의 후계자인 베자의 지도 아래 칼빈주의는 더욱 경직화되고 교조화되었다. 그는 예정론에 집중하여 칼빈에게서 아직 확인되지 않았던 '타락 전 예정'을 주장하였다. 베자의 '타락 전 이중예정론'을 열렬하게 지지한 사람은 네덜란드의 개혁파 프란츠 고마루스였다. 그러나 같은 라이덴대학의 교수였던 야콥 알미니우스는 이에 반대하였다. 하나님을 죄와 악의 원천으로 만드는 이중예정의 피할 길 없는 논리에서 벗어나기 위해, 알미니우스는 하나님의 일반 은총과 오직 그리스도 안에서 이루어지는 신자의 선택에 대해서만 언급하였다. 엄격한 칼빈주의자들은 이러한 방식으로 칼빈의 이중예정론이 상대화되는 것을 막기 위해, 1618/1619년 네덜란드의 도트레히트에서 모여 신조를 제정하고 알미니우스를 정죄하였다. 이 신조는 개혁파 내에서 정통주의의 기초가 되었다. 「웨스트민스터 신조」는 영국 청교도 혁명기인 1643년 성공회에 반대하여 만든 칼빈주의적인 신조로, 스코틀랜드 장로교의 근간을 이루었다. 「웨스트민스터 신조」는 1648년 영국의회에서 공인되었고, 「대-소 요리문답서」와 통합되어 다음해에 「웨스트민스터 표준서」가 만들어졌다. 이것은 영어권에서 칼빈의 신학 체계와 교회 행정과 체계를 정립하는 기준이 되었다. 한국의 장로교회 역시 이 신조로부터 강한 영향을 받았다.

종교 전쟁, 너무나 정치적인 전쟁

모든 기독교 종파가 고백하는 그리스도의 사랑과 평화의 정신으로 교리적 차이, 신조의 차이를 상호 인정하며 공존하는 것은 불가능한 것인가? 그러나 슬프게도 종파주의 시대의 기독교 역사에서 신앙을 이유로 하나님의 뜻을 앞세워 행한 종교 전쟁은 명분상 그럴 뿐, 실제로는 헤게모니 투쟁이거나 영토 확장을 위한 전쟁인 경우가 대부분이었음을 보여주고 있다. 국가와 교회가 유착된 유럽 기독교 세계에서 종교 전쟁은 곧 정치적인 전쟁이었다. 이 전쟁은 특히 로마 가톨릭(국가)과 칼빈파(국가) 사이에서 극심하였다.

프랑스의 경우, 로마 가톨릭 세력과 위그노들(프랑스의 칼빈주의자들)은 8차례의 내전을 벌였는데, 이 가운데 1572년 8월 23~24일 파리에서 벌어진 '바르톨로메오 축일 밤'에는 가톨릭 세력이 3,000여 명에 달하는 위그노들을 학살하는 만행을 저지르기도 했다. 프로테스탄트였던 앙리 4세 (1589~1610)는 즉위한 뒤, 정치적인 계산 아래 가톨릭으로 개종하였다. 그는 프랑스를 위태롭게 하는 종교 전쟁을 종식시키고자 1598년 4월 13일 낭트칙령을 발표하였다. 이로써 위그노들은 양심과 신앙의 자유를 얻었으며, 어떤 법적인 제한을 받지 않고 공직에 취임할 수 있었다. 그러나 1685년 가톨릭 절대군주인 루이 14세가 낭트칙령을 폐기하여 다시금 위그노들은 박해를 받게 되었다.

네덜란드에서는 고이센들(네덜란드의 칼빈주의자들)이 중심이 되어 1566년부터 거의 80여 년간 로마 가톨릭 국가인 스페인의 지배에 대항하여 독립투쟁을 벌였다. 스페인의 총대장 알바 공작의 잔인한 통치하에서 약 18,000여 명의 네덜란드인들이 이단자로 몰려 처형되는 비극을 겪기도 했다. 네덜란드인들은 1573년 칼빈주의로 전향한 오렌지의 윌리엄 공의 지도 아래 대대적으로 저항하였다. 1579년 홀란드를 포함한 북부 7개 주가 떨어져 나가 우트레히트 연합을 결성한 후, 1609년 독립 공화국이 되었다. 1588년 로마 가톨릭의 수호자로 자처한 스페인의 필립 2세는 네덜란드 독립 운동을 후원하는 영국을 치기 위해 '무적함대'를 동원하였으나, 악천후로 인해 영국 해군에 패함으로써 네덜란드에 대한 영향력이 약화되었다.

30년 전쟁(1618~1648)과 그 결과

독일 땅을 유린하였던 30년 전쟁은 유럽 대륙의 거의 모든 로마 가톨릭 국가와 개신교 국가가 가담한 첫 국제 전쟁이었다. 유럽의 개신교 국

173

가들과 가톨릭 국가들은 서로 대립한 가운데, 각각의 군사 동맹인 '유니온'(Union)과 '리가'(Liga)를 결성하였다. '유니온'은 칼빈파에 속한 팔츠의 프리드리히 4세에 의해 주도되었고, '리가'는 바이에른의 막시밀리안 1세에 의해 주도되었다. 이들 양대 진영의 팽팽한 군사적 긴장감은 1618년 보헤미아의 프라하에서 발생한 한 사건에 의해 폭발하였다. 합스부르크의 황제 마티아스가 보헤미아 지역의 개신교를 금지시키자 프라하 시민들은 이에 저항하였고, 이 과정에서 황제의 총독이 궁정의 창문 밖으로 내던져지는 사건이 발생하였다. 사건 직후 보헤미아 개신교도들은 팔츠의 프리드리히 5세를 자신들의 새로운 왕으로 선포하였다. 이에 가톨릭 '리가'는 합스부르크가와 교황의 지원 아래 보헤미아-팔츠 전쟁을 일으켜 1520년 프라하 근교의 전투에서 개신교 세력을 완파하였다. 그 결과 팔츠의 프리드리히 5세는 폐위되었고, 선제후 자리를 바이에른의 막시밀리안 1세에게 넘겨주어야 했다.

1625년 개신교 왕이었던 덴마크의 크리스치안 4세가 프리드리히 5세를 돕기 위해 전쟁에 개입하였으나, '리가'의 틸리와 발렌슈타인 장군에게 패하였다. 승리에 도취한 합스부르크가의 황제 페르디난트 2세가 개신교 세력에 과도한 조치를 취하자, 1630년 개신교 국가인 스웨덴의 왕 구스타프 아돌프가 가톨릭 국가인 프랑스의 지원을 받고 전쟁에 참전하였다. 그러나 2년 후 스웨덴 왕은 발렌슈타인과의 전투에서 전사하게 되고, 이후에 합스부르크 왕가의 권력 확대를 두려워한 프랑스가 스웨덴을 돕기 위해 직접 전쟁에 개입하였다. 더 이상 어느 한 쪽의 일방적인 승리가 어렵게 되자, 합스부르크 황제는 교황의 반대에도 불구하고 독일의 오스나부뤽(Osnabrueck)과 뮌스터에서 스웨덴, 프랑스와 각각 평화조약을

기독교 역사의 전환점들

맺었다. 이것이 1648년에 체결된 베스트팔렌 평화조약이다.

　이 전쟁으로 독일은 전 국민의 1/3이 죽었고, 국토는 황폐화되었다. 이후 독일은 300여 개의 제후국으로 분열되었으며, 가톨릭과 개신교회는 동등권 원칙에 따라 재조정되었다. 그리고 네덜란드와 스위스의 독립이 공식적으로 인정되었으며, 칼빈주의 개혁교회는 독일 내의 합법적인 기독교 종파로 인정되었다. 프랑스는 독일로부터 알사스 지방을 얻는 등, 유럽의 최강자로 부상하였다. 30년 전쟁의 종결은 종교적인 합의가 아니라 정치적이고 외교적인 타협으로 성취되었다. 어쩔 수 없이 종교는 사적인 영역으로 밀려나고, 합리적인 이성과 타협 가능한 정치가 공적인 영역에서 주도권을 잡게 되었다. 바야흐로 종교의 세속화가 급속히 이루어지면서, 정치적인 목적이나 국가의 이익을 위해서는 '작은 도랑을 건너듯이' 종파 간을 넘나들 수 있는 근대적인 군주들이 종파적인 유럽 세계에 빈번하게 등장하게 되었다.

기독교 종파주의와 종교 전쟁

근대과학 혁명의 기초자 아이작 뉴턴

근대과학과 이신론의 등장

근대과학의 충격

기독교 종파간의 전쟁으로 계시와 신앙에 근거한 기독교 신앙의 절대성을 스스로 허물기 시작한 기독교는 16세기에 태동하여 17세기에 꽃피운 과학혁명으로 인해 성서적 세계관 자체에 대한 심각한 도전을 받게 되었다.

기독교 역사학자 허버트 버터필드(Herbert Butterfield)에 따르면, 17세기 과학 혁명은 기독교의 탄생 이래 모든 사건을 능가하며, 심지어 르네상스나 종교개혁을 중세적 기독교 체제 내에서 일어난 단순한 에피소드의 반열로 격하시키는 결정적인 사건이었다. 중세 로마 가톨릭교회를 비판하며 개인의 신앙과 양심의 자유를 옹호함으로 근대 세계를 연 선구자로 칭송되기도 하는 종교개혁자 마르틴 루터의 경우에서 이것을 확인할 수 있다. 성서에서 여호수아가 '태양아 멈추어라' 라고 명령했지, '지구야 멈추어라' 라고 한 것은 아니라는 근거(수 10:12~13)로 지동설을 주장한 니콜라우스 코페르니쿠스를 바보라고 조롱한 데서, 그가 여전히 중세의 아들임을 알 수가 있다.

과학혁명은 팔레스타인에서 시작된 기독교가 거대한 그레코-로만 세계와의 만남 이후 경험한 가장 큰 충격이라고 할 수 있다. 이것은 실로 기독교뿐만이 아니라, 인간과 역사와 우주에 대한 이해에 있어 새로운 전환점을 가져온 획기적인 사건이었다. 이러한 새로운 과학적 세계관에 근거한 신학적인 성찰로 등장한 것이 바로 영국의 이신론(Deism)이다. 이는 5세기 이전에 확립된 정통적인 도그마를 그대로 인정하면서 인간의 구원에 대한 교회의 탈선과 오류를 수정하고자 했던 종교개혁과는 달리 기독교의 근본 믿음을 뒤흔드는 전혀 새로운 도전이었다. 이신론은 에른스트 트뢸치(Ernst Troeltsch)가 규정하였듯이 계몽주의의 신학이자, 형이상학적인 측면뿐만이 아니라 역사-비평적 역사철학의 관점에서도 근대적인 종교철학의 시작이라고 볼 수 있다.

뉴턴의 자연과학과 이신론

과학혁명과 이신론의 중심에 서 있는 사람은 바로 뉴턴(Isaac Newton, 1642~1727)이다. 그는 수학자이고 과학자이며 동시에 철학자로서 그 이전

근대과학과 이신론의 등장

의 니콜라우스 코페르니쿠스나 요하네스 케플러, 갈릴레오 갈릴레이의 이론들을 발전시키고 수학적으로 입증해, 고대와 중세 동안 서양세계를 지배했던 아리스토텔레스적인 자연과학적 패러다임을 근대적인 것으로 바꾼 결정적인 인물이다. 그의 『자연철학의 수학적 원리』(Philosophiae Naturalis Principia Mathematica, 1687)는 과학혁명의 꽃이라 할 수 있다. 그는 이를 통해 거의 보편적으로 받아들여지는 '세계의 체계'를 완성하였다. 그의 새로운 자연과학적인 세계관에 대한 사상적 성찰의 결과물로 등장한 것이 근대적인 철학과 신학(이신론)이다.

뉴턴은 하나님은 태초에 자연 안에 불변의 법칙을 창조했으며, 자연은 불변의 법칙에 따라 움직이는 기계와 같은 것이고, 인간은 특별한 계시 없이 관찰과 실험을 통하여 이 자연법칙을 발견할 수 있다고 보았다. 그에게 자연법칙을 벗어난 기적은 원칙상 발생할 수 없는(할 필요가 없는) 것이었다. 이신론자들은 이러한 뉴턴의 과학적 세계관에서 창조는 했지만 간섭하지 않는 '시계를 만든 장인과 같은 하나님' 상을 이끌어 내었다.

그러나 일반적으로 알려진 바와 달리, 뉴턴도 하나님의 섭리 신앙을 전적으로 거부하지는 않았다. 사실 뉴턴의 과학적 세계관과 하나님의 섭리 신앙은 딜레마를 내포하고 있다. 뉴턴이 비록 하나님은 이 세상을 창조하였고 섭리함으로 자연법칙을 깨고 기적을 행할 수 있는 능력이 있다고 말은 하지만, 내심으로는 현실적으로 이러한 일은 일어나지 않는다고 이신론자들은 보았다. 그가 이러한 모호한 태도를 보인 것에 대해 그 당시 교회 권력으로부터 자신을 보호하려는 한 방편이었다고 해석하기도 한다. 분명한 것은 뉴턴이 생각하는 하나님의 섭리, 혹은 활동은 제한된 성질의 것이었다. 그는 하나님은 특별한 (혹은 기적적인) 방식으로 자신의 창조를 보존하지는 않는다고 보았다. 다시 말하면 하나님은 우주를 위해서 자신이 선택했던 자연의 법을 유지하는 방식으로 행동하신다는 것이다.

뉴턴은 정통주의자로부터 아리우스주의적인 이단이란 혐의를 받았다. 그는 그리스도의 신성을 공개적으로 부인하지는 않았지만, 암묵적으로 기적을 부인한 것과 마찬가지로 그리스도의 신성에 대해서는 침묵하였다. 비록 그가 공개적으로 정통적인 삼위일체론을 거부하지는 않았지만, 그를 따르는 사람들 중에 아리우스(Arius)적 이단으로 몰려 교수직에서 쫓겨난 일이 발생하기도 했다.

17 · 18세기 영국의 이신론자들의 사상

이신론자들의 중요한 관심사 가운데 하나는 전통과 도그마로부터 벗어나 선입견과 편견 없이 성서의 텍스트를 이해하는 것이었다. 이를 위해 그들은 일반 학문의 방법론적인 회의(懷疑)를 성서 해석에 적용하고자 하였다. 이를 통해 성서의 기록과 내용이 종교사적으로 상대화되었다. 이러한 상대화는 성서 밖에서 성서와 같은 내용과 형식을 찾고 그 영향을 비교 연구함으로 이루어졌다. 또한 이러한 종교사적인 상대화는 성서의 내용을 초자연적이거나 신비적인 것이 아니라 보편적이고 이성적(과학적)으로 해석하는 것을 의미했다. 이들에게 성서에 나타난 기적은 제거되어야 할 대상이었다.

'이신론의 아버지'라고 호칭되는 허버트 경(Edward Lord Herbert of Cherbury, 1583~1648)은 오랜 정치 활동을 마감하고 종파적인 갈등과 대립

근대과학과 이신론의 등장

의 원인을 학문적으로 탐구하여 극복하는 데 전력을 다했다. 네덜란드의 법학자 후고 그로티우스(Hugo Grotius)가 이 문제를 자연법으로 돌아가 해결하고자 했던 것과 마찬가지로, 그는 역사적으로 형성된 종교적 형식의 배후에 있는 자연적인 원 종교(Ur-Religion)를 상정하여 해결하고자 했다. 그는 모든 종족의 종교적인 진술에서 읽을 수 있는 '타고난 관념' 혹은 '공통된 인식'에 근거한 종교적 진리는 이성적이며 보편적인 진리라고 보았다. 이에 반해 초자연적인 계시는 단지 하나님의 영을 받기에 필수적인 마음의 정화 속에서 그것을 체험한 사람에게만 유효하다고 주장하였다. 또한 종교(기독교)가 시간이 지남에 따라 흐려지고 종교 전쟁의 원인이 된 것은 성직자들의 계략과 그들의 도그마에 기인하며, 종교 평화의 길은 소위 자연적-이성적 원 종교로의 회귀를 통해서 이루어진다고 보았다.

존 뉴턴의 자연과학이 지니는 철학적 함의를 성찰하였던 존 로크는 허버트 경의 '타고난 관념'을 거부하고, 하나님의 존재는 타고난 관념을 통해서가 아니라 경험적인 이성의 인과법칙에 의해 우주 존재로부터 추론할 수 있다고 주장하였다. 그가 경험적인 것으로부터 출발하는 이성이 충분한 종교적 인식의 원천이라고 생각하면서도, 자연의 법칙에 내용적으로 어떤 것도 추가하거나 강화시키지 않는 계시의 가능성을 배제하지 않았다.

존 톨랜드(John Toland, 1670~1722)는 로크의 입장에 기초하여 자신의 책 『신비하지 않은 기독교』(Christianity not mysterious, 1696)에서 신비나 도그마로부터 자유로운, 그의 표현에 따르면 성서에 합당한 이성적인 기독교를 추구하였다. 그는 스스로를 정체 상태에 빠진 종교개혁을 더욱 진전

기독교 역사의 전환점들

시키고 시대에 맞는 성서 해석을 통하여 기독교를 무신론으로부터 방어하는 변증가로 이해했다. 그럼에도 불구하고 그는 정통 교회로부터 거센 반발을 받았다.

'이신론자들의 바이블'로 여겨지는 『창조만큼이나 오래된 기독교』(Christianity as Old as the Creation, or the Gospel a Republication of the Religion of Nature, 1730)를 쓴 매튜 틴달(Matthew Tindal, 1657~1733)에 이르러 영국의 이신론은 마지막 꽃을 피웠다. 그는 기독교는 본래부터 자연 종교이며, 하나님은 모든 사람, 심지어 성서를 알지 못하는 사람에게도 자연의 법칙이란 형식 속에 행복하고 인간적인 삶을 살기 위해 필요한 기본 법칙을 주셨다고 주장하였다. 이것은 참된 원 종교와 일치되는 것이며, 예수도 복음을 통해 이러한 원 종교를 다시 선명하게 드러냈다고 보았다.

영국의 이신론, 그 이후

영국의 이신론자들이 그 시대에 적합하고 참된 기독교를 구성하기를 원했음에 반하여, 프랑스의 계몽주의자들은 더 이상 이러한 동기를 지니지 않았다. 오히려 그들은 철저하게 종교 일반에 대한 비판으로 나아갔다. 1726년부터 1729년까지 영국에 머물렀던 적이 있는 볼테르는 영국의 이신론을 프랑스에 전파하였을 뿐 아니라, 기독교회와 전면적인 투쟁을 하였다. 그러나 유물론적인 경향을 보였음에도 불구하고 그는 세계의 건축자에 대한 믿음은 견지하였다.

이신론으로부터 무신론 혹은 유물론으로의 전이는 볼테르의 영향을 받아 알랑베르와 함께 백과사전을 출간하였던 디드로에 의해 이루어졌

근대과학과 이신론의 등장

다. 그리고 종교 비판적인 유물론을 극대화시킨 사람으로는 드 라메트리와 홀바하를 들 수 있다. 홀바하는 무신론적인 종교 비판과 함께 유물론적인 세계관을 체계화시킨 사람이다. 그의 종교 비판은 후에 생시몽과 칼 마르크스에 지대한 영향을 끼쳤다.

프랑스와 달리, 독일의 라이프니츠와 그의 제자인 볼프는 신학에 대하여 철학의 독립적인 위치를 확보하면서도 계시적이며 성서적인 하나님 인식을 손상하기보다는 오히려 이것에 유익한 형이상학을 기초시키는데 이신론적인 사고를 부분적으로 수용하였다. 또한 라이프니츠는 과학과 종교를 포괄하는 근대적 사고를 기초하기 위해, 그리고 유럽의 평화를 확고히 하기 위해 기독교 종파를 통합하려고 노력하였다.

18세기 독일의 진정한 이신론자는 「합리적인 하나님 숭배자들을 위한 변명」이란 원고를 남긴 라이마루스(Hermann Samuel Reimarus, 1694~1768)였다. 레싱이 그의 유고 가운데 7편의 논문을 골라 「볼펜뷔텔의 단편들」을 출판하여 충격적인 반향을 일으켰다. 그는 영국 이신론자들의 비판적인 성서 해석을 더욱 철저히 극단화시켰다. 일례로 그는 성서에 나타난 부활 이야기는 서로 화해할 수 없을 정도로 모순이 있으며, 역사적으로 신뢰할 수 없다고 주장하였다. 그는 신약성서 문서들의 종말론적인 성격을 밝힌 최초의 학자였다.

칸트는 자기 방식으로 이신론을 수용하면서, 하나님의 존재에 대한 신앙이 지니는 실천적인 합리성을 옹호하려고 하였다. 그는 하나님을 이성적인 지식과 이론적인 인식의 영역에서 벗어나게 함으로써 라이프니츠와 볼프의 형이상학의 기초를 파괴하였다. 칸트의 『순수이성 비판』은 이신론을 내적인 가능성의 극단적인 한계까지 몰고 가, 하인리히 하이네의

기독교 역사의 선환점들

말처럼 '이 책은 독일에서 이신론을 처형한 칼'이 되었다.

　역사적으로 형성된 종교에 대해 새로운 관심이 대두된 낭만주의 시대에 이르러 이신론은 낡은 세계관으로 여겨지기도 했다. 슐라이에르마허(Friedrich Schleiermacher, 1768~1834)는 그의 『종교론』에서 "아무리 세련된 이신론에 대해서도 우리는 그것을 조잡하게 엮어진 형이상학과 도덕의 파편 조각들이라고 말할 수 있다."고 일갈하였다. 그러나 이러한 비판에도 불구하고 19세기 후반 자유주의 신학 속에서 이신론적인 입장과 유사한 요소들이 재등장하였으며, 이를 비판한 20세기의 계시 중심의 변증법적 신학자들 이후에도 이신론은 시대적인 개념을 넘어 종교를 이해하는 한 관점으로 여전히 남아 있다.

경건주의 운동의 대부 필립 야콥 슈페너

경건주의 운동

경건과 경건주의

21세기에 들어 빈번하게 논의되는 신학적인 주제 가운데 하나가 '영성'(Spirituality)이다. '영성'은 역사적으로 보아 주로 수도원적인 로마-가톨릭이나 동방 정교회의 수덕(修德)과 신비적인 전통에서 발전되어 온 개념이다. 이에 반하여 '영적인 삶'과 유사한 의미로 쓰이면서도 말씀 중심의 개신교적인 전통에서 주로 사용하는 개념은 '경건'(Pietas)이다. 경건은 실로 신앙과 실천의 정수(精髓)라고 할 수 있다. 이런 순수한 본질적이며 유형론적인 측면에서 보자면

기독교 역사의 전환점들

그 어떤 시대에도 '경건'한 사람들은 존재했다.

그러나 시대적인 개념과 하나의 뚜렷한 운동으로서의 '경건주의'는 17세기 후반과 18세기 전반에 개신교 내에서 일어났던 교회와 사회의 개혁 운동을 말한다. 경건주의의 기원과 본질에 대한 이해는 다양하지만, 일반적으로 문서를 통한 경건 신앙의 확산을 의미하는 넓은 의미의 경건주의는 요한 아른트(Johann Arndt, 1555~1621)에게서 찾는다. 그는 17세기에 출판된 경건 서적 가운데 발행 부수나 영향력에 있어서 가장 컸던 책으로 평가받는 『참된 기독교에 관한 4권의 책』을 저술하였다. 그는 그 책의 부제(副題)를 '구원에 합당한 회개와 참된, 즉 내적으로 체험된 신앙과 올바른 기독교인의 거룩한 삶의 변화를 위한 지침'이라고 정함으로써 자신이 생각하는 참된 기독교, 참된 경건의 내용을 함축적으로 표현하였다. 이것은 루터교 정통주의자들이 고수하는 '수동적인 의'와 '법적 칭의론'을 넘어서는 루터에 대한 새로운 해석과 강조점의 변화를 의미한다.

다른 한편 구체적인 집단에 의한 사회적 운동을 의미하는 좁은 의미의 경건주의는 경건주의 개혁 프로그램인 「경건한 갈망」(Pia Desideria)을 통해 구체적인 개혁안을 제시한 필립 야콥 슈페너(Philip Jakob Spener, 1635~1705)에서 그 기원을 찾는다.

경건주의 탄생의 시대적 배경

1577년의 「합의신조」를 통해 루터 사후로 치열하게 전개되던 루터교 내의 교리 투쟁은 일단락되었다. 하지만 외부적으로 좀 더 체계적인 교리 체계와 철저한 신앙의 실천으로 루터교는 서유럽과 독일 내의 루터교 영역을 잠식하고 있는 칼빈주의와 트리엔트 종교회의 이후 전열을 가다듬고 잃어버린 영토를 회복하기 시작한 로마-가톨릭의 사이에서 세력을 확장하기 위해 더욱 교리적이며 논쟁적인 신학으로 나아갔다. 루터가 거부했던 아리스토텔레스의 형이상학에 기대어 종교개혁적인 원리들이 체계화되고 형식화되는 과정에서 신앙과 신학의 분리, 그리고 체험적인 신앙의 결핍이 초래되었다. 경건주의자들은 교리적인 경직성과 형식주의에 빠져 있던 신학자들과 목사들을 비판하면서, 이들이 무책임하게 방기한 교인들을 신앙적으로 각성시켜 교회 개혁의 주체로 삼으려 하였다. 이런 점에서 독일의 경건주의는 초기 계몽주의와 더불어 근대를 여는 동반자로 평가되고 있다.

사회적으로는 참담했던 30년 전쟁(1618~1648)이 경건주의 운동의 배경을 이루고 있다. 유럽 전체 인구의 1/3이 죽고, 농토는 초토화되어 살아남은 사람들도 기근과 질병에 시달렸다. 이러한 묵시문학적인 파국은 사람들의 마음을 황폐화시켰으며 불안에 떨게 하였다. 30년 전쟁은 기독교 종파주의 시대의 비극적인 귀결점이었으며, 이로부터 기독교 유럽 사회의 세속화는 가속화되었다. 이러한 사회적 위기와 정신적인 황폐함이 초래한 종교적 무관심과 환멸, 나태와 타락이 만연하던 시기에, 슈페너는 구체적인 사회 운동으로 경건주의 운동을 전개했던 것이다. 경건주의는 '올바른 교리'(Orthodoxy)보다는 '올바른 실천(Orthopraxis)과 삶의 변화'에 참된 신앙의 본질이 있다고 보았다. 루터의 종교개혁이 참된 복음을 회복하는 '교리의 개혁'이었다면, 경건주의는 '삶의 개혁'을 지향하는 개신교 내의 제2의 종교개혁이라고 할 수 있다.

필립 야콥 슈페너와 「경건한 갈망」(Pia Desideria)

경건주의 개혁 프로그램인 「경건한 갈망」이란 소책자는, 요한 아른트의 『복음서 설교집』(Evangelienpostille)의 서문으로 1675년 봄에 처음으로 세상에 나왔다. 슈페너는 이것을 같은 해 가을에 독립된 소책자로 분리하여 「하나님이 기뻐하시는 참된 복음적인 교회의 개선을 위한 경건한 갈망 혹은 마음의 소원」이란 제목으로 출판하였다. 그는 당시 루터교의 위기와 문제점을 진단하면서 개혁을 위한 여섯 가지를 제안하였다. 그 내용은 하나님의 말씀을 더욱 풍성히 우리 가운데 있게 할 것, 영적인 만인 제사장직을 올바로 철저히 시행할 것, 앎이 아니라 행위를 통해 기독교의 본질을 드러낼 것, 공허한 종교적인 논쟁 대신에 기도와 신앙의 모범과 사랑을 통해 상대방을 설득할 것, 신학 교육을 단순한 학으로서가 아니라 신앙과 실천의 학으로 삼을 것, 설교를 신학적이고 현학적인 것으로부터 단순하고 신앙적인 것으로 바꿀 것 등이다.

슈페너가 이 개혁 프로그램을 통해 달성하고자 한 것은, 성령 체험과 그로 말미암는 생명력, 즉 경건의 능력을 통해 교회를 갱신하는 것이었다. 경건주의자들은 '경건의 모임'(Collegia pietatis)에서 개인의 영적 체험과 신앙의 자발성을 강조하면서 다함께 '영적인 제사장'으로서 성경을 공부하였다. 그들은 성경을 단순한 문자로, 역사적인 문헌으로 해석하기보다는 문자 배후에 있는 성령의 감동을 체험해야 한다고 주장했다. 평신도들도 성령의 감동으로 성서를 자신의 언어로 해석할 수 있게 됨으로써, 신학교육을 받지 못한 자신들의 종교적 자의식의 평등성과 때로 우월한 통찰력을 인정받기도 했다. 이때부터 성서 본문을 단순히 교리를 입증하는 인증 구절로 사용하는 종교개혁 이래의 '교리문답적 기독교'에서 전체로서의 성서를 읽고 해석하는 '성서적 기독교'로 변하기 시작했다. 슈페너는 제도화되고 형식화된 '관료화된 기독교'로서의 국가 교회 체제에 대해 성령 안에서 하나 된 자유로운 하나님의 자녀들의 모임으로서의 '교회 내의 작은 교회들'(ecclessiola in ecclessia)이란 개념을 형성하였다. 그는 교리 중심적이고 스콜라주의적인 종교 이해를 넘어선, 개인의 체험으로서의 종교성에 대한 깊은 통찰을 통해 종파주의적인 대립과 갈등을 극복하고자 하였다.

슈페너의 경건주의는 신학적으로 말하면 정통주의로부터 살아 있는 신앙과 윤리적인 열매를 맺는 실천적 신앙을 강조하는 초기 루터로 향한 것으로 요약할 수 있다. 슈페너가 자신의 신학적인 입장을 보증하기 위해 가장 중요한 근거로 내세우는 것은, 바로 루터의 로마서 서문에 나오는 '믿음은 우리를 변화시키고 거듭나게 하시는, 우리 안에 역사하시는 하나님의 행위다'란 구절이다. 프랑케 역시 자신의 회심 체험을 통해 확증한 것은 루터의 서문에 나오는 위와 같은 내용이었으며, 후에 존 웨슬리 역시 이 구절을 듣고 올더스게이트 회심 체험을 하였다. 그러나 정통주의자들은 선한 행위와 윤리적인 열매와 성화를 강조하는 경건주의자들을 향해 루터의 정통 교리를 떠난 로마-가톨릭주의자 혹은 바리새적인 율법주의자라며 폄하하였다.

A. H. 프랑케와 할레 경건주의

슈페너가 제시한 경건주의 프로그램을 실제적으로 구현하면서 독일

기독교 역사의 전환점들

경건주의 운동의 정점을 이룬 것은 A. H. 헤르만 프랑케(August Hermann Francke, 1663~1727)와 그의 할레 경건주의(Halle Pietism)다. 그는 본래 히브리어와 고대 근동언어에 관심을 가진 학생이었다. 그는 성서를 문헌학적인 방식으로 연구하는 '성서를 사랑하는 모임'을 이끌던 중, 슈페너의 권고로 성서를 영적인 각성과 실천을 위해 읽기 시작했다. 그가 확실한 경건주의자로 거듭난 것은, 1687년 가을 뤼네부르크에서 회심을 경험한 이후다. 그는 그곳에서 설교를 준비하던 중 '과연 내가 설교를 통해 청중들에게 요구하려는 참된 살아 있는 신앙이 나 자신에게 있는가?' 하는 물음에 직면하게 되었고, 점차 의심과 불안 속으로 빠져 들어갔다.

그는 이제까지의 모든 학문과 신학 수업이 이 질문 앞에서 아무런 도움이 되지 않음을 느꼈다. 그의 지적인 회의는 '도대체 성서가 하나님의 말씀이긴 한 것인가?', '터키인들의 코란이나 유대인들의 탈무드와 다를 바가 무엇인가?' 하는 고민에 이르다가, 마침내 '하나님이 도대체 계시기는 한 것인가?' 하는 물음에까지 이르렀다. 7년 동안의 신학 수업에서 얻은 결과들 중에 마음으로 믿을 수 있는 것이 그에게는 거의 남지 않게 되었다. 그는 설교하기 전날 밤까지 극심한 불안과 의심 속에 시달렸다. 그는 큰 두려움 속에서 다시 무릎을 꿇고 여전히 알지도 못하고 신뢰하지도 못하는 하나님께, 만일 그분이 진실로 하나님이시라면 이 비참한 상태에서 구원해 달라고 외쳤다. 갑자기 자신의 기도를 살아 계신 하나님께서 들으셨다는 확신이 그를 사로잡았다. 그는 지극히 자비로우신 사랑의 하나님께서 자신을 의심과 불안으로부터 구원하셨으며, 자신의 잘못에 빠진 이성을 길들여서 다시는 그의 신실하심과 능력을 거역하지 못하게 하실 것이라는 확신을 갖게 되었다. 그의 의심은 '손바닥을 뒤집듯이' 신속하게 사라졌다.

그 후 프랑케는 슈페너의 도움으로 할레(Halle) 근교 그라우하(Glaucha)의 성 게오르겐 교회(St. Georgenkirche)의 목사로 부름을 받았다. 동시에 1689년에 세워진 신생 대학인 할레대학의 교수로 초빙되었다. 그는 1692년 1월 7일 할레에 도착하여 1727년 죽을 때까지 34년 동안 그곳에서 목사와 교수로 활동하면서, 전 독일과 유럽에 영향을 끼친 할레 경건주의를 꽃피웠다.

프랑케는 모든 사회악의 뿌리가 가난과 잘못된 교육에 있다고 판단했고, 청소년들을 올바로 교육하고 가난한 자들의 몸과 영혼을 돌보는 것이야말로 참된 교회의 사명이라고 생각했다. 그래서 1695년 익명의 독지가가 헌금한 것을 바탕으로 고아원과 기숙학교 형태의 빈자(貧者)학교 운동을 시작했다. 엄격하고도 실제적인 교육으로, 빈자학교의 명성은 점점 유명해져 부유한 시민들도 자녀들을 이곳에 보내고자 하였다. 그는 이들을 위하여 시민학교와 동시에 귀족들의 자녀들을 위한 학교도 세웠다. 1700년경 고아원 외에 당시 신분제 사회의 3계층 사람들이 다닐 수 있는 학교 시스템이 완성되었다. 생산계층 즉 농부들과 수공업자들을 위한 '독일어 학교', 나중에 신학자, 법률가, 의사 등을 양성할 것을 목표로 시민들의 자녀들을 교육하고 대학 입학을 준비시키는 '라틴어 학교', 국가의 고급 장교와 고위 관료 양성을 목표로 한 귀족의 자녀들을 교육하는 '통치자 학교'가 바로 그것이다. 프랑케는 시민계급 출신의 자녀라도 능력만 있으면 그의 출신이나 소유의 유무에 관계없이 '통치자 학교'에서 교육받게 했다.

프랑케는 이 기관들의 선생과 감독자로 할레 대학생들을 활용하였으

기독교 역사의 전환점들

며, 그들에게 무료 식사를 제공하는 형식으로 가난한 대학생들을 도왔다. 이러한 시도는 이론과 실천을 겸한 교육에 큰 도움이 되었다. 여러 후원자들, 특별히 신흥 프로이센 왕정의 도움으로 고아원은 단순한 교육기관을 넘어서 인쇄소, 출판사, 서점, 약국, 병원, 세계 최초의 성서공회, 선교센터를 보유한 '프랑케 슈티프퉁'(Die Franckesche Stiftung)으로 발전하였다. 이 기관은 독일뿐만 아니라 전 유럽에서 그 명성을 떨치게 되었다. 올더스게이트 회심 이후 이곳을 방문했던 존 웨슬리는 이 기관을 향해 "믿는 자에게 여전히 모든 것이 가능하다는 놀라운 증거이며, 분명히 하나님이 이곳에서 행하신 이 위대한 일과 같은 것을 우리도, 우리의 조상들도 알지 못한다."며 칭송하였다. 또 다른 위대한 경건주의자들인, 성서 사본 수집과 본문 비평에 혁혁한 공을 세운 요한 알브레히트 벵엘(Johann Albrecht Bengel, 1687~1752)과 '헤른후트 형제단'(모라비안 형제단)이란 독특한 경건주의 집단을 창시한 친젠도르프 백작 역시 A. H. 프랑케의 영향 속에서 성장하였다.

메소디스트 운동의 창시자 존 웨슬리

존 웨슬리와 메소디스트 운동

존 웨슬리의 신학적인 위치

존 웨슬리(John Wesley, 1703~1791)는 종교개혁 이후 근대에 탄생한 개신교 최대 교단 가운데 하나인 감리교회의 창시자다. 영국 국교회(성공회)의 사제였던 그는 영국 국교회의 각성과 갱신을 위해 메소디스트(Methodist) 운동을 이끌었지만, 새로운 교파를 만들 생각은 가지고 있지 않았다. 그의 말년에 미국이 영국으로부터 독립하면서 미국에 있는 메소디스트들이 영국 국교회로부터의 분리를 거세게 요구했지만, 그 자신은 영국 교회의 아들로 머물고자 했다. 최종적으로 영국 성공회로부터 분리하여 독립 교단이 된 것은 그의 사후의 일이다. 제도적인 면에서 오늘날의 한국 감리교회를 규정한 것은 미국식의 감독제적인 감리교회다.

이제까지 존 웨슬리를 특정한 신학적 전통 속에 자리매김하려는 연구자들의 무수한 시도들이 있었다. 영국 성공회는 물론이고, 루터, 칼빈, 청교도주의, 경건주의, 신비주의, 교부신학(특히 동방교부들), 은사주의(성령주의), 심지어 로마-가톨릭에서 존 웨슬리의 신학적 뿌리를 찾고자 했다. 그러나 한 특정한 기독교 전통으로 웨슬리의 전 신학 체계를 해명하려는 시도는 웨슬리 신학이 지니는 다양성과 역동성을 사상(捨象)시키는 무모한 일이라고 생각한다. 테오도르 런연(Theodore Runyon)이 표현한 바와 같이 '웨슬리의 에큐메니즘'은 종교개혁의 이전과 이후의 여러 가지 지류가 합류하는 저수지이자, 오늘날까지 다양한 해석의 지류를 가능케 하는 원천이다. 이것은 존 웨슬리가 다양한 기독교적인 전통을 교파적인 당파성을 넘어 취사 선택적으로(eclectic) 자신의 신학에 수용한 것에 기인한다. 존 웨슬리는 이론적이며 체계적인 조직신학자라기보다는 실천적이면서도 대중적인 신학자였다.

존 웨슬리의 삶과 회심, 그리고 그 이후

존 웨슬리는, 청교도 전통의 가문에서 자랐으나 후에 국교도로 전향한 아버지 사무엘 웨슬리와, 마찬가지로 청교도 가문 출신의 어머니 수산나 웨슬리에게서 태어났다. 그는 어린 시절 특별히 어머니의 청교도적인 엄격한 교육을 받고 자랐으며, 후에도 어머니는 그의 조언자 역할을 하였

존 웨슬리와 메소디스트 운동

다. 그는 아버지가 국교도로 전향한 덕택으로 옥스퍼드대학에 진학할 수 있었다. 사무엘 웨슬리는 국교도 목사로서 당시에 신앙 각성과 경건 운동 그룹인 '신앙 모임'(Religious Society)에 적극적으로 참여하였으며, 존 웨슬리 역시 옥스퍼드에서 이 모임에 참여하였다.

존 웨슬리는 옥스퍼드의 크라이스트처치대학을 졸업할 즈음인 1725년 토마스 아 켐피스(Thomas a Kempis)의 『그리스도를 본받아』와 제레미 테일러(Jeremy Taylor)의 『거룩하게 살고 거룩하게 죽는 규율과 훈련』을 읽고 일생 동안 거룩한 삶을 살 것을 결단하였다(제1차 회심). 그는 이를 구체적으로 실행하기 위해 시간 관리를 철저히 하고 일기를 쓰기 시작했다. 1725년 9월 19일 국교회의 부제(Deacon) 안수를 받고, 다음해 3월 17일에 링컨 칼리지 연구원(Fellow)로 선임되었으며, 1727년 2월 14일에 석사학위를 받았다. 그는 그 해 8월 옥스퍼드를 떠나 엡워스(Epworth)와 루트(Wroote)에서 아버지를 도와 부제로 일하였는데, 목회 현장에서 윌리암 로(William Law)의 『기독자의 완전』과 『신실하고 성스러운 삶에 대한 진지한 초대』를 읽고는 깊은 영향을 받았다.

1728년 9월 22일 옥스퍼드에서 사제(Elder) 안수를 받은 그는 다시 아버지를 돕기 위해 옥스퍼드를 떠났다가 그 해 11월 귀환하였다. 이때 그의 동생 찰스가 몇몇 동료들과 '신성클럽'(Holy Club)을 결성하여 활동하고 있었는데, 존 웨슬리는 이 모임에 가담하여 곧바로 리더가 되었다. 그 후 이 클럽은 엄격한 생활 태도로 인해 '규칙쟁이'를 뜻하는 '메소디스트'(Methodist)란 조롱 섞인 별명을 얻게 되었다.

옥스퍼드에서 메소디스트 운동을 전개하던 존 웨슬리는 갑작스럽게 제안된 신대륙 선교사직을 수락하고는 동생 찰스와 몇 명의 옥스퍼드 메소디스트들과 시몬즈호를 타고 조지아로 향했다. 그 항해 중에 모라비안 교도들과 인상적인 만남을 갖게 되는데, 웨슬리는 그들의 경건성에 큰 관심을 가지며 그들과 교제하였다. 조지아에 도착한 존 웨슬리는 고교회(High Church)주의자로서 엄격하고 경직된 목회를 수행하여 현지인들과 충동하였고, 무엇보다 소피 홉키(Sophy Hopkey)와의 연애 실패로 큰 어려움에 빠지게 되었다. 그는 결국 조지아에서 도망치듯 런던으로 되돌아왔다. 조지아에서의 1년 9개월의 생활은 영욕이 교차하는 시간이었고, 자신에 대해 처절하게 반성하며 문제점을 깨닫게 하는 계기를 만들어 주었다. 이 경험은 그가 회심에 이르는 관문이 되었다.

1738년 5월 24일 올더스게이트(Aldersgate)의 작은 신앙 모임에서 존 웨슬리는 '이상하게 가슴이 뜨거워지는'(strangely warmed) 체험을 하였다. 이 체험은 그에게 '믿음으로 말미암는 구원'에 대한 강렬한 확신을 가져다주었다. 하지만 그는 수시로 자신의 믿음이 흔들리는 것을 경험했고, 이러한 연약한 믿음을 강화시키기 위해 경건주의자들의 고향인 독일로 여행을 떠났다. 그는 할레 경건주의의 중심지인 할레(Halle)와 모라비안 형제들의 중심지인 헤른후트(Herrnhut)를 방문하여 많은 감명을 받았지만, 친젠도르프 백작에게서는 좋은 인상을 받지 못한 채 귀국하였다.

올더스게이트의 회심 체험 못지않게 중요한 사건이 1739년 페터 레인(Fetter Lane)에서 열린 송구영신 철야기도회 중에 있었던 성령 강림 사건이다. 12월 미국에서 성공적인 각성운동 사역을 마치고 귀국한 조지 횟필드를 비롯하여 60여 명의 옛 옥스퍼드 메소디스트들과 영국에 있는 모라비안 형제들이 이 모임에 참여하였다. 1월 1일 새벽 3시경, 그들은 마가의 다락방과 같은 강력한 성령 강림을 체험하였다. 이날의 집단석인 성령

존 웨슬리와 메소디스트 운동

체험은 메소디스트 운동의 도화선이 되었다. 이들은 성령 체험의 뜨거운 마음을 품고 런던을 넘어서 영국 전역으로 흩어져 당시 방치돼 있던 가난한 민중들을 각성시켰다.

조지 횟필드가 과감하게 야외 설교(Field Preaching)를 한 이후, 존 웨슬리를 비롯한 많은 메소디스트들이 이를 시행하였다. 이러한 탈 예전(禮典)적이며 교구를 넘나드는 야외 설교는 정통적인 국교회로부터 신랄한 비판을 받았으나, 존 웨슬리는 '세계는 나의 교구' 라는 입장을 견지하였다. 메소디스트 운동이 확산되어 가던 와중에 존 웨슬리는 모라비안 형제들과 '신앙의 등급(grade)과 칭의(Justification) 이후의 성장과 성화(sanctification)' 개념을 둘러싼 반율법주의(Antinomianism) 논쟁을 벌이고 종국에는 그들과 결별하게 되었다. 이것은 그의 회심이 '믿음만으로'(sola fide)를 뜻하는 칭의론으로 환원시킬 만큼 단순한 것이 아님을 잘 보여 주는 사건이었다. 또한 그는 예정론을 주장하는 조지 횟필드와 결별하는 아픔을 겪었다. 그 결과, 메소디스트 운동은 존 웨슬리의 알미니안주의적 메소디스트 운동과 조지 횟필드로 대변되는 칼빈주의적 메소디스트 운동으로 나뉘게 되었다.

존 웨슬리 신학의 사중 원리

존 웨슬리는 루터의 『소·대 교리문답집』이나 칼빈의 『기독교 강요』와 같은 체계적인 교리서를 쓰지 않았다. 그는 상황적이고 실천적인 목적으로 설교와 서신과 일기와 소논문과 주해를 통해 단편적으로 자신의 신학을 표현하였다. 아우틀러(Albert Outler)는 이러한 그의 신학 방법 속에 나

기독교 역사의 전환점들

타나는 사중 원리, 즉 성서, 전통, 이성, 체험을 제시한다. 사실 이것도 웨슬리의 독창적인 신학 원리라고 할 수 없다. 이미 영국 성공회에서 '성서와 전통과 이성을 조화롭게 일치' 시키는 것을 자신들의 신학적 특징으로 규정하였기 때문이다.

존 웨슬리가 스스로를 '한 책의 사람'(homo unius libri)으로 규정한 데서 알 수 있듯이, 그는 성서를 신앙과 신학의 최고 권위와 규범으로 삼았다. 그는 다독(多讀)가였으나, 그에게 있어 올바른 신앙과 신학의 시금석은 언제나 성서였다. 이런 점에서 그가 추구한 참된 기독교를 한 마디로 정의하면 '성서적 기독교' 라고 할 수 있다. 또한 그는 영국 국교회의 사제로서 영국 교회의 전통은 물론이고 고대 교부들의 신학 전통을 중요시하였다. 이밖에도 그가 출간한『기독교 문고』(Christian Library)에는 다양한 기독교적 전통을 배경으로 하는 저서들이 요약 편집되어 있다.

존 웨슬리가 살던 시대는 이성의 시대였다. 합리적 이성에 기초하여 기독교를 재구성하고자 한 이신론(理神論)이 태동한 곳은 영국이었다. 웨슬리는 이신론은 거부하였지만, 건전한 이성의 선한 기능에 대해서는 긍정하였다. 심지어 "이성을 포기하는 것은 종교를 포기하는 것"이라고 말할 정도였다. 그러나 그가 말한 이성은 은총의 지배 아래에 있는 이성이며, '영적인 감각' 에 이르기 위해서는 신앙적 도약이 필요한 이성을 뜻한다. 자연적 이성으로 자연세계는 이해할 수 있지만, 하나님의 은혜의 세계와 영적인 세계는 이해할 수 없다고 보았다. 이러한 한계만 인정한다면 그는 자연과학이 복음의 선한 도구가 될 수 있다고 보았으며, 실제로 과학의 실천적 활용을 위하여 의학 치료와 전기 이용에 관한 책들을 편집하기도 했다.

존 웨슬리와 메소디스트 운동

체험은 존 웨슬리가 성공회의 성서, 전통, 이성에 덧붙인 원리로, 굳이 말하자면 웨슬리의 고유한 부분이라 말할 수 있다. 올더스게이트의 개인적 회심과 페터 레인에서의 집단적인 성령 체험은 그의 신학을 머리에서 가슴으로, 가슴에서 손과 발로 내려오게 만든 중요한 계기였다. 실상 웨슬리가 회심 체험 이전에 '믿음으로 말미암는 구원'에 관한 교리를 몰랐을 리 없다. 사도행전의 마가의 다락방에 나오는 집단적인 성령 체험도 마찬가지다. 웨슬리가 신앙에 있어 경험의 중요성을 강조하는 것은 영국의 경험론적인 전통과 맥을 같이 한다고 볼 수 있으나, 어디까지나 그가 말하는 경험(체험)이란 자연적인 것이 아니라 영적인 것이다. 위에서 말한 성서, 전통, 이성과 체험은 내적으로 상호 연관되어 있으며, 신앙은 궁극적으로 체험에 의해 생동력을 얻는다.

존 웨슬리의 사회윤리와 복지 실천

존 웨슬리는 단순히 '믿음으로 말미암는 구원'이라는 칭의론에 머물지 않고, 성화와 그리스도의 완전으로 나아갔다. 그는 '믿음이 종교의 문'이라면, '성화는 종교 그 자체'라고 보았다. 그가 모라비안들의 반율법주의적 태도를 비판하고 조지 휫필드의 예정론을 거부한 데는, 이러한 입장이 예수님의 계명을 따르는 선한 행위나 성화의 노력을 약화시킬 것을 우려한 측면이 있다. 이러한 웨슬리의 입장은 자연스럽게 사회적 실천 혹은 사회적 성화 사상과 연결되었다. 그는 예수님의 산상수훈을 설명하는 곳에서 "기독교는 기본적으로 사회적 종교다. 기독교를 고독한 종교로 바꾸는 것은 실상 기독교를 파괴하는 것이라."라고 단언하였다.

이미 옥스퍼드 시절부터 존 웨슬리는 가난한 사람들과 병자들과 죄수들에 대한 관심을 갖고 이들을 정기적으로 방문했다. 그는 개인적으로도 근검절약하여 남은 돈을 이들을 위하여 사용하였다. 그는 메소디스트 운동이 성장하자 병자 방문을 제도화하였으며, 무료 진료소를 운영하였다. 그리고 일반 국민들이 손쉽게 사용할 수 있는 『초보적인 의학』(Primitive Physic)이란 민간 치료서를 출판하여 대중들의 호응을 얻었다. 이밖에도 그는 킹스우드에 학교를 세워 방치되어 있거나 가난한 가정의 자녀들을 교육하였으며, 신용조합을 운영하여 가난한 자들을 경제적으로 지원하였다. 웨슬리가 이러한 사회적 실천을 통해 궁극적으로 지향한 것은 영국 사회를 변화시키는 것이었다. 복음주의적 종교, 특히 메소디스트 운동의 영향으로 영국에 피의 혁명이 없었다는 엘리 할레비(Elie Halévy)의 가설이 조금은 과장되었다 하더라도, 전혀 근거 없는 이야기는 아닐 것이다.

존 웨슬리와 메소디스트 운동

제3차 대각성운동의 중심인물 드와이트 L. 무디

대각성 운동

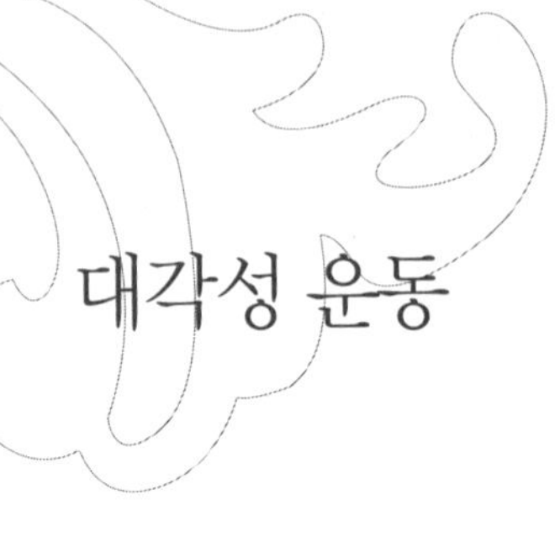

미국 기독교의 원류

오늘날의 미국 주류 개신교의 모습을 규정지은 것은 대각성 운동(Great Awakening Movement)이다. 각성(覺醒, Awakening)이란, 사전적인 의미로 '깨어 정신을 차림'을 뜻한다. 교회가 잠들어 있거나 죽어 있는 상황을 일깨우고 다시 살리려는(Revival) 노력은 언제나 있어 왔다. 그러나 18, 19세기 미국에서 일어난 대각성 운동은 기독교 역사에서 유래가 없는 광범위한 대중 운동이었다. 이 운동의 역사적인 뿌리를 찾자면, 영국의 청교도주의, 독일의 경건주의, 그

기독교 역사의 전환점들

리고 영국 성공회 내의 각성 운동을 들 수 있다. 1730년대 영국과 미국에서 거의 동시에 일어난 각성 운동은, 미국에서 꽃을 피우면서 19세기 후반까지 간헐적으로 세 차례에 걸쳐 크게 일어났다.

대대적인 각성(부흥) 운동이 미국에서 일어나게 된 데는, 그 당시 미국 교회가 처해 있던 시대적 상황과 연관이 있다. 17세기 전반까지만 해도 초기 이주자들인 청교도들은 엄격한 신앙과 규율 속에서 통일된 공동체를 유지하였다. 그러나 동부 해안의 1단계 개척을 끝내고 내륙으로 진출하기 시작한 후반기에 이르러 엄격했던 청교도 정신은 이완되기 시작했고, 대륙으로부터 알미니안주의와 계몽주의적인 사상이 유입되면서 청교도 신앙과 공동체의 규율은 흔들리기 시작했다. 1689년 영국에서 공포된 관용령(Act of Toleration)은 개인에게 로마 가톨릭을 제외하고는 모든 기독교 종파를 자유롭게 선택할 수 있는 권리를 부여했다. 이러한 관용령의 혜택을 가장 많이 본 것은, 영국의 식민지였던 미국의 기독교 종파(교파)들이다.

미국 교파 교회의 특징들

유럽의 기독교회는 원칙적으로 종교와 국가가 하나가 된 국가 교회였다. 콘스탄티누스 황제 이후에 자리잡은 이러한 관념은 유럽 교회의 특징이었으며, 이러한 국가 교회를 반대한 소종파(Sect)는 거의 이단으로 정죄되었다. 신앙의 자유를 찾아 신대륙으로 온 유럽의 이주자들 역시 이러한 관념에서 자유롭지 못했다. 메사추세츠 주(州)에 세워진 회중교회는 지역 사회 구성원 전체가 교회 구성원이 되는 주(州) 교회 형식을 취하였다. 이곳에서는 회중교회 이외의 다른 교파(Denomination)는 용납되지 않았다. 그러나 신대륙의 특성상 이러한 교구 제도(Parish System)를 근간으로 하는 국가 교회의 형식은 점차로 약해졌고, 관용령 이후에는 한 지역을 한 교파가 독점하는 것이 불가능하게 되었다.

계몽주의자들이 작성을 주도한 독립선언서에서 명확하게 선언하였듯이, 국가와 종교는 엄격히 분리되었다. 이제 신앙은 공적인 영역에서 밀려나 철저하게 개인의 영역으로 국한되어졌다. 교회는 이제 국가의 지배나 지원을 받지 않는 신자들의 자발적인 신앙 공동체가 되었다. 목회자와 교인들은 국가권력으로부터 자유를 누리는 대신, 이제 자신들의 교회를 자신들의 자발적인 헌금과 전도로 유지시켜야 하는 부담을 안게 되었다. 그야말로 자유로운 종교시장에서 살아남기 위해 상호 경쟁할 수밖에 없는 상황에 처하게 된 것이다. 회중교회, 장로교회, 침례교회, 감리교회 등은 이제 신앙에 무관심해진 고객(신자)들을 향하여 그들의 마음을 일깨우는(사로잡는) 메시지와 새로운 대중적인 전도 방법을 가지고 나아가지 않으면 안 되었다.

제1차 대각성 운동과 그 영향

장로교회에서는 '신파'(New Side), 회중교회에서는 '새로운 빛'(New Light)으로 불린 제1차 대각성 운동은 매사추세츠 주(州) 노스햄튼(Northampton) 회중교회의 목사였던 조나단 에드워즈(Jonathan Edward, 1703~1758)에 의해 촉발되었다. 그는 예일대학을 졸업한 뒤 1727년에 회심 체험을 했으며, 정통 칼빈주의자로서 종교적인 무관심과 타락, 그리고 새롭게 밀려드는 알미니안주의와 계몽주의에 대항하여 인간의 전적인 타락과 오직 구원은 하나님의 은총에 의한 것임을 역설하였다. 그는 무엇보다 참된 회개와 체험적인 신앙을 강조하였다. 1734년 그가 목회하던 노스햄톤 교회에서 일어난 놀라운 회개와 부흥은 대각성 운동의 시발점이 되었다. 그가 1737년에 자신의 사역에서 일어난 일들을 기록한 『하나님의 놀라운 역사에 대한 신뢰할 만한 이야기』(A Faithful Narrative of Suprising Work of God)는 그 이후의 각성 운동가들(존 웨슬리 포함)에게 큰 영향을 끼쳤다. 그는 권징을 강화시켰으며, 회심의 체험이 없거나 올바른 기독교인의 삶을 살지 않는 사람들에게는 성찬을 주지 않았다. 그는 이러한 엄격한 태도와 각성과 부흥 운동에 거부감을 느낀 교회로부터 추방당하였으나, 그의 각성 운동의 의지는 꺾지 못했다. 그는 각성 운동가일 뿐 아니라 인간 본성으로서의 감정과 경험적 신앙의 중요성을 신학적으로 변증한 위대한 신학자였다.

　제1차 대각성 운동 시에 대중적으로 가장 인기 있고 유명했던 순회 설교자는 조지 횟필드였다. 그는 1735년 봄 옥스퍼드 대학생이었을 때 이미 회심을 체험하고, 2년 후에 웨일즈로 가서 평신도인 해리스(Howell Harris)가 시작한 부흥 운동을 더욱 확산시켰다. 그는 1738년 초 존 웨슬리가 선교의 실패를 맛보고 간 조지아로 선교하러 떠났다. 10개월 후 다시 영국으로 돌아온 그는 해리스의 영향을 받아 야외 설교(Field Preaching)를 시도하였다. 처음에 주저하던 존 웨슬리도 새로운 방식의 대중 설교를 감행함으로써 영국에 본격적인 대중 부흥 운동이 일어나게 되었다. 조지 횟필드는 1739년에 다시 미국으로 건너가 미국 전역을 순회하면서 각성과 부흥 운동을 대대적으로 확산시켰다. 교파나 신조보다는 회심을 강조하면

서 다양성 속의 일치를 추구하였다. 그는 타고난 연설가였으며, 젊은 시
절 연극에 관심을 가지고 실제로 연습했던 경험이 대중적인 공감과 설득
력을 얻는데 효과적으로 사용되었다. 그리고 그는 자신의 대중 집회를 신
문과 잡지를 통해 홍보하는 수완도 보여 주었다. 이것은 새롭게 대두된
근대 사회에 복음을 효과적으로 적응시키고자 한 역동적인 시도로 볼 수
있다.

제1차 대각성 운동은 1730년 말에 불이 붙어 1740년대 초반에 절정에
달했다. 에드워즈와 휫필드 외에 네덜란드 개혁교회 출신의 프레링하우
젠(Theodor J. Freilinghuysen), 장로교회 출신의 테넌트 부자(William and
Gilbert Tennent) 등이 대각성 운동에 동참하였다. 이 운동은 침체되었던
미국 교회를 활성화시켜 교인수와 교회수의 증가를 가져왔으며, 교육기
관의 실립에도 공헌하여 이 시대에 설립된 9개의 대학 중에 6개의 대학이
이 운동의 결과로 태어났다. 프린스턴대학도 자신의 농장에 학교를 세워
신학도를 교육했던 윌리엄 테넌트의 '통나무 대학'(Log College)의 후신이
었다. 1758년 조나단 에드워드는 이 대학의 총장으로 초빙되었다. 이밖
에 러트거즈(Rutgers), 펜실베니아, 브라운대학이 모두 대각성 운동의 영
향으로 세워졌다.

제2차 대각성 운동과 그 영향

제2차 대각성 운동은 미국이 완전한 독립국가가 된 후 1792부터 1820
대까지, 그리고 1830년부터 1842년까지 두 번에 걸쳐 일어났다. 이 운동
에서 가장 주목할 만할 인물은 '근대 부흥 운동의 아버지' 로 평가되기도

하는 찰스 피니(Charles Finney, 1792~1875)다. 그는 청년 시절 자신이 다니던 뉴욕 주 장로교회의 담임목사였던 정통 칼빈주의자 게일이 주장하는 인간의 전적인 타락과 구원에 대한 인간의 전적인 무능력과 수동성에 대한 교리에 의구심을 품었다. 그는 29세 되던 해인 1821년에 회심을 체험하면서 신학을 전공한 목사는 아니었지만 복음 전도자로 나서게 된다. 그는 성경이 모든 사람에게 주님을 믿고 구원을 얻으라고 명하셨다고 확신했고, 하나님의 은총을 우선시하지만 인간의 책임성도 간과해서는 안 된다고 보았다. 한편 그는 당시 삼위일체론을 부정하고 만인구원설(Universalism)을 주장한 계몽주의적인 유니테리안(Unitarian)에 대해서는 철저하게 거부하였다. 피니는 구원을 위한 인간의 자유의지와 결단을 어느 정도 인정하고 도덕적인 책임과 성화(성결)을 강조함으로써, 정통 칼빈주의자들에게 펠라기우스적이라는 비난을 받기도 했다. 미국 전역에 걸쳐 일어난 제2차 대각성 운동은 미국인들의 국가 의식을 고양시켰고, 일반 학교와 신학교, 선교 자원단체, 봉사단체, 성서공회 등을 태동시켰으며, 절제 운동, 노예 반대 운동과 같은 사회 운동을 일으켰다.

제3차 대각성 운동과 그 영향

제3차 대각성 운동은 1857년 제레마이어 렌피어가 뉴욕 맨해튼 풀톤 지역에서 시작한 기도 운동에서 비롯되어 필라델피아와 뉴저지를 거쳐 전국으로 확산되있다. 이때 특별히 감리교 출신의 평신도 푀비 팔머(Phoebe Palmer, 1807~1874) 부인의 역할이 중요하게 작용했는데, 그녀는 대중적인 영성 운동과 성화(성결)의 이상을 추구하였다. 19세기에 들어

감리교는 크게 성장하였으나 감리교 초기에 지녔던 성화의 노력을 게을리하면서 기존 교파 교회의 하나로 만족하는 경향을 보였다. 이에 팔머 부인은 자신의 집에서 시작한 화요 성화를 위한 집회를 중심으로 성화 운동을 전개해 나가 많은 지지자들을 얻게 되는데, 구세군을 창시한 캐서린 부스와 19세기 후반 미국 절제 운동의 지도자였던 윌라드도 그 가운데 하나다.

제3차 대각성 운동은 남북전쟁 이후 급속하게 진행된 산업화의 격변에 대응하는 한 방식으로 계속되었는데, 그 중심에는 평신도 설교자인 드와이트. L. 무디(Dwight L. Moody, 1837~1899)가 있었다. 그는 교육을 별로 받지 못한 사람이었지만, 근면과 성실로 시카고에서 신발 도매상을 벌여 큰 성공을 거두었다. 그는 1858년 시카고에서 주일학교를 시작하여 주일학교 부흥 운동으로 유명해졌으며, 1866년에는 시카고 YMCA 회장이 되었다. 그리고 국제 YMCA를 통해 1873~75년 사이에 영국, 스코틀랜드, 아일랜드, 미국에서 부흥집회를 열어 큰 반향을 일으켰다. 복음 전도자였던 그는 단순하고도 대중적인 언어로 대중들의 마음을 강하게 움직인 능력 있는 설교자였으며, 복음송 가수 아이라 생키와 함께 음악을 통해 그 효과를 극대화시켰다. 또한 자신의 경험을 토대로 개인적인 회심과 근검절약을 통한 하나님의 축복을 열정적으로 선포하였다. 그의 설교에 감동 받은 대학생들 사이에서 부흥과 선교의 열정이 일어나 '전국신학교연맹'(The American Inter-Seminary Alliance)이 결성되었고, 무디와 피어선 박사의 주도로 '학생 자원 운동'(The Student Volunteer Movement for Foreign Missions)이 탄생되었다. 훗날 이들 가운데 해외 선교사가 많이 배출되었는데, 한국 최초의 선교사인 아펜젤러와 언더우드도 그 중에 속한다. 이들에 의해 오늘날 한국 개신교회의 주류가 형성되었다.

　대각성 운동은 침체되고 무기력한 개신교회를 각성시키며 놀라운 부흥을 가져왔지만, 지나치게 개인주의적인 (감정에 치우친) 회심과 영혼 구원만을 강조함으로써 당시 심각하게 대두되고 있던 산업화의 구조적인 문제점을 파악하지 못했다. 또한 지나치게 성서문자주의에 집착함으로써, 새롭게 대두된 과학적 세계관과 사상에 대해 성실한 신학적 응답을 하지 못했다. 각성 운동가들은 19세기 후반과 20세기 초에 대두한 라우센부쉬(Walter Rauschenbusch, 1861~1918)의 사회 복음의 의미를 제대로 이해하지 못했을 뿐 아니라 현대성에 올바로 대응하지 못하고 1920년에 출현한 근본주의와 쉽게 결합함으로 많은 지성인들이 교회를 떠났다는 점에서 이 운동이 지닌 한계점을 확인할 수 있다.

자유주의 신학의 아버지 슐라이어마허

자유주의 신학의 등장

모더니즘(Modernism)에 직면한 기독교 신앙

19세기는 제2, 3차 대각성 운동이 일어난 세기이기도 하고, '위대한 선교의 세기'로 지칭되기도 한다. 하지만 이 세기는 자연과학(특별히 다윈의 진화론)과 근대 철학적 세계관(독일의 관념론과 유물론)이 정통적인 기독교 교리를 뿌리째 흔든 격변의 세기였다. 이 충격은 18세기 이신론과는 비교할 수 없을 만큼 깊고 넓은 것이었다. 기독교 신학자들도 이제 더 이상 성서와 교회의 권위로 과학과 철학의 진보를 억압할 수 없는 상황임을 직시하였다.

그들은 전통적인 기독교 신앙과 교리를 시대정신에 맞게 새롭게 해석하고 재구성하지 않으면 시대착오적인 종교로 전락할 것이라고 확신하였다. 이러한 맥락에서 이루어진 신학을 자유주의 신학이라고 통칭하며, 신개신교 신학 혹은 현대주의 신학이라고 부르기도 한다. 대부분의 자유주의 신학자들은 설교도 하고 성례도 집례하는 목사이자 동시에 교수들이었다. 그들은 기독교인과 근대인, 둘 중의 하나를 택할 필요 없이 근대인이면서 동시에 기독교인이 되어야 한다고 믿었다.

'자유주의 신학의 아버지', 슐라이어마허

'자유주의 신학의 아버지' 로 일컬어지는 슐라이어마허(Friedrich Daniel Ernst Schleiermacher, 1768~1834)는 어린 시절 경건주의의 영향을 받은 사람으로, 이신론자들이나 합리론자들보다 '높은 수준의 경건주의자' 가 되려고 노력하였다. 그는 칸트 철학과 낭만주의의 영향 속에서 종교를 형이상학이나 도덕이 아니라, 우주적인 직관과 피조물로서의 인간이 느끼는 독특한 자각인 '절대에 대한 의존 감정' 에 근거시키고자 하였다. 그가 1799년에 출간한 『종교론』은 종교를 경멸하던 당대의 합리주의자들을 위해 제시한 기독교 신앙에 대한 새로운 해석이었다. 그는 이를 통해 지적인 희생을 강요하는 교회의 교리에 대한 맹목적인 신앙을 갖지 않고도 인간 내부에 있는 무한한 가능성으로서의 종교적인 영성을 찾을 수 있는 길을 보여 주었다.

그는 1821년에 출간한 『기독교 신앙론』에서 성경은 절대적인 권위를 가진 것이 아니라 초대 교회 공동체의 종교적 경험에 관한 기록이라고 단언하였다. "우리가 하나님께 돌리는 모든 속성은 하나님 안에 있는 특별한 것이 아니라 절대적인 의존 감정이 그와 연결되는 방식에서 제시되는 특별한 것이다."라고 말함으로써, 하나님에 관한 이야기는 곧 하나님에 대한 인간의 경험에 관한 것이라고 보았다. 그는 삼위일체 교리를 부인하지 않았지만, 그것이 신-의식의 경험과 어울리지도 않으며 기독교 신앙에 있어 본질적인 것도 아니라고 보았다.

그의 신학적 자유주의는 기독론에서 분명하게 드러난다. 그는 존재론적인 그리스도의 두 본성의 교리를 거부하였으며, 전적으로 신-의식에 관한 예수의 경험에 바탕을 둔 기독론으로 대체하였다. 그에게 예수 그리스도는 본질상 모든 인간과 똑같다. 다른 점은 예수는 출생부터 자신이 하나님께 절대적으로 의존하고 있다는 완전한 자각 속에서 살았다는 것이다. 이런 예수 그리스도가 자신의 삶과 죽음을 통하여 신자들을 자신의 신-의식의 능력 안으로 끌어들이고 그들에게 그 능력을 어느 정도 나누어 준다고 보았다. 그의 이러한 기독론은 성육신적인 기독론보다 신-의식이 충만한 고귀한 인간으로서의 양자론적인 기독론에 가깝다고 할 수 있다. 합리주의자들은 여전히 슐라이어마허가 보편적인 진리를 특수한 역사적 사건(예수 그리스도)에 귀속시킨다고 비판하였으며, 정통주의자들은 그가 기독교 신앙을 성경 속에 있는 객관적이고 역사적인 계시보다는 오히려 인간의 경험에 기초시킴으로써 기독교 신앙을 주관적인 것으로 만들었다고 비판하였다.

자유주의 신학 발전의 토대로서의 성서 비평학

종교개혁자들은 성서가 하나님의 계시이며 절대적인 권위를 가진다는 믿음으로, 교황과 로마 가톨릭교회의 전통과 권위에 도전하였다. 그러나 계몽주의 이후의 개신교 신학자들은 성서문자주의(축자영감설과 무오설)를 더 이상 고수할 수 없게 되었다. 독일의 성서비평학은 이신론(理神論)자 라이마루스(H. S. Reimarus, 1694~1768)에서 시작하여 슈트라우스(D. F. Strauß, 1808~1874)에서 성서해석학의 한 전환점을 맞이하였다. 슈바이처는 1835년에 나온 그의『비판적으로 연구된 예수의 생애』를 '학문적인 논문 가운데 가장 완벽한 작품 중의 하나' 라고 극찬하였다.

슈트라우스는 복음서를 적절하게 이해하려면 무엇보다 역사(사실)와 신화(神話) 사이를 구분하는 것이 필수적이며, 신화는 이신론자들이 주장하듯 제거해야 할 대상이 아니라 종교적 신앙을 표현하는 효과적인 수단으로 인정하고 그 본래적인 의미를 밝혀야 한다고 주장하였다. 그러면서 신약성서에 나타나는 신화의 주제나 원형을 구약성서에서 영감을 얻은 것으로 이해했다. 또한 예수의 탄생, 어린 시절 이야기는 대체로 신화적인 것이고, 변화산에서의 변모와 부활과 승천은 전적으로 신화적이며, 기적 이야기들도 신화적인 내용을 지니고 있다고 보았다. 그는 사도신경에 나오는 "십자가에 못 박혀 죽으시고 장사한 지"는 역사의 범주에 속하고, "사흘 만에 죽은 자 가운데서 다시 살아나시어 하늘에 오르사 전능하신 하나님 우편에 앉아 계시다가"는 신화의 범주에 속한다고 보면서, 역사적인 범주에서 신화적인 범주로 전이하는 데는 제자들의 환상적인 심리적 변화가 있었다고 보았다.

그는 복음의 역사는 이상적으로 파악된 인간 본성의 역사이며, 우리에게 예수라는 개인의 삶을 통해 인간이 무엇이 되어야 하는지를 보여 주며, 그분의 가르침과 모범을 따름을 통해 그와 연합함으로써 인간이 실제로 무엇이 될 수 있는지를 보여 준다고 믿었다. 또 헤겔의 영향을 받아 나사렛 예수 안에 나타난 하나님의 성육을 유일한 역사적 사건으로 보지 않고, 영원부터 계속된 하나님의 인간화이면서 동시에 인간의 신성화(神聖化) 과정의 상징으로 이해했다. 이런 맥락에서 성육은 하나님의 인간화를 상징하기 때문에, 뒤이어 인간의 신성화를 상징하는 부활과 승천이 뒤따라오는 것은 당연한 결과라고 보았다. 이러한 파격적인 주장으로 인해 교회와 신학교로부터 추방당하였으나, 그의 영향력은 사라지지 않았다.

대표적인 자유주의 신학자들과 그 사상

자연주의(유물론)와 실증주의가 더욱 기승을 부리던 19세기 후반에 이르러, 알브레히트 리츨(Albrecht Ritschl, 1822~1889)은 『칭의와 화해에 관한 기독교 교리』라는 저서를 통해 독일과 세계 신학에 깊은 영향을 끼쳤다. 그는 과학으로부터 벗어날 수 있는 기독교 신앙에 관심을 가졌다. 그렇다고 성경 속에 있는 전근대적인 사유나 언어를 그대로 용인한 것은 아니었다. 그는 근대적 세계관에 일치하는 기독교 신앙의 참된 본질을 발견하고자 하였고, 그 길을 임마누엘 칸트에게서 발견하였다. 그는 과학은 눈에 보이는 물리적인 세계를 정확하고 객관적으로 기술하는 사실의 체계인 반면, 신학은 하나님이 사람들의 삶에 끼친 영향과 사람들의 최고선을 위한 효력의 가치에 기초한 가치 판단의 체계로, 서로 다른 언어의 게임이

기독교 역사의 전환점들

라고 보았다.

신학은 과학적인 지식에 관심을 두지 않으며, 역사적인 지식에 약간의 관심을 가지지만 그것도 예수와 그의 제자들이 가르친 가치관을 세우는 데 필요한 범위 안에서라고 그는 말한다. 그리고 기독교 진리는 객관적이고 과학적인 진리 또는 형이상학적 진리가 될 수 없다고 단언한다. 기독교 신앙의 본질은 초자연적이고 기적적이며, 교리적인 것이 아니라 사랑에 의하여 영감받은 윤리적인 행동을 통하여 이 땅에 하나님 나라를 건설하는 것이라고 보았다. 그는 슐라이어마허와 같이 예수의 두 본성의 기독론을 거부하였다. 예수를 하나님으로 긍정할 때, 그것은 예수의 삶에 대해 가치 판단을 하는 것이라고 보았다. 그에 따르면 예수를 하나님으로 고백하는 것은 인간 최고선으로서의 하나님 나라를 건설하려는 예수의 필생의 사명이 역사 속에서 부분적으로 성취되었기 때문이다.

교회사가로서 자유주의 신학을 대중화시킨 사람은 아돌프 폰 하르낙(Adolf von Harnack, 1851~1930)이다. 그는 『교리사』에서 초기 기독교 교리가 얼마나 그리스 문화와 철학으로 채색되었는지를 탐구하면서, 사변적인 그리스 철학의 층을 벗겨 내어 예수 그리스도의 순수 복음을 발견해 내고자 했다. 그가 『기독교의 본질』에서 주장하는 복음의 중심은 하나님의 나라(미래의 초자연적인 것과는 상관이 없는), 하나님 아버지와 인간 영혼의 무한한 가치, 고차원의 의와 사랑의 계명이다. 그는 리츨의 사상을 더욱 발전시켜 복음과 문화의 통일성을 찾으려고 노력하였다.

복음을 윤리적 내지는 세계 내직 지평에서 이해하려는 리츨 신학과 인간의 보편석인 종교성을 강조하는 슐라이어마허의 신학을 비판적으로 종합하고자 한 사람은 종교사학파의 조직신학자 에른스트 트뢸취(Ernst

Troeltsch, 1865~1923)다. 그는 성서학자들과 종교학자들이 이룩한 성서비평학과 종교사적인 연구를 수용하면서, 종교의 본질 혹은 종교적 선험성은 교의적인 것이 아니라 인간 정신이 함께 참여하고 있는 역사 속에 근거하고 역사를 통하여 드러난다고 보았다. 그는 어느 종교를 막론하고(기독교까지 포함하여) 역사를 초월한 보편타당한 영원한 진리가 될 수 없다고 주장하였다. 그러면서도 기독교는 가장 완전한 인격주의적인 종교로서 다른 종교들이 귀일(歸一)할 수 있는 정점으로 보았다.

자유주의 신학에 대한 비판과 그 유산

이러한 자유주의 신학에 일대 바기를 든 것은 칼 바르트로 대변되는 신정통주의자들이다. 이들은 정통주의로 돌아가는 것이 아니라 루터나 칼빈과 같은 종교개혁자들의 근본 정신을 시대에 맞게 재해석하려고 하였다. 그들은 근대성과 연관하여 어떤 측면(어느 정도의 성서비평)을 받아들이기도 했지만, 자유주의 신학이 너무 근대성에 집착하고 하나님의 초월성을 간과한다고 비판하였다. 신정통주의 입장에 서 있던 미국의 신학자 리처드 니버도 자유주의 신학에서 "진노 없는 하나님은 죄 없는 인간들을 십자가 없는 그리스도의 사역을 통하여 심판이 없는 왕국으로 인도하셨다."고 희화(戱化)하였다.

독일에서 밀어닥친 자유주의 신학에 저항하면서 더욱 정통주의적인 입장을 취한 신학이 미국의 근본주의 신학이다. 이 신학의 대표자는 그레셤 메이천(J. Gresham Machen, 1881~1937)이다. 그는 축자영감설과 웨스트민스터 신앙고백, 16~17세기 정통주의 신학을 고수하면서 과학과 철학의 진보를 인정하지 않았고, 자유주의 신학을 거짓 복음이라 주장하며 기독교 신앙과는 다른 종교로 규정하였다. 근본주의는 대각성 운동과 결합하면서 미국의 주류 개신교를 형성하였다.

다른 한편, 해방신학자들은 자유주의 신학이 지니는 개인주의와 시민성의 한계를 비판하였다. 19세기는 제국주의 시대이기도 했는데, 해방신학자들은 자유주의 신학이 터 잡고 있는 계몽주의의 자유와 해방 정신이 제3세계에 대한 억압과 착취로 기능하였던 것에 대해 자유주의 신학자들의 깊은 성찰과 반성이 부족했음을 지적하였다. 하지만 자유주의 신학은 19세기의 한 에피소드로 끝나지 않고 지금까지도 그 영향력이 지속되고 있다. 사회 복음의 신학에서는 리츨과 하르낙, 문화신학 혹은 종교신학에서는 트뢸치, 과정신학에서는 화이트헤드와 함께 헤겔과 슐라이어마허의 영향을 감지할 수 있다.

자유주의 신학에 일대 충격을 준 신정통주의 신학자 칼 바르트

칼 바르트와 신정통주의

신학자들의 놀이터에 떨어진 폭탄

1922년, 스위스의 한 시골 교회 목사가 세상에 내놓은 주
석서 『로마서』 2판은 새로운 신학의 개시를 알리는 신호탄
과 같은 것이었다. 가공할 만한 위력을 지닌 이 책의 저자
는 35세의 젊은 신학자 칼 바르트였다. 그는 이 책을 통해
"하나님과 인간은 질적으로 전혀 다르다. 하나님은 인간이
결코 범접할 수 없는 분이며, 그가 나타날 때 인간은 위기에
빠질 수밖에 없다. 인간의 모든 경건과 종교성 그리고 윤리
적인 성취는 모두 죄악된 것으로 심판받을 수밖에 없다."라

기독교 역사의 전환점들

고 말했고, 이러한 선언은 "마치 자유주의 신학자들의 놀이터에 폭탄을 떨어뜨린 것"(칼 아담)과 같았다. 바르트 자신도 이 책이 가져온 파장에 대하여 "어두운 밤 예배당 계단을 올라가다 우연히 손에 잡힌 교회종의 줄을 잡아당겨 마을 사람들 모두의 잠을 깨운 사람과 같았다."라고 회고했다.

칼 바르트의 의해 주도된 '신정통주의 신학'을 '하나님의 말씀의 신학', '신개혁주의 신학' 혹은 '변증법적인 신학' 등으로 부르기도 했는데, 이러한 신학 노선을 추구하는 사람들은 성서문자주의와 무오성에 사로잡혀 있는 보수적인 정통주의(혹은 근본주의)뿐만 아니라 진정한 기독교 복음의 정체성과 초월성을 상실한 자유주의 신학에도 환멸을 느꼈다. 바르트는 어린 시절 정통 개신교에서 성장하여 자유주의 신학을 공부한 사람으로, 자유주의나 보수주의 혹은 근본주의 신학이 모두 모더니즘에 사로잡혀 있다고 판단하고, 이를 극복하는 기독교 신앙의 본질(하나님의 말씀, 예수 그리스도)을 회복하려고 했다. 자유주의는 근대성을 강조함으로 그 근대성에 사로잡혔고, 보수주의 신학은 모든 자유주의적인 것에 반대하면서 동시에 문자 사실(실증)주의라는 또 다른 근대성에 갇혀 버렸다고 그는 보았다. 바르트는 이러한 자유주의의 정(定)과 정통주의(혹은 근본주의)의 반(反)을 역설적인 변증법으로 지양하고자 하였다.

칼 바르트의 생애와 신학 여정

칼 바르트는 1886년 스위스 바젤에서 태어났고, 그의 아버지는 개혁교회 신학교 교수였다. 18세가 되던 1904년에 신학 공부를 시작해 베른, 베

칼 바르트와 신정통주의

를린 그리고 튀빙겐대학을 거쳐, 1908년 마르부르크대학에서 신학석사 학위를 취득하였다. 그는 학생 시절, 당대 자유주의 신학의 대가들인 아돌프 폰 하르낙, 빌헬름 헤르만 등에게서 수업을 배웠다. 그 후 그는 제네바에 있는 개혁교회 부목사가 되었고, 1911~1921년 사이에 스위스와 독일의 접경지대에 있는 자펜빌(Safenwil)에서 목회하였다. 이 기간 중에 그는 노동자 계층의 비참함을 목도하면서 사회 문제에 관심을 갖게 되었고, 목사로서 하나님 나라의 빛에서 사회를 개혁하는 운동에 참여하였다. 다른 한편, 그는 목회 경험과 사회적 실천에서 자유주의 신학의 한계를 느끼기 시작했다. 바르트가 결정적으로 자유주의 신학으로부터 등을 돌린 것은, 자신의 지도교수였던 하르낙을 비롯한 자유주의 신학자들이 1914년 독일 황제 빌헬름 2세가 벌인 정당성 없는 전쟁 정책을 지지하는 것을 보고난 뒤였다. 이에 대한 그의 신학적 답변이 1919년에 출간한 주석서 『로마서』이며, 1922년에 나온 개정판 『로마서』 2판에 이르러 바르트는 세계 신학계에 충격을 주며 주목을 받게 되었다.

바르트는 제1차 세계대전 후에 리츨의 영향이 지배적이던 독일의 괴팅겐대학으로 초빙을 받았고, 그 뒤 뮌스터대학을 거쳐 본대학에서 가르쳤다. 그는 본대학 시절, 성서와 개혁교회의 전통을 재해석하는 과정 속에서 『기독교 교의학 개요』를 저술하여 로마 가톨릭교회의 자연신학과 개신교 자유주의 신학을 비판하는 신학적인 토대를 형성하였다. 그리고 1931년 안셀무스의 신학 방법론에 대한 연구서인 『이해를 추구하는 믿음』에서 신학은 절대적으로 계시에서 출발해야 하며, 이 계시를 있는 그대로 진술(description)하는 것이야말로 신학의 고유한 사명이라고 천명하였다. 그는 이 책에서 확립한 방법으로 무려 36년 동안(1932~1968)이나 대

기독교 역사의 전환점들

표작인『교회 교의학』을 저술하였다. 이 책은 그가 1968년 바젤에서 사망할 때까지 13권의 책으로 출간되었으나 미완성으로 끝났다. 그는 철학적인 영향력에서 벗어나 순수하게 예수 그리스도 안에 나타난 하나님의 말씀을 해석하고자 하면서, "하나님에 관한 지식의 가능성은 하나님의 말씀에 있을 뿐이며, 결코 다른 곳에는 없다."는 입장을 견지하였다. 바르트는 예수 그리스도를 인간 속에 있는 하나님의 말씀과 동일시하였다. 그는 자연신학을 거부하였을 뿐만 아니라, 신적인 계시를 철학적으로 옹호하는 일을 의도적으로 피하였다.

바르트가 단순한 신학자가 아니라 시대의 예언자였음은, 그가 독일의 국가사회주의(나치)에 대항하여 결연하게 투쟁한 일에서 잘 드러난다. 대다수의 독일 교회, 소위 '독일 그리스도인' 들은 히틀러를 '무너진 독일을 재건할 메시아' 로 추앙하면서 나치를 열렬히 지지했다. 그러나 소수이긴 하지만 히틀러와 나치에 저항하는 '고백교회' 가 탄생하였고, 바르트는 이들을 지지했다. 그는 독일의 국가사회주의를 자연종교와 자연신학이 최종적으로 도달한 유사 종교로 규정했다. 그가 주도적으로 작성한 고백교회의 '바르멘 선언' 은 "우리가 들어야 하고 사나 죽으나 신뢰하고 복종해야 하는 단 하나의 말씀이 있다. 그것은 성경에 의해 증거되는 예수 그리스도이시다."라고 천명하였다.

바르트는 나치에 의해 독일에서 추방되어 고향인 바젤로 돌아왔다. 그는 이곳에서『교회 교의학』을 계속 저술하면서 나치에 대한 저항을 독려하였는데, 송전 후에 수백 명의 하생들이 바르트에게 배우기 위해 바젤로 몰려들었다. 20세기를 통틀어 바르트만큼 전세계 신학교에서 논의된 신학자는 없을 것이다. 또한 그는 모차르트 음악의 해석자로도 유명하다.

219

그는 자신의 방에 칼빈과 함께 모차르트의 사진을 걸어 놓고, 그의 음악에서 신학적인 영감을 얻곤 했다. 모차르트 탄생 200주년 기념식 강연에서 "모차르트의 음악은 비록 복음은 아니지만, 나에게는 복음서가 말하는 하나님의 무조건적인 은혜의 영역의 비유다."라고 말할 정도였다. 바르트는 세상을 떠나기 전, 친구 투르나이젠과 월남전을 비롯한 세계의 여러 문제들에 대해 이야기를 나누면서 이런 말을 남겼다고 한다. "그래, 세상은 여전히 어둡고 고통으로 차 있네. 하지만 우리 주님은 부활하셨네."

칼 바르트 신학의 특징

바르트는 앞서 말한 대로 개혁교회 전통에서 자라나 자유주의 신학을 공부하고, 당대의 신학적인 경향을 섭렵한 사람이었다. 그러나 그의 새로운 신학적 전향에 결정적인 영향을 끼친 사람은 실존주의 창시자로 일컬어지는 쇠렌 오뷔에 키에르케고르(Søen Aabye Kierkegaard, 1813~1855)다. 바르트는 『로마서』 2판에서 자신의 신학에 끼친 그의 영향에 대해 다음과 같이 언급하고 있다. "만일 내가 체계를 가졌다면, 키에르케고르가 시간과 영원 사이에 있는 '무한한 질적인 차이' 라고 말한 것일 뿐이다. 이것에 대한 나의 관심은 '하나님은 하늘에 계시고, 너는 땅에 있다' 는 말이 가진 적극적인 의미와 동시에 소극적인 의미를 제시하는 것이었다. 이러한 하나님과 이러한 사람 사이의 관계, 이것이 나의 성서의 주제이며 철학의 본질이다."

자유주의 신학자들은 인간의 종교적인 경험 또는 보편적인 역사에 나타난 하나님의 일반적인 계시를 강조하였고, 그 결과 기독교 복음의 특수성이 감소되거나 종교철학이나 윤리학으로 환원되었다. 이에 반해 정통 주의자(혹은 근본주의자)들은 하나님의 계시를 성경의 명제적인 내용과 일치시키려고 했다. 바르트는 하나님의 결정적인 계시는 예수 그리스도 시며, 이를 통해 '하나님이 말씀하셨다'(Deus dixit)고 확신했다. 그가 하나님의 계시를 예수 그리스도와 일치시킬 때, 예수의 교훈이나 모범에 대해 말하는 것이 아니라 시간과 영원 속에 있는 예수 그리스도의 인격에 대해서 말하는 것이다. 그에 따르면 예수 그리스도는 하나님의 자기 계시다.

바르트는 성경을 하나님의 말씀에 관한 한 형식이라고 이해하였다. 즉 "성경은 하나님께서 그것을 자신의 말씀이 되도록 하는 한에 있어서, 하나님이 그것을 통하여 말씀하신 범위에서 하나님의 말씀이다."라고 주장하였다. 그는 보수주의자들이 말하는 '성경은 명제적인 계시로, 그분이 정보와 진술을 실제로 전달한다'는 생각을 거부했다. 그가 성경이 예수 그리스도에 관한 인간의 고백이고 증언임에도 불구하고 특별한 책이라고 여기는 것은, 하나님께서 이것을 사용하신다는 점에서 그러하다. 그는 하나님의 자기 계시인 예수 그리스도는 성경뿐만이 아니라 교회의 선포를 통해서도 드러난다고 주장하면서, 하나님의 말씀 혹은 계시는 결코 소유할 수 있는 어떤 물건이 아니라 사건(Ereignis)이라고 보았다. 또한 하나님은 자기 계시의 실현에서 자신을 드러내시며, 하나님의 존재와 하나님의 계시는 분리될 수 없다고 보았다.

낡은 자유주의 신학자들이 하나님의 초월성과 자유를 무시하고 헤겔처럼 "세상이 없으면 하나님은 하나님이 아니다."라고 주장했지만, 바르트는 "세상이 없어도 하나님은 하나님일 수 있지만, 이러한 하나님이 되

칼 바르트와 신정통주의

길 원치 않으신다.”라고 응답하였다. 자유주의 신학은 거의 일반적으로 보편적 구원론, 즉 모든 피조물과의 궁극적인 화해를 주장하였는데, 이것은 하나님의 진노를 부정하는 것으로 나타났다. 이에 반해 바르트는 하나님의 진노와 심판의 실재를 주장했다. 하지만 예수 그리스도를 근거로 이보다 더 큰 하나님의 은혜와 긍휼의 실재를 주장했다. 바르트는 구원과 선택에 관한 자신의 교리를 ‘순화된 타락 이전 예정론’이라고 불렀다. 그에게 있어 이중예정론은 인간에 대한 결정이 아니라, 예수 그리스도에 대한 결정이었다. 예수 그리스도는 ‘선택된 자’인 동시에 ‘버림받은 자’로, 바르트는 “하나님의 영원한 뜻인 예수 그리스도의 선택에서 하나님은 사람에게 선택과 구원과 생명을 돌리셨고, 그 자신에게는 정죄와 파멸과 사망을 돌렸다.”고 보았다. 그는 “선택에 관한 하나님의 작정을 근거로 진실로 유일하게 버림받은 사람은 그분의 아들이다.”라고 말하면서도 변증법적인 신학자답게 선택받은 자의 마지막 수가 이미 세상에 살았던 모든 사람들의 수와 완전히 일치하지 않을 수 있는 가능성을 열어놓았으며, 또한 그 수보다 적은 최종 구원의 어떤 제한도 거부했다. 이는 하나님의 자유와 사랑은 열려진 가능성을 요구한다고 보았기 때문이다.

칼 바르트와 신정통주의의 유산

바르트는 현대 신학에서 아주 독특한 존재다. 자유주의자들의 눈에 바르트는 세계적인 수준의 지성을 가진 세련된 보수주의자로, 더 심하게 말하면 ‘지성의 배신자’였으며, 보수주의자들, 특히 근본주의자들에게는 성경의 무오성과 문자적 해석을 거부함으로써 명백한 자유주의보다도 더 위험한, 양의 가죽을 쓴 이리 혹은 '트로이의 목마'로 간주되었다.

하나님의 말씀의 신학에 공감하였던 에밀 브루너(Emil Brunner, 1889~1966)는 자연신학에 대한 전면적인 거부와 일반 계시를 거부하는 바르트를 공격하였다. 그는 인간의 본성에서 복음을 위한 자연적인 '접촉점'을 찾으려고 했다. 그러나 신정통주의자 라인홀트 니버(Reinhold Niebuhr, 1892~1971)는 초월적인 하나님 앞에 선 인간 실존의 피할 수 없는 비참함과 죄의 상태를 강조하면서, 역사의 내부에서 이루어지는 하나님 나라의 가능성과 관련한 소박한 낙관주의에 반대하였다. 그는 완전한 사랑은 인간의 역사 속에서 '불가능한 이상'이라고 보았다(기독교 리얼리즘). 바르트는 자유주의자들을 향하여 '인간에 대해 큰 목소리로 말하듯이 하나님에 관하여 말할 수 없음'을 가르쳐 주었지만, 정작 자기 자신은 하나님에 관하여 너무 많이 알고 너무 많은 말을 한 '천상의 독백(獨白)자'라는 조롱을 받기도 했다.

칼 바르트와 신정통주의

뛰어난 신학자이자 나치스에 저항했던
20세기의 순교자 본회퍼

바르멘 선언과 교회의 투쟁

나치스와 독일 제3제국의 출현

제1차 세계대전의 패배로 독일은 베르사유 조약을 통하여 가혹한 전쟁 배상금을 연합국에 물어야 했을 뿐만 아니라, 일부 영토의 상실과 민족적인 굴욕과 수치를 경험해야 했다. 전후(戰後)의 독일은 일찍이 경험해 본 적이 없는 살인적인 인플레이션과 실업률로 미래에 대한 전망을 찾을 수 없었다. 이러한 위기 상황을 타개하기 위해 나름대로 노력했던 바이마르공화국은 1929년 세계 공황이란 결정타를 맞고 재기불능의 상태에 빠지게 되었다. 절망적인 경제적

위기와 좌절감으로 인해, 독일 민족은 자기 민족을 구원할 강력한 지도자에 대한 열망을 품게 되었다. 이러한 상황에서 혜성같이 등장한 인물이 아돌프 히틀러(Adolf Hitler)였다.

한때 화가를 꿈꾸기도 했던 그는 제1차 세계대전이 발발하자 애국심에 독일 지원병으로 입대, 무공을 세워 훈장을 받기도 했다. 1919년 9월 '독일노동자당' 이라는 반(反)유대주의적인 작은 정당에 가입하였다. 군대 제대 후, 웅변에 능했던 그는 당의 선동가로서 당세 확장에 공을 세웠으며, 당명을 '국가사회주의독일노동당' (Nationalsozialistische Deutsche Arbeiter Partei, 나치스)으로 변경한 뒤인 1921년 7월 29일 그는 마침내 당수가 되었다.

그는 군부·보수파와 손잡고 민족 공동체 건설, 강대한 독일의 재건, 사회 정책의 대대적인 확장, 베르사유 조약 타파, 민주공화제 타도와 독재정치의 강행, 유대인의 배척 등을 역설하며 대중 집회를 통해 일반 민중의 지지를 얻어갔다. 우익 세력 보수파들은 나치스를 중심으로 단결한 반면, 좌익 세력의 사회민주당과 공산당은 내분이 일어나 격렬하게 대립하였다. 군부, 관료, 자본가, 농민층 그리고 중산층까지도 나치스를 지지하여 대세는 기울어지게 되었고, 결국 1933년 1월에 힌덴부르크 대통령은 히틀러를 수상으로 임명하였다.

1933년 2월 27일 공산당원에 의한 '국회의사당 방화 사건' 을 계기로 나치스 정권은 의회를 해산하고 공산주의와 사회주의 계열 정당들에 대한 대대적인 탄압을 가했으며, 이어진 총선거에서 43.9%의 득표율을 차지하면서 제1정당으로 집권하였다. 1934년 8월 대통령 힌덴부르크가 죽자, 히틀러는 대통령의 지위를 겸하여 '총통 및 수상' (Führer und Reichskanzler)

바르멘 선언과 교회의 투쟁

이 되었다. 이로써 독일의 최초 공화국이었던 바이마르공화국은 종말을 고하고, 독일은 제1제국인 962~1806년의 신성로마제국, 제2제국인 1871~1918년의 독일제국에 이어서, 히틀러와 나치스의 독재 지배 체제인 제3제국이 시작되었다.

히틀러와 나치스의 기독교 정책

1920년 나치스는 민족지상주의, 반유대주의, 반민주적인 주장을 담고 있는 25개 항목에 달하는 당 정책을 제시하였다. 이 정책의 24번째 항목에서 교회와 국가의 관계에 대해 다음과 같이 선언하였다. "우리는 모든 종교적 신앙의 자유를 국가 안에서 요구한다. 단지 종교가 국가의 존립을 위협하지 않고 게르만 민족의 풍속과 도덕적 감정을 해치지 않는 한에서, 우리 당은 어떤 특정한 교파나 신앙에 구애됨이 없이 '긍정적 기독교의 입장'(Standpunkt eines positiven Christentums)을 취한다."

이러한 나치스의 정책이 발표되고 히틀러가 집권하는 1933년 이전까지, 교회는 나치스의 종교 정책에 나타난 '신앙의 자유 보장'과 '긍정적인 기독교의 입장'에 대한 진의에 대해 경계하거나 위험성을 간파하지 못했다. 형식상 가톨릭 신자였던 히틀러는 공산당이나 사회 민주당의 노골적인 반기독교 정책과는 달리, 겉으로 유화적인 제스처를 하였다. 이러한 히틀러의 이중성에 넘어간 기독교 지도자들은 나치스가 공산주의 위협으로부터 교회를 보호하고, 국가와 교회간의 관계가 소원해진 바이마르 시대보다는 교회와 국가와의 관계를 더욱 밀접하게 할 것이라는 기대를 가졌다. 나치스의 불법과 반기독교적인 언사는 일시적인 현상이거나 하위 나치스 당원들의 소행일 뿐, 히틀러의 의도는 아니라고 믿었다. 히틀러는 기독교인들의 환상이 깨지지 않도록 조심스런 행보를 하였다.

그러나 히틀러의 속내는 달랐다. 반기독교적인 프로파간다를 노골적으로 하는 루덴돌프 장군에게 그는 다음과 같이 말했다. "나도 당신과 똑같은 생각이고 기독교는 없어져야 한다고 생각하지만, 나의 정치적인 운동을 달성하기 위해서는 바이에른의 가톨릭교도와 프로이센의 개신교도들의 힘이 필요하오. 교회를 치는 것은 그 다음에 할 일이오."

히틀러는 독일 민족이 유대교나 기독교의 나약한 동정적인 도덕을 믿어서는 안 되며, 독일 민족의 핏속에 녹아 있는 영웅적인 북방신화를 재현해야 한다고 믿었다.

'독일적 그리스도인들'(Deutsche Christen)

히틀러에 절대 복종하는 독재 국가 체제를 지향하던 나치스는 당시 28개의 독립된 지방교회(Landeskirche)로 분할되어 있던 개신교회를 하나의 제국교회로 만들고자 했다. 이 일환으로 1932년 나치스는 당원이었던 베를린 주(州)의원 쿠베를 통해 '독일적 그리스도인 신앙 운동'을 조직하였다. 베를린의 호센펠더 목사가 이 운동의 지도자가 되어 나치스의 독재국가 이념에 부응하는 기독교회로 개조하고자 했다. 그는 '독일적 그리스도인들'은 예수 그리스도의 돌격대(S. A.)와 같다고 말하면서, 제3제국의 건설은 독일 민족의 역사적 사명이며 교회는 이 일에 앞장서야 한다고 역설하였다. 또한 결혼, 가정, 혈통, 민족, 국가, 권세는 하나님이 주신 창조의 질서이며 우리는 이것을 성스럽게 받들어야 한다고 주장했다. 이 나이

바르멘 선언과 교회의 투쟁

가 이 운동에 참여한 한 목사는 "히틀러가 곧 우리의 구세주다. 히틀러를 통해 하나님과 예수가 우리의 구원자요, 우리를 돕는 자가 되신다. 고로 국가사회주의야말로 긍정적 기독교의 실체다."라고까지 말하였다. 심지어 그들이 부르던 찬송가 가사에는 이러한 구절도 있었다. "독일 땅에선 독일적 그리스도인들이, 히틀러와 함께 그리스도를 향해 전진한다. 하나님의 손 아래 있는 민족만이 영원히 앞날에 살아가리라."

나치스와 '독일적 그리스도인들' 의 선동뿐만 아니라, 지방분권적 교회 운영이 가져오는 비효율과 갈등의 문제를 직시하면서 개신교회는 마침내 하나의 제국교회로 통합하는 데 동의하였다. 문제는 '누가 제국의 감독이 되는가' 하는 것이었다. 히틀러는 이 자리에 동프로이센의 군목으로 있던 뮐러 목사를 지명하였다. 그러나 '독일적 그리스도인들' 운동에 반대한 지방교회 대표들은 연합하여 베텔봉사원의 원장인 보델슈빙을 제국 감독으로 선출하였다. 그러자 히틀러는 이를 인정하지 않았고, 새로운 교회법을 만들어 결국 뮐러를 제국교회 감독으로 세웠다.

'고백교회' 운동과 '바르멘 선언'

1933년 7월 제국 교회법에 따른 선거가 있을 때, 새 교회법과 나치스의 간섭, 영도자(Führer) 숭배, 유대인을 배척하며 아리아족만이 목사가 될 수 있다는 아리안 조항에 대한 양심적인 비판의 소리가 여기저기서 들리기 시작했다. 이러한 비판의 선봉에 선 사람이 베를린 달렘 지역의 목사이자 '젊은 종교개혁 운동' 의 총무였던 니뮐러 목사였다. 그는 전국의 개신교회 목사들에게 편지를 보내, '긴급목사동맹' 에 가입할 것을 촉구하

기독교 역사의 전환점들

였다. 1934년 1월까지 이 동맹에 가입한 목사 수는 7천 명을 헤아렸고, 겨우 2천 명의 목사 회원을 가지고 있던 '독일적 그리스도인' 운동을 능가하자 제국교회 감독 뮐러는 위기감을 느끼게 되었다. 뮐러는 '긴급목사동맹'에 가입한 목사들에게 협박과 함께 인사 조치를 가했다. 니뮐러 목사는 가택 수사를 당하고 강제 은퇴를 당해야 했다. 히틀러는 교회들이 자신의 지도이념에 순응하지 않으면, 독일에 더 이상 기독교가 존재하지 못할 수도 있다고 협박하였다.

1934년 1월 3일, 167개 교회 대표가 참석한 가운데 바르멘(Barmen)에서 개혁교회 총회가 열렸다. 여기에는 일찍이 히틀러와 나치스의 우상 숭배적이고 악마적인 본질을 꿰뚫고 '독일적 그리스도인' 운동을 비판하였던 칼 바르트도 참석하여 올바른 신앙을 고백하는 선언문을 기초하였다. 그 뒤, 울름(Ulm)에서 모인 '개신교회의 날'에서 바이에른 주와 뷔르템베르크 주의 감독이 올바른 교회를 수립하겠다고 선언하였다. 드디어 1934년 5월 29~31일에 제1회 '독일 개신교회 고백총회'를 바르멘에서 소집하여, '고백교회'(Bekennende Kirche)야말로 '독일적 기독교인'들에 대항하는 올바른 개신교회임을 분명히 하였다. 그리고 그 유명한 '독일 개신교현 상황에 대한 바르멘 신학 선언'(줄여서 '바르멘 선언')을 발표하였다. 칼 바르트가 기초한 이 선언은 "교회를 황폐하게 하고 이로써 독일 개신교회의 하나 됨을 깨뜨리는 '독일적 그리스도인'과 현재의 제국교회 지도부의 오류에 직면하여 복음의 진리를 드러내기 위해" 6가지 테제로 구성되어 있다. 그 가운데 1번과 2번의 테제는 다음과 같다.

1. 우리가 들어야 하고, 사나 죽으나 신뢰하고 복종해야 하는 단 하나

바르멘 선언과 교회의 투쟁

의 유일한 말씀이 있다. 그것은 곧 성서에 의해 증거되는 예수 그리스도 이시다. 교회는 이 하나님의 말씀 밖에 또 다른 사건들, 능력들, 형태들, 진리들을 하나님의 계시의 자원으로 선포할 수 있고, 또 해야 한다고 주장하는 잘못된 가르침을 우리는 거부한다.

2. 예수 그리스도가 우리의 모든 죄 용서의 보증이신 것처럼, 그는 또한 우리가 삶 전체로 섬기고 따라가야 할 유일한 주님이시다. 그는 우리 전부를 요구하신다. 그 안에서 우리는 이 세상의 헛된 힘들로부터 해방의 기쁨을 맛본다. 따라서 우리는 우리 삶 속에 예수 그리스도에게 속하지 않은 다른 영역이 있다는 거짓 가르침을 거부한다.

이 선언은 '독일적 그리스도인'들의 히틀러 숭배와 나치스가 기독교의 신앙을 오염시키고 어용화하려는 것에 대항하여 복음의 순수성을 지키려는데 일차적인 목적이 있었다. 그러나 이것이 저항의 한 표현이긴 했지만, 당시의 폭력과 유대인 박해, 불법적 독재에 대한 직접적인 비판을 담고 있지는 않았다.

1934년 8월 이후, 나치스는 목사와 신학자들에게 '영도자이며 제국의 수상인 히틀러에게 충성을 맹세하는 선서'를 강요하기 시작했다. 이를 거부한 800명의 목사들이 징계 조치를 당하고, 남부 지역의 두 감독은 연금 상태에 들어갔다. 10월 19~20일에 베를린 달렘에서 제2차 고백교회 총회가 열려, 143명의 대표들은 더 이상 제국교회를 인정하지 않고 '고백교회'의 지도부인 '형제위원회'를 '임시 교회 지도부'(VKL)로 삼았다. 독일 본대학의 교수였던 칼 바르트도 선서를 거부하여 교수직에서 해임당한 뒤, 스위스 바젤로 떠났다. 1935년 7월 나치스는 교회 문제를 해결할

전담 장관을 두고, 제국 감독 대신에 각 교파의 대표들을 참여시키는 '교회위원회'를 구성하여 교회를 통제하고고자 했다. 이 위원회의 참여 여부로 '고백교회'는 분열되었다. 강경파들은 나치스의 교회 장관을 통한 교회 정책에 말려들 수 없다며 참여를 결사코 반대하였고, 온건파는 '임시 교회 지도부'만으로 버틸 수 없으니 참여하면서 개혁하자는 주장을 했다. 결국 온건파들은 '고백교회'를 떠나 나치스가 지원하는 교회와 합병하였다. 니묄러 목사를 중심으로 한 새로운 '임시 교회 지도부'는 타협을 거부한 채 저항을 계속해 나갔다.

1939년 제2차 세계대전이 일어나자 나치스는 교회 탄압을 중지하고, 전쟁의 승리를 위해 기도할 것을 요청했다. 전쟁 중에 대부분의 로마 가톨릭과 개신교회, 심지어 '고백교회' 조차도 히틀러의 대외 정책과 전쟁, 그리고 유대인 학살에 대해 침묵하였다. 그들은 "교회는 국가와 민족을 살리기 위한 전쟁을 지지하고, 신도들은 국민으로서, 군인으로서 덕성을 가져야 한다."고 설교하였다.

이 굴종과 변절의 어두운 시대에도 양심과 저항의 빛을 밝히는 사람들이 있었다. 미국에서의 안전한 교수생활을 청산하고 독일로 돌아와 저항 운동에 투신하다 체포되어 형장의 이슬로 사라진 디트리히 본회퍼(Dietrich Bonhoeffer) 목사나 장애인과 정신박약자들을 강제적으로 안락사시키는 것에 대해 공개적으로 비판한 클라멘스 폰 갈렌(Clemens August Graf von Galen) 주교 같은 분들이 바로 그들이다. 또한 '고백교회'가 분열되어 처음의 동력을 상실했지만, '바르멘 신언'은 히틀러와 나치스에 무릎 꿇지 않고 온전히 예수 그리스도를 따르고자 했던 남은 자들의 신앙고백과 신학적인 근거가 되었다.

교회의 일치와 연합을 추구하는 에큐메니칼 운동의 상징

에큐메니칼 운동

교회의 연합과 일치를 위하여

주(主)도 하나요, 그리스도의 몸도 하나인 것처럼, 세례와 성만찬을 통해 한 몸 된 교회는 본질상 하나지만, 현실적으로 수많은 교파와 교회로 분열되어 있다. "아버지께서 내 안에, 내가 아버지 안에 있는 것 같이 그들도 다 하나가 되어 우리 안에 있게 하사, 세상으로 아버지께서 나를 보내신 것을 믿게 하옵소서."(요 17:21), "평안의 매는 줄로 성령이 하나 되게 하신 것을 힘써 지키라."(엡 4:3)는 말씀에 따라 교회는 처음부터 교회의 하나 됨, 연합과 일치를 당위적인

기독교 역사의 전환점들

명제로 생각해 왔으나, 하나 됨의 내용과 방법에 있어서 합의점을 찾지 못한 채 분열돼 있는 것이 사실이다. 이러한 상황을 극복하고자 한 노력은 교회사 속에 끊임없이 있어 왔는데, 특별히 20세기 초부터 강력하게 추진된 교회 연합과 일치 운동을 일컬어 오늘날 에큐메니칼 운동이라고 표현한다.

'에큐메니칼'(ecumenical)이란 말은, 집이나 주거를 뜻하는 그리스어 '오이코스'(oikos)에서 파생된 '오이쿠메네'(oikoumene)에서 온 말이다. 이 말은 '사람들이 들어가 살고 있는 땅'을 뜻한다. 이 말이 그리스 시대에는 알렉산더 대왕이 정복해서 헬라 문화의 영향권 아래로 끌어다 놓은 지역을 의미했고, 로마 시대에는 로마 제국과 동일시되었다. 콘스탄티누스 황제가 기독교를 공인한 이후로는 교회(교권)의 영향력이 미치는 영역을 의미했다. 처음 4세기 공의회를 로마교회는 에큐메니칼 공의회라고 칭하였다. 또한 교황을 중심으로 하는 로마교회가 스스로를 '가톨릭'(Catholic)이라고 규정한 것은 그 말이 의미하듯이 '보편적인', 즉 전세계적으로 관철되는 하나의 거룩한 교회라는 자의식이 있었기 때문이다. 로마교회의 입장에서 '오이쿠메네'(oikoumene)란 결국 보편적인 로마교회로 통일됨을 의미하였다.

그러나 에큐메니칼이란 말이 1607년 영국에서 처음으로 '일반적인' 혹은 '세계적인'이란 세속적인 의미로 사용되기 시작했다. 20세기 초에 이르러, 이 말은 기독교적인 용어로는 분열된 개신교회의 일치와 연합, 더 나아가 로마 가톨릭교회와 동방교회를 비롯한 모든 기독교회의 연합과 일치를 의미하게 되었다. 오늘날에는 이 말의 의미가 더욱 확장되어 타문화와 종교를 포함하는 전 인류가 한 이웃이요, 한 가족(집)으로 서고

에큐메니칼 운동

연합하고 일치되는 세계를 뜻하기도 한다.

에큐메니칼 운동과 세계교회협의회

오늘날 에큐메니칼 운동의 중심은 제2차 세계대전이 끝난 후인 1948 년 스위스 제네바에서 조직된 '세계교회협의회'(World Council of Churches: WCC)다. 이 협의회는 현재 전세계 110국에 약 5억6000만 명을 가진 349개 회원 교회로 구성되어 있다. 각 지역과 나라마다 교회협의회가 있지만, 그들이 모두 WCC에 가입한 것은 아니다.

WCC가 태동하게 된 배경은, 선교 현장에서 교회의 연합과 일치를 절감한 J. R. 모트와 J. H. 올담의 주도하에 1910년 영국 에든버러에서 열린 '세계선교회의'(World Missionary Conference: WMC)였다. 이 회의에서 세계 각국 169개 교파에서 파송한 1,200명이 넘는 선교사들은 선교 현장에서 부딪히는 여러 가지 문제를 놓고 기도하며 토론하였다. 여기에서 다룬 당면 과제는 비기독교 세계의 복음 전도 방법, 선교지 교회 문제, 국민생활을 기독교화하는 데 관계되는 교육 문제, 비기독교 종교에 대한 선교적 사명, 선교사 양성, 국내 선교 문제, 선교와 정부와의 관계 문제, 교회 연합을 위한 협력과 추진 문제 등이었다.

이것이 계기가 되어 1921년 뉴욕에서 세계 선교를 위한 교회 간의 협력을 위해 '국제선교협의회'(International Mission Council)가 결성되었고, 1925년 스웨덴 스톡홀름에서는 '삶과 봉사'(Life and Work) 대회가 열려 제1차 세계대전 이후의 교회의 사회적 책임과 교회의 협력에 대해 협의하였으며, 1927년 스위스 로잔에서는 그동안 선교 현장에서 간과되었던

기독교 역사의 전환점들

일치를 위한 교리와 교회 직제의 문제를 정면으로 다루는 '신앙과 직제' (Faith and Order) 회의가 열렸다. 1937년 에든버러에서 제2차 '신앙과 직제' 회의가 열렸을 때 교회들 간에 더욱 깊은 이해가 조성되었다. 수많은 협의와 조정 끝에 '신앙과 직제' 운동과 '삶과 봉사' 운동을 통합시키기로 합의하였는데, 이것이 '세계교회협의회'의 근간이 되었다.

제2차 세계대전이 끝난 후인 1948년 8월, 암스테르담에서 제1차 세계교회협의회 총회가 개최되었다. 제2차 총회는 미국 에반스톤(1954)에서 열렸고, 제3차 총회는 인도 뉴델리(1961)에서 열렸다. 이때 '국제선교협의회'(오늘날의 '세계 선교와 복음 전도')가 WCC에 통합되었고, 러시아 정교회가 회원이 되었으며, 로마 가톨릭교회는 옵서버로 참석하였다. 제4차는 스웨덴 웁살라(1968)에서, 제5차는 케냐 나이로비(1975)에서, 제6차는 캐나다 밴쿠버(1983)에서, 제7차는 호주 캔버라(1991)에서, 제8차는 짐바브웨 하라레(1998)에서, 제9차는 브라질 포르토 알레그레(2006)에서 각각 열렸다. 그리고 제10차 총회는 한국 부산(2013)에서 열릴 예정이다.

세계교회협의회(WCC)의 존재 목적과 성격

WCC의 존재 목적과 성격은 1951년 캐나다 토론토에서 발표된 '교회, 교회들, 그리고 세계교회협의회'라는 성명서에 잘 드러나 있다. 이 성명서는 WCC가 교회들의 협의체요 연합체로서, 신약성경이 증언하고 고대신조가 고백했던 하나의 교회를 추구하고 있음을 강조하고 있다. 그러나 WCC는 하나의 획일주의적인 초대형 교회가 아니며 결코 그것이 되어서도 안 됨을 명확히 한다. 그리고 교회들에게 연합하도록 압력을 기히는

에큐메니칼 운동

기구가 아니라 그들이 자발적으로 하도록 하며, 교회들 상호 간에 생동적인 접촉을 도와주고 교회 일치의 이슈들에 대한 연구를 추진하도록 도우며, 각 교파의 '교회'에 대한 개념을 단순히 상대적인 것으로 간주하지 않으면서도 특정한 교회에 대한 개념이나 교리에 기초하지 않는다고 선언한다.

　그러면서도 이 성명서는 WCC의 존재 목적과 성격을 적극적으로 규정한다. WCC 회원 교회들은 '그리스도께서 몸 된 교회의 신적인 머리'라는 사실에 대한 공통 인식에 기초해 대화와 협력과 공동 증언을 해야 하며, '그리스도 교회의 회원권'이란 자기 교파의 회원권보다 훨씬 더 포괄적이라고 하는 사실을 인식하고 '그리스도의 주권'을 고백하는 모든 교파들과 살아 있는 교제를 추구해야 한다고 주장한다. 그리고 회원 교회들은 상호 간에 '하나의 거룩하고 보편적이며 사도적인 교회'를 추구하며 그것에 관계돼 있지만, 그렇다고 WCC 회원권을 갖는다고 하는 것이 각 교파가 타 교파들을 완전하고 참된 의미에서 '교회들'로 간주하는 것을 함축하지는 않는다고 분명하게 말한다. 회원 교회들은 '다른 교회들 안에 있는 참 교회의 부분적인 요소들'을 인정하며, 이와 같은 상호 인정이 없으면 회원들 상호 간에 진지한 대화를 할 수 없을 것이고, 충만한 진리에 근거한 충만한 일치를 향해 전진할 수 없을 것이라고 고백한다. 또한 회원 교회들은 영적인 관계들을 바탕으로 상호 간에 배우고 상호 간에 도움을 주도록 노력하여 그리스도의 몸이 세워지고 교회들의 삶이 갱신될 수 있게 해야 한다고 선언한다.

기독교 역사의 전환점들

세계교회협의회(WCC)의 조직과 활동

WCC는 총회에서 선출된 150명으로 구성된 중앙위원회의 연차 모임을 갖고, 대회가 결정한 정책을 집행하며 실무진의 업무를 감독한다. 또한 중앙위원회는 위원 가운데 20명을 선출해 집행위원회를 구성, 매년 두 차례 모임을 갖고 중앙위원회가 위임한 사항들을 처리한다. WCC는 현재 산하에 '신앙과 직제'(Faith and Oder) 위원회, '삶과 봉사'(Life and Work) 위원회(이것이 1966년에 '교회와 사회'로, 1990년에 '정의 · 평화 · 창조의 보전' 위원회로 변경됨), 그리고 '세계 선교와 복음 전도'(World Mission and Evangelization) 위원회를 두어 세계 교회가 당면한 문제들을 연구하면서 실천 방안을 모색하고 있다.

'신앙과 직제' 위원회는 초기에 비교교회론에 입각해 서로 같은 점과 다른 점만을 확인하고 '주어진 일치'를 앞세웠다. 그러다 점차 그리스도에 대한 공동 이해를 근거로 가시적인 연합과 일치를 이루기 위해 노력했는데, 그 결과물이 '세례 · 성찬 · 직제'를 다룬 리마(Lima, 페루; 1982년) 문서다. 정교회와 로마 가톨릭교회의 관점이 수용돼 있으며, 각 교회마다 아쉬움을 표현하기는 했지만, 밴쿠버 제6차 총회(1983년) 때부터 이 리마 예식서를 따라 공동 성찬을 시행하고 있다. 현 단계에서는 교파 상호간의 교제(코이노니아) 안에서 하나 됨을 추구하고 있다. 나아가 이 위원회는 모든 교파가 참여할 수 있는 하나의 고백서의 필요성을 절감하였는데, 1990년에 나온 니케이 신조 해설서인 '세계 교회가 고백해야 할 하나의 신앙고백'과 2005년에 나온 '교회의 본질과 선교'가 그러한 노력의 결과물이다. 이 역시 완전 합의문서는 아니며, 권고적인 성격을 지니고 있다.

에큐메니칼 운동

'삶과 봉사' 위원회의 경우는 그 이름의 변천이 보여 주는 바와 같이 1960년대에 들어오면서 동서 냉전(베트남전쟁)과 제3세계 문제에 주력하면서 교회가 정치·경제·사회적 정의 구현을 위해 적극적으로 참여할 것을 촉구하였다. 1970년부터는 창조 세계의 보전이 크게 부각되면서 과학과 기술의 문제, 핵 문제, 환경과 생태계의 문제를 연구하고 실천 방안을 모색하였다. 그러한 노력의 일환으로 1990년 서울에서 '정의·평화·창조의 보전'(JPIC)을 위한 세계대회가 개최되었다.

'세계 선교와 복음 전도' 위원회는 선교의 주체는 교회가 아니라 하나님이며, 하나님께서 세계에서 선행(先行)하고 계시는 선교에 교회가 동참하는 것으로 이해하는 '하나님의 선교'(Missio Dei)를 표방한다. '하나님의 선교'는 정치, 경제, 사회, 문화 등 삶의 모든 차원을 선교의 대상으로 삼고 있다. 이런 섬에서 복음 전도란 명시적이고 의도적으로 복음의 소리를 발해 그리스도 안에서의 새로운 삶과 제자도로 초청하지만, 이 또한 교회 밖 세상에 임재하시고 통치하시는 삼위일체 하나님의 사역인 하나님의 선교라는 거대 맥락 속에 있다고 보고 있다.

세계교회협의회의 에큐메니칼 운동에 대한 평가

WCC가 오늘날의 에큐메니칼 운동을 주도하는 것은 사실이지만, 세계 기독교 모두가 WCC의 노선에 찬성하는 것은 아니다. 2013년 한국의 부산에서 개최하기로 예정된 제10차 WCC 총회를 한국의 보수주의 내지는 복음주의 진영에서 극명하게 반대하는 데서 이러한 상황이 잘 드러난다.

실제로 한국의 장로교회는 WCC 가입을 둘러싸고 갈등을 겪다가 결국

기독교 역사의 전환점들

1959년에 찬성하는 통합측과 반대하는 합동측으로 분열되었다. WCC의 신학 노선을 반대하는 합동측 지도자들은 미국의 극단적인 보수주의자 칼 맥킨타이어(Carl McIntyre)의 영향을 받은 사람들이 대부분이었다. 이에 반해 에큐메니칼 진영은 WCC 총회 개최는 서구 기독교가 몰락하는 가운데 새롭게 부상하는 제3세계 남반구 교회 가운데 유래를 찾아보기 어려울 정도로 성장한 한국 교회를 세계가 인정한 것으로 자축하고 있다. 그들은 보수 진영에서 제기하는 WCC 신학의 용공(容共)성과 다원주의(혹은 혼합주의)성에 대해 에큐메니칼 운동에 대한 이해가 부족한 소치로 여기며, 지구화 시대에 기독교가 자신의 정체성을 유지하면서도 타자와의 대화와 이해와 협력을 통해 전 인류적인 문제를 해결하려고 노력하는 것은 사랑과 평화를 추구하는 기독교 신앙의 본질적인 부분이라고 주장한다.

변화된 현대사회 속에서 로마 카톨릭 교회의
갱신을 추구하였던 제2차 바티칸 공의회

제2차 바티칸 공의회

현대 세계와의 대결에서 대화로

제2차 바티칸 공의회는 20세기의 변화된 현대 사회를 정
직하게 인정하며, 이에 합당한 자기 갱신과 재정립을 도모
함으로써 로마 가톨릭교회의 전환점을 이룬 공의회였다.
이 공의회가 지닌 성격과 역사적 의미는 약 1세기 전에 있
었던 공의회와 대비하면 분명하게 드러난다. 교황 비오 9세
는 제1차 바티칸 공의회(1869~1870)를 소집하여 당시 유럽
사회에 확산되고 있던 현대 사상인 유물론, 합리주의, 범신
론, 이신론, 역사 비평적인 성서 이해, 자유주의 신학 등을

오류로 정죄하며 정통주의 신앙과 신학을 수호하였다. 그리고 교황의 무오류성과 수위권을 담은 교회 헌장인 「영원한 목자」(Pastor Aeternus)를 압도적인 표차로 승인하였다. 여기에서 교황의 무오류성이란, 교황이 직무의 소유자로서 전 교회를 위해 신앙이나 도덕에 관한 최종 결정을 내린다면 그 자체로써 그르칠 수 없다는 의미다. 이 공의회에서 교황의 수위권이 정립됐으나, 주교직과의 관계는 정확히 규정되지 않았다. 이 문제에 대해 충분한 논의가 이뤄졌어야 했지만, 프러시아와 프랑스와의 전쟁으로 더 이상 논의되지 못한 채 공의회는 폐막되었다.

이 공의회를 통해 교황의 중앙집권적인 힘은 증대되었고, 현대의 도전 속에서 로마 가톨릭교회는 더욱 보수적인 방향으로 나아갔다. 그러나 20세기 후반에 접어들면서 로마 가톨릭교회는 다원화된 사회 속에서 교회의 변화와 갱신을 요구하는 목소리에 더 이상 귀를 막고 있을 수 없었다.

제2차 바티칸 공의회 소집

1959년 1월 25일 교황 요한 23세가 추기경들 앞에서 보편적인 공의회를 소집할 뜻을 밝혔을 때, 많은 사람들은 그 배경에 의아해하거나 부정적인 반응을 보였다. 진보적인 측에서는 지난번 공의회가 그랬듯이 공의회를 통해서 교회의 변화와 갱신이 가능할 것인가에 대한 회의론이 대두되었고, 보수적인 측은 굳이 공의회를 열 필요성을 느끼지 못했다. 사실 그때까지만 해도 명확한 목직이나 구체적인 프로그램이 분명히 드러나지 않았다. 난시 교황 요한 23세는 이단을 정죄하거나 배제하려는 것이 아니라, 새로운 시대에 교회가 지닌 역사적인 제약성과 영원히 유효한 것

사이를 구별하고 새롭게 하는 공의회가 될 것이라는 개략적인 언급만 하였다. 교황의 이러한 상황 인식에는 개신교에서 일고 있는 에큐메니칼 운동과 새로운 교회론이 적지 않은 영향을 끼쳤다.

그 해 7월 29일 교황은 교서를 통해 공의회의 목적이 '교회를 내적으로 갱신하고 우리 시대의 상황에 적합성 있게 하려는 것'임을 분명히 하였다. 그 해 말, 공의회에 분리된 타 기독교 종파를 옵서버로 초정할 계획을 밝힘으로써, 교회 일치적인 관점을 암시하였다. 개혁의 욕구를 충족시키고 동시에 로마 가톨릭교회의 전통을 유지시키려는 다소 이율배반적인 입장에서, 교황청은 다양한 방식의 의견 수렴을 통해 공의회를 준비하였다.

제2차 바티칸 공의회는 많은 기대와 우려 속에서 1962년 10월 11일에 첫 번째 회기를 시작했다. 사상 최대의 인원인 약 2,500명의 추기경과 주교와 신학자 등이 참석한 제2차 바티칸 공의회는 총회와 10개의 분과로 이루어졌으며, 당초 예상과는 달리 총 4차 회기로 진행되었다. 위원회 회원은 교황이 1/3 지명하고, 2/3는 총회 대표자들에 의해 선출되었다. 일반적인 토론과 투표가 가능한 특별 토론으로 구분되었으며, 전체 2/3의 다수결로 안건이 확정되었다. 참석한 대표들의 대륙별 분포도를 보면 유럽이 39%, 북·남미 35%, 아프리카와 아시아 23.5% 등이었다. 유럽이 72%를 차지하였던 제1차 바티칸 공의회와 비교할 때, 가톨릭교회가 더욱 세계화되었음을 분명히 알 수 있다.

공의회의 진행과 그 결과

공의회는 처음부터 현대 세계에 대한 입장에서 진보적인 측과 보수적인 측으로 나뉘어 대립하였다. 이탈리아 출신의 오타비아니 추기경을 필두로 보수파들은 반자유주의, 반현대주의의 배격하며 전통적인 입장을 고수하였다. 그러나 카를 라너, 조셉 라칭거(현 교황), 에드아르드 쉴레베크, 이브 콩가르 등과 같은 신학자들의 활발한 참여와 설득으로 진보적이며 개혁적인 입장이 점차로 힘을 얻게 되었다.

공의회는 두 달에서 두 달 반에 걸쳐 가을에 모두 네 차례 모였으며, 그 회기 중간에도 위원회 활동은 계속되었다. 첫 번째 회기는 1962년 10월 11일부터 12월 8일까지 진행되었고, 공의회를 소집한 요한 23세가 애석하게도 선종한 뒤, 그의 후계자인 바오로 6세 교황에 의해 나머지 세 개의 회기가 진행되었다. 두 번째 회기는 1963년 9월 29일부터 12월 4일까지, 세 번째 회기는 1964년 9월 14일부터 11월 21일까지, 네 번째 회기는 1965년 9월 14일부터 12월 8일까지 진행되었다. 노련하면서도 포용적인 바오로 6세 교황에 의해 인도된 공의회를 통하여 모두 16개의 문서가 확정되었는데, 4개는 교회 전체를 위해 매우 중요한 헌장(憲章, constitution)이었고, 9개는 교회 내의 특정 집단을 위한 특정 주제들에 대한 교령(敎令, decretum)이었으며, 나머지 3개는 선언(宣言, declaration)이었다.

교회에 관한 교의 헌장인 〈인류의 빛〉은 이전의 법적이며 성직자 중심의 좁은 관점에서 벗어나 교회가 선의의 모든 백성, 즉 '하나님의 백성'을 포용한다는 사실을 지적하고 있고, 교황의 수위권을 유지하면서도 지역 주교단과의 집단적 책임성을 강조하고 있으며, 평신도의 교회 내 역할을 매우 적극적인 방식으로 논하였다. 하나님의 계시에 관한 교의 헌장인 〈하느님의 말씀〉은 하나님께서 어떻게 당신 자신을 인간에게 계시하시는지에 관한 교회의 가르침을 해명하고 있다. 이 계시의 전달은 성서 속에 글자로 기록되어 있으며, 구전(口傳)에 의한 그것의 전달은 교회의 성전(聖傳) 또는 전승(傳承)의 일부이며, 이 둘은 하나이며 동일한 원천으로부터 나온다고 주장하였다.

거룩한 전례에 관한 헌장인 〈거룩한 공의회〉는 경배가 교회의 삶의 중심임을 천명한다. 그리고 거룩한 본문들과 예식들은, 그리스도인들이 가능한 그것들을 어렵지 않게 이해하고 그것들에 능동적으로 참여하여 진정한 공동체를 이룰 수 있어야 한다고 명시하였다. 이를 통해 라틴어만을 고집하던 것에서 벗어나 미사 때에 성서를 읽거나 찬송하거나 기도할 때, 신자들이 자신의 모국어로 행할 수 있는 길이 열리게 되었다. 현대 세계의 교회에 관한 사목 헌장인 〈기쁨과 희망〉은 현대 시대의 주요 문제들에 대해 인간 존중과 평화주의의 관점에서 해결책을 발견하고자 하였다. 한 예로, 이 헌장은 신념에 따라 폭력에 반대하는 양심적 병역 거부자들을 위한 대체 복무 제도를 도입할 것을 주장하였다.

이 공의회에서 발효된 9개의 교령은, 사회 매체에 관한 교령인 〈놀라운 기술〉, 동방 가톨릭교회들에 관한 교령인 〈동방교회들〉, 일치 운동에 관한 교령인 〈일치의 재건〉, 주교들의 사목 임무에 관한 교령인 〈주님이신 그리스도〉, 수도 생활의 쇄신에 관한 교령인 〈완전한 사랑〉, 사제 양성에 관한 교령인 〈온 교회의 열망〉, 평신도 사도직에 관한 교령인 〈사도직 활동〉, 교회의 선교 활동에 관한 교령인 〈만민에게〉, 그리고 사제의 생활과 교역에 관한 교령인 〈사제품〉 등이다. 그리고 마지막으로 3개의 선언은, 그리스도인 교육에 관한 선언인 〈교육의 중대성〉, 비(非)그리스도교와 교회의 관계에 대한 선언인 〈우리 시대〉, 그리고 종교의 자유에 관한 선언인 〈인간 존엄성〉이 그것이다.

제2차 바티칸 공의회의 신학

제2차 바티칸 공의회는 가톨릭 전통을 견지하면서도 반(反)종교개혁 당시의 일방성을 극복하고, 다른 기독교 전통에 대해 개방적인 태도를 취하고자 했다. 1054년에 분열되었던 동방교회(동방 정교회)와 화해하였으며, 1517년에는 종교개혁으로 분리된 개신교를 분리된 형제로 인정하였다. 그러나 공의회는 교회 일치의 재건을 다른 기독교 분파가 로마 가톨릭교회로 복귀하는 것으로 이해하지 않았으며, 그렇다고 로마 가톨릭교회를 다른 교회와 단순히 동일한 차원에 있는 것으로 보지도 않았다. 가톨릭교회가 교회 일치에 있어 본질적인 것으로 여기는 성례전과 교황권을 포함한 교회의 직무와 같은 요소들은 완전한 일치를 위하여 포기할 수 없는 것으로 간주되었다. 다른 한편, 로마 가톨릭교회 역시 언제나 자신의 보편성을 실현하는 도상에 있으며, 다른 교회와 대화할 의무가 있음을 명백히 하였다.

이 공의회에서 주목할 만한 것은 타문화와 타종교에 대한 열린 입장이었다. 먼저 예수의 죽음에 대한 책임을 집단적으로 유대인들과 유대교에 돌렸던 입장에서 철저히 물러섰으며, 기독교와 같은 뿌리인 유대교에 대해 긍정적인 관계를 정립하고자 했다. 더 나아가 당시 유럽에서는 거의 행해지지 않았던 세계 종교와의 대화를 시도하였다. 공의회는 타종교도 일차적으로 인간의 물음에 대한 대답으로 존중되어야 하며, 그 안에 있는 참되고 거룩한 것의 가치가 인정되어야 함을 표명하였다. 이러한 신학적인 입장을 '포괄주의'라고 부른다.

포괄주의란, 세계 종교 자체를 불신앙으로 보는 보수적·배타적 입장과 달리 그들에게서 구원의 가능성은 인정하지만, 동시에 그의 불완전한 특성 때문에 그리스도 안에서만 궁극적 완성을 기대할 수 있다는 담론이다. 이는 제2차 바티칸 공의회의 고문으로서 신학적인 작업을 주도하였던 카를 라너(Karl Rahner)의 입장이기도 한다. 그는 '익명의 그리스도인'(자연적 은총)이란 개념을 도입하여 포괄주의를 통한 타종교와의 관계 맺음을 시도하였다. 그에 따르면 인간은 선험적으로 하나님의 은총에 덧입혀진 존재이며, 이러한 근원적인 조건 속에서 자기초월과 자기 구현을 출발하게 된다. 또한 인간은 신적으로 고양될 수 있는 가능성을 자기 안에 내재하고 있으며, 이런 선상에서 모든 종교적인 노력은 궁극적으로 그리스도에 수렴된다고 보았다.

제2차 바티칸 공의회 이후

제2차 바티칸 공의회가 기독교 역사에서 큰 전환점이 된 것은 사실이지만, 실제로 '그 정신이 오늘날에 얼마나 구현되고 있는가?' 하는 물음을 묻지 않을 수 없다.

요한 23세 교황에 의해 이 공의회의 자문으로 지명되기도 했으나, 후에 교황 무오류성에 의문을 제기하며 로마 가톨릭 개혁을 제안하였다는 이유로 요한 바오로 2세 교황에 의해 교회법적인 권리인 '가르치는 권리'를 박탈당했던 신학자 한스 큉(Hans kung)은 로마 가톨릭교회가 제2차 바티칸 공의회의 정신으로부터 현저히 후퇴하였다고 비판하였다. 그는 여전히 로마 가톨릭교회가 의무적인 독신을 고수하고, 여성 사제 서품을 금지하며, 순종적이지 않은 신학자와 사제들에 대해 검열하고, 교황과 주교들의 협력적인 지도 체제를 거부하면서 교황권을 강화시키고, 개신교와 동방 정교회와의 관계 개선에 소극적이며, 타종교와의 대화를 말하지만 여전히 우월감을 가지고 있고, 윤리적인 문제에서 경직되어 있다고 비판하면서 요한 23세 교황과 제2차 바티칸 공의회의 정신으로 돌아갈 것을 촉구하였다.

한스 큉과 튀빙엔대학 동료이자 카를 라너와 함께 제2차 바티칸 공의회 자문으로 활동하였던 조셉 라칭거 추기경(Cardinal Josef Ratzinger)이 베네딕트 16세 교황으로 등극한 이후에도 이러한 사정은 나아지지 않았다. 그는 이미 바티칸의 교리성 장관이었을 때 보수적인 입장으로 선회하였으며, 교황이 되어서는 더욱 강화되었다. 심지어 그는 지상에서 유일한 참된 교회는 로마 가톨릭교회뿐이라고 주장함으로써 교회의 협력과 일치를 위한 노력에 찬물을 끼얹었다. 이는 전통적인 종교의 자기 갱신과 타자에 대한 개방성이 얼마나 어려운 일인가를 단적으로 잘 보여 주는 예다.

해방신학의 등장

해방신학의 모태로서의 라틴아메리카

해방신학은 라틴아메리카의 수탈당하고 억압당하는 비극적인 상황에서 태동한 신학이다. 라틴아메리카는 16세기 스페인과 포르투갈의 식민지 지배자들부터 정치적·경제적 억압과 수탈을 당하였고, '무기를 들고 행진하는 군사들과 성경을 들고 따라오는 열정적인 로마 가톨릭 선교사들'로부터 수천 년 동안 이어져 온 자신들의 문명이 파괴되는 것을 경험한 비극의 땅이다. 그리고 19세기부터는 영국과 미국의 식민주의 정책에 의해 억압을 당했고, 2차 세계대전

기독교 역사의 전환점들

이후에 명목상으로 독립은 했지만, 미국의 지지를 등에 업은 소수 군부 독재자들이 이곳 민중들의 삶을 더욱 가난하고 비참하게 만들었다. 이러한 억압적이고 불의한 사회 속에서 교회(로마 가톨릭)는 민중들의 고통에 무관심하고 침묵하였을 뿐만 아니라, 오히려 지배자들의 이익을 옹호하였다.

1970년대에 이르러 이러한 상황에서 구약의 출애굽 전통과 예언자 전통을 회복하여 복음과 구원을 정치, 경제를 포함하는 전인적인 해방의 지평에서 해석하고, 보편적이고 중립적이라고 간주되었던 전통적인 서구신학을 '의심의 해석학'으로 비판하며, 교리와 교회 중심보다는 현장 속에서의 '올바른 실천'을 강조하는 새로운 신학이 등장하였는데, 그것이 바로 남미 해방신학이었다.

해방신학 태동의 신학적 계기

남미 해방신학은 정치 · 경제적 현실 속에서 태동한 상황신학이지만, 여러 신학적 영향을 받은 것이 사실이다. 먼저 해방신학자들은 무엇보다 가톨릭 사제로서 신학과 교회의 사회적 책임을 강조하며 보다 인간화된 사회 구조를 지향할 것을 가르친 제2차 바티칸 공의회의 영향을 받았다. 1968년 라틴아메리카의 주교들은 콜롬비아의 메델린(Medelin)에서 열린 제2차 남미 주교 모임에서, 교회의 중요한 사명 가운데 하나는 가난한 자들의 인권과 존엄성을 유지시키기 위해 구조화된 사회악을 비판하고 극복하는 것이라고 천명하였다. 이것은 해방신학 발전의 신호탄이 되었다. 그 이후 1979년 푸에블라에서 열린 제3차 남미 주교단 회의에 이르기까지 해방신학은 요원의 불길처럼 타올랐다.

두 번째로는 독일의 정치신학의 영향을 들 수 있다. 개인주의적이고 체제 순응적인 복음이해가 나치의 만행을 용인하고 적극적으로 참여하게 했다는 통절한 자기비판 속에서 위르겐 몰트만(Jügen Moltmann)과 요한 뱁티스트 메츠(Johann Baptist Metz) 등은 기독교 복음과 교회의 정치적 책임성을 강하게 주장하였다. 몰트만은 예수가 선포한 하나님의 나라는 정치적 차원을 불가피하게 포함하고 있음으로, 올바른 정치적 결단과 선택을 하는 것이 신앙의 본질적 요소라고 보았다. 또 메츠는 예수의 십자가 죽음은 로마의 불의와 억압 구조에 대한 예언자적 항거이며, 십자가 사건은 정치적 사건이라고 주장하였다. 기독교 신앙과 교회는 이러한 '위험한 기억'에 의해 형성되었고 그것에 의해 유지되는 공동체이기 때문에, 오늘날 기독교 신앙의 생명력은 고난당하는 사람들과의 연대 속에서 유지된다고 보았다.

대표적인 해방신학자들과 신학적인 특징

대표적인 남미 해방신학자들로는 구스타보 구티에레즈(Grustavo Gutierrez), 얀 소브리노(Jon, Sobrino), 호세 미구에즈 보니노(Jose Miguez Bonino), 레오나르도 보프(Leonardo Boff), 호세 미란다(Jose Miranda) 등을 들 수 있다. 이들 가운데 페루 출신의 가톨릭 신학자 구스타보 구티에레즈는 '해방신학의 아버지'로 불리며, 그의 기념비적인 저서 『해방신학』(1971)은 해방신학의 기본 교과서라고 할 수 있다. "해방신학은 새로운 주제를 만들어 놓는다기보다 신학하는 새로운 길을 제시한다. 이 신학은 세

250

계를 반성, 고찰하는 데서 머물지 않고, 세계를 변혁시키는 과정의 일익을 담당하겠다고 나서는 신학이요, 하나님의 나라를 받아들이는 데에 스스로를 개방하고 있는 신학이다. 유린당하는 인간의 존엄성에 대해 항의하고, 민중들이 당하는 착취에 대하여 투쟁하며, 사람을 자유로이 해방시키며, 정의와 우애가 이 땅에 뿌리를 내리는 새로운 사회를 건설하면서 하나님의 나라를 받아들이려 하는 신학"이라고 그는 정의하였다.

보니노 역시 "신학은 하나님의 속성이나 행위에 관한 올바른 이해를 위한 노력이 아니며, 오히려 신앙의 행동, 그리고 순종하는 가운데 이해되고 현실화된 실천의 형태를 명확히 하려는 노력이다. 마르크스의 유명한 '논제'에서 언급된 것처럼, 신학은 세상을 설명하는 것을 멈추고 세상을 변혁시키기 시작해야 한다. 올바른 믿음(Orthodoxy)보다는 올바른 실천(Orthopraxis)이 신학을 위한 표준이 된다."고 주장하였다. 해방신학은 죄를 사회구조적인 맥락에서 이해한다. 이에 따르면, 죄란 하나님이 원래 의도하신 자유와 평등 그리고 사랑의 공동체로서의 인간 사회를 파괴하는 악한 힘으로 이해된다. 따라서 구원이란 개인주의적인 영혼 구원이 아니라 인간의 전인적이며 총체적인 구원, 곧 해방을 의미한다.

해방신학자 소브리노에 의하면, '예수는 해방자'(Jesus the liberator)다. 예수는 가난한 민중들과 더불어 살았으며, 그들을 도래하는 하나님 나라의 주역으로 내세웠다. 이러한 예수의 삶과 메시지는 그 당시의 종교적·정치적 지배층과 충돌할 수밖에 없었으며, 십자가의 죽음은 이러한 삶의 귀결이었나. 그러나 하나님은 예수를 다시 살리심으로 그가 온 몸으로 전한 자유와 해방의 하나님 나라가 옳은 것이었으며, 세상의 악의 세력에 대해 승리하였음을 보여 주셨다. 이 점에서 해방신학은 교회를 '하나님 나라를 선포하시고 온 몸으로 사신 예수의 길을 따르는 공동체이며, 하나님 나라를 이 땅에 구현하는 공동체'로 이해한다.

해방신학자들은 분명하게 가난한 자들의 입장에 서서 '우선적으로 가난한 자들을 편드는 실천'을 지향한다. 이들은 무엇보다 하나님께서 가난하고 억압당하는 자들을 우선시하시며, 이들의 자유와 해방을 통하여 부자나 억압하는 자들의 구원과 해방을 이루신다고 주장한다. 또한 가난하고 억압당하는 자들이 지니는 인식적인 통찰은 어떤 관념적인 신학자들의 세련된 이론보다 성서의 핵심에 닿아 있다고 보았다. 이제까지의 신학은 서구의 백인들에 의해 해석되고 교육되어진, 힘 있는 지배자들의 신학이었음에 반하여, 해방신학은 스스로 가난하고 억압당하는 사람들의 체험과 실천에 기반한 신학임을 명확히 하였다. 이것은 이전에 볼 수 없었던 신학 방법의 대전환이라고 할 수 있다.

해방신학은 해방의 영성과 예언자적 열정과 종말론적인 긴박감을 지닌 신학이다. 해방신학은 객관적이고 중립적이며 보편타당한 교리나 사상을 주장하기보다는 현실을 고발하고 분석하며 변혁을 시도하는 신학이다. 따라서 수도원적인 명상과 관조의 영성이 아니라, 구약의 예언자들처럼 해방과 실천의 영성이다. 그들은 비인간적이고 잔혹한 현실 속에서 종말론적인 희망을 선포한다. 여기에서 종말론적이란 도래하는 하나님 나라의 빛에서 현실을 비판하고 변혁하는 급박성을 의미한다. 실제로 엘살바도르의 해방신학자 오스카 로메로는 이러한 의식 속에서 군사독재 정권에 저항하다가 암살당하여, 해방신학의 순교자가 되었다.

기독교 역사의 전환섬늘

해방신학에 대한 비판

해방신학은 태동 당시부터 오늘에 이르기까지 불온한(?) 신학으로 간주되곤 한다. 해방신학들이 주장하는 내용은 지배층이나 기존의 신학을 뒤흔드는 것이기 때문이다. 또 해방신학은 반체제 신학이고 용공(容共) 신학이라는 혐의를 받는다. 이것은 해방신학자들이 불의한 사회 구조를 분석하는 틀로 종속이론이나 마르크스주의를 채용하기 때문이다. 일부 극단적인 해방신학자 가운데는 예외적으로 마르크스주의자임을 표방하는 사람도 있지만, 대부분은 마르크스주의가 지닌 세계관으로서의 무신론과 유물론을 받아들이지 않고 사회를 분석하는 도구로써 활용할 따름이다.

어떤 사람들은 해방신학이 계급투쟁을 선동함으로써 그리스도의 한 몸 된 교회를 분열시킨다고 비판한다. 그러나 해방신학은 가난하고 억압받은 자들에 대한 선택의 우선성을 견지하긴 하지만, 그렇다고 부자나 지배자들의 구원과 해방에 관심이 없는 것은 아니다. 해방신학은 가난하고 억압받은 자들의 구원과 해방을 통하여 인류 전반의 그것을 도모한다. 해방신학의 근본적인 과제는 계급적 대립이나 투쟁을 선동하는 것이 아니라, 성경에 나타난 하나님의 정의와 예언자적인 관점에서 가난하고 억눌린 이들이 하나님의 형상으로서의 인간다운 삶을 살도록 회복시키는 것이다. 이를 통하여 불의한 구조 속에서 마찬가지로 인간성을 상실한 채 고독과 불인 기운데 살아가는 가진 자, 억압하는 자들의 인간다움의 회복을 지향한다.

이외에 해방신학에 가하는 비판점들은, 열정이 앞선 나머지 해방신학자들이 성서 텍스트를 때로 너무 일방적으로 해석하고 비약시킨다는 것, 그리고 실천을 강조하다 보니 신학으로서 어쩔 수 없는 이론적인(혹은 형이상학적인) 부분을 간과하는 경향이 있다는 것 등이다.

해방신학의 유산과 오늘날의 의미

해방신학적 모티브는 단지 남미의 해방신학에만 머문 것이 아니라 흑인 해방신학과 여성신학, 더 나아가 제3세계의 지역적 특수성을 반영한 각각의 해방신학으로 확대되어 나갔다. 미국에서는 남미의 해방신학과 거의 동시적으로 흑인 해방신학이 등장하였다. 『흑인 해방의 신학』(1970)을 쓴 제임스 콘(James H. Cone)이 그 대표적 학자인데, 그는 미국의 근본적인 악은 인종차별이며, 미국적인 상황에서 하나님은 흑인이며 구원은 '하나님과 함께 흑인이 되는 것'이라는 파격적인 주장을 했다. 그는 미국 사회에서 흑인(아프리카계 미국인)이 당하는 억압과 차별의 경험을 신학화하였다.

여성(해방)신학은 그동안 역사 속에서 두드러진 남성 중심적이며 가부장적인 억압과 차별로부터 동등한 인간으로서의 여성의 권리와 존엄성을 회복하려고 노력한다. 여성 신학자들은 무엇보다 억압받고 소외받은 여성의 관점에서 성서를 재해석하고, 신학에서 통용되는 가부장적인 언어를 중립적 혹은 여성적인 언어로 대체하고자 한다. 그들은 언어가 의식을 규정하며, 가부장적인 언어와 메타포가 신학 체계와 행동양식에도 영향을 끼친다고 보기 때문이다. 여성신학은 더 나아가 생태 신학과 연계해, 여성적 관점에서 자연의 해방을 추구하는 에코-페미니즘으로 나아가

기독교 역사의 전환섬늘

기도 한다.

제3세계 해방신학은 후기 식민주의 신학 담론과 연결되어 고난받는 민중의 입장에서 저마다의 독특한 해방신학으로 전개되었다. 한국의 민중신학, 일본 신학자 고수케 고야마가 전개한 동남아(태국)의 물소신학(Water buffalo Theology), 인도의 달리(불가촉천민)신학, 아프리카의 해방신학 등이 바로 그것이다. 이 신학들은 서구 중심의 신학의 한계를 절감하며, '전혀 다른 문화와 종교의 토양 속에 어떻게 기독교 복음을 토착화시킬 것인가?'와 '기독교 복음이 어떻게 가난과 억압당하는 민중들의 해방을 가져올 것인가?' 하는 문제를 고민하였다.

21세기에 들어 해방신학의 열기가 사그라진 것처럼 보이지만, 가난과 억압과 차별 속에서 고통당하는 사람들이 존재하는 한, 해방신학의 모티브는 계속 살아 있을 것이다.

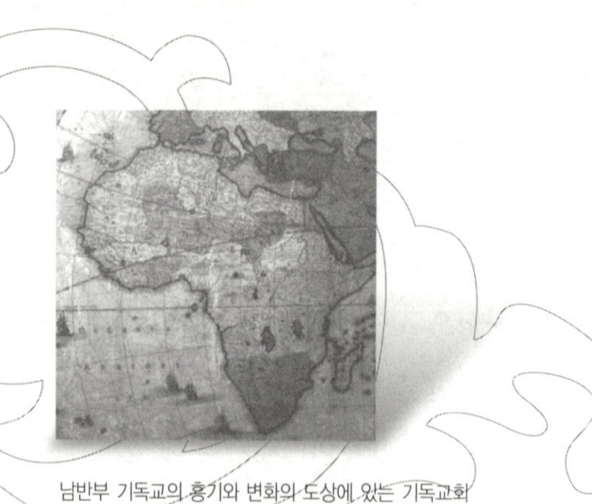

남반부 기독교의 흥기와 변화와 도상에 있는 기독교회

새로운 종교 지형도와 기독교의 미래

변화된 세계 속의 종교 지형

민족 간, 국가 간의 교류가 활발하게 이루어지기 전에 모든 민족과 국가는 자기중심성을 벗어나지 못했다. 자기 민족과 국가가 세계의 중심이라고 주장하거나 자기네 문화가 가장 우월하여 자기 문화권 밖에 사는 사람들을 '야만인' 혹은 '오랑캐'로 칭한 것에서 이러한 현상을 분명하게 알 수 있다. 그러나 인간의 삶이 그렇듯이 문화 역시 고립해서는 존재할 수 없고, 타문화와의 만남과 교류를 통해 변화하

기독교 역사의 전환점들

고 성장할 수 있다. 서로 다른 문화가 만날 때, 대립하고 충돌만 하는 것
이 아니라 지평의 융합을 통하여 상호 변화를 겪게 된다. 또한 문화 역시
생명체와 같이 흥망성쇠를 겪게 된다. 변화된 환경에 적응하지 못하거나
자신의 전통을 창조적으로 발전시켜나가지 못할 때, 문화는 정체되거나
소멸될 수밖에 없는 것이다.

종교의 경우도 마찬가지다. 물론 종교는 저마다 역사 초월적인 절대
진리(혹은 계시)를 주장한다. 하지만 이러한 것을 구현하는 현실인 제도로
서의 종교는 역사적인 한계성을 피할 수 없다. 진리는 절대적일 수 있지
만, 그것을 받아들이는 인간은 상대적이기 때문이다. 따라서 인간을 구성
원으로 갖고 있는 제도적인 종교는 인간이 처한 사회문화적인 현실, 정치
적인 역학관계 등에 직접적인 영향을 받는다. 세계 종교의 역사를 볼 때
우리는 이를 쉽게 확인할 수 있다.

기독교의 경우, 유대교와 팔레스타인이라는 협소한 공간을 넘어 그레
코-로만 세계 속에 자리를 잡음으로 세계 종교로서의 발판을 마련했다.
그러나 초기 기독교의 중심지였던 소아시아는 비잔틴 제국이 멸망당한
뒤 이슬람 지역이 되었다. 또한 비잔틴 제국의 전통을 이어가던 러시아정
교회는 공산주의 혁명을 통하여 쇠퇴해 가다가 오늘날 새롭게 부상하고
있다. 오늘날 지구화 시대를 맞아 종교 간의 만남과 교류가 활발하게 일
어남으로써 전통적인 종교의 지형도가 바뀌고 있다. 전통적인 기독교 지
역이었던 유럽과 북미의 기독교인 수가 줄어들고, 대신 이주민에 의해 이
슬람이 무시 못 할 세력으로 성장하고 있다. 그리고 일찍이 역사학자 아
놀드 토인비(Arnold Toynbee)가 '20세기에 가장 중요한 사건은 서구에 불
교가 전해진 것'라고 말한 것처럼, 일부이긴 하지만 서구 시성인들을 중

심으로 아시아의 선불교가 점차 수용됨으로써 기독교 단일 문화권이 깨어지고 있다. 다른 한편 공산주의 국가였던 중국과 러시아에 기독교가 부활하고 있으며, 제3세계 가운데 특별히 아프리카에 새로운 유형의 기독교가 흥기(興起)하고 있다.

기독교 중심축의 변화

초기 기독교 공동체는 예루살렘이 중심지였다. 그러다 점차 디아스포라 유대인들에게 복음이 전파되면서 디아스포라 유대인 공동체가 기독교의 새로운 중심지가 되었는데, 기독교 선교의 중심지였던 안디옥에서 처음으로 '그리스도인'이라 이름을 얻게 된 것도 결코 우연이 아니다. 기독교는 사도 바울이라는 걸출한 인물을 통하여 소아시아와 오늘날의 유럽으로 전파되어, 민족주의적인 한계를 넘어 보편적인 종교로 도약하게 되었다. 초대 교부들은 사도 바울의 신학적인 작업을 더욱 진전시켜 그레코-로만 세계 속에서 소통이 가능한 신학 체계를 세워 갔다. 대부분의 전통적인 교리들은 이들의 작품이다. 이에 더하여 콘스탄티누스 황제에 의해 기독교가 공인되고, 후에 기독교가 로마 제국의 국교가 된 이후에 기독교는 세계적인 종교로서의 위용을 갖추게 되었다.

기독교가 유럽의 종교로 자리매김한 것은, 게르만족이 기독교화되면서부터다. 이제 지중해 주변에서 영국을 포함한 알프스 이북의 유럽 대륙이 기독교의 또 다른 축이 되었다. 여기에 슬라브 민족이 기독교로 개종하였고, 대항해 시대에 신대륙 발견으로 이주한 유럽 기독교인들을 통하여 기독교가 아메리카에 이식되고, 대영제국 시대와 미국의 부상으로 기

기독교 역사의 전환점들

독교는 전통적인 기독교의 지형도를 완성할 수 있었다. 세계 종교 인구 통계에 따르면, 1800년에 개신교 인구의 약 99%가 유럽과 북미 대륙에 거주하였고, 1900년에는 약 90%가 그 지역에 살고 있었다. 그러나 2000년 현재 전세계 개신교 인구의 약 1/3만이 유럽과 북미 대륙에 거주하고 있다. 바야흐로 기독교의 중심축이 적도 이남의 남반부로 이동하기 시작한 것이다. 미래학자이자 종교사학자인 필립 젠킨스(Philip Jenkins)는 조만간 다가올 2050년쯤에는 라틴계를 제외한 백인 기독교인이 세계 기독 인구 30억 명 가운데 5분의 1밖에 되지 않을 것이라고 내다보았다.

남반부 기독교의 흥기(興起)

유럽의 기독교회들이 비어가고 있다는 사실은 이제 새로운 소식이 아니다. 한때 세계 선교를 주도하던 영국 교회가 비어갈 뿐만 아니라, 건물 유지도 힘들어 교회를 팔기까지 한다. 그 교회들이 술집과 유령 체험관, 티켓 판매점, 이벤트 장소 등으로 바뀌고 있으니 서글픈 현실이 아닐 수 없다. 교회에 출석하는 사람들도 대부분 노인들이다. 영국뿐만이 아니라, 정도의 차이는 있지만 유럽 개신교의 일반적인 현상이다. 그러나 이를 두고 유럽 교회의 몰락을 이야기하는 것은 너무 성급한 일일 수도 있다. 어쩌면 교회에 정기적으로 참석하는 교회 안의 교인보다 교회에 정기적으로 출석하지는 않지만 스스로를 기독교인이라고 인정하며 나름대로 기독교 정신을 구현하려고 노력하는 교회 밖의 교인이 더 많은, 좋게 말하면 사회화된 기독교의 모습이라고 말할 수 있기 때문이다. 그럼에도 불구하고 분명한 것은 서구 교회는 노쇠했으며, 신앙의 활기와 역동성이 사라져 가고 있음은 분명하다.

　이와 반대로 유럽과 북미의 기독교회에 의해 선교의 대상으로 여겨지던 아시아, 아프리카, 남미에서는 최근 기독교 인구가 놀랍도록 증가하여 왕성한 활동을 펼치고 있다. 이것은 지금까지 경험하지 못했던 새로운 유형의 기독교의 모습을 탄생시켰으며, 이에 대한 신학적인 논의가 요청되고 있다. 이러한 추세를 면밀하게 분석했던 앤드류 월즈와 필립 젠킨스 교수는 이 현상에 대해 '남반부 기독교의 흥기'(The Rise of Southern Christianity)란 표현을 썼다. 특별히 아프리카의 개신교 증가는 가히 폭발적이라고 할 만하다. 2001년에 출간한 〈세계 기독교 총람〉에 따르면, 1965년 이래 아프리카의 개신교인 숫자는 46%의 성장세를 유지하고 있고, 하루에 23,000명이 기독교로 개종하고 있으며, 이는 일 년에 840만 명이 복음을 받아들인다는 이야기가 된다. 이런 추세가 계속된다면 북부 이슬람 지역을 제외한 거의 대부분의 아프리카 지역이 기독교화 될 것이다.

　필립 젠킨스가 예로 든, 부흥하는 대표적인 아프리카 독립 교단의 지도자들은 가나의 윌리엄 해리스(William W. Harris), 나이지리아의 개릭 브레이드(Garrick Braid), 콩고의 사이몬 킴방구(Simon Kimbangu), 우간다의 루벤스파르타스(Reuben Spartas), 말라위의 존 침렘베(John Chilembwe), 남아프리카의 만게나 모케네(Mangena Mokene)와 이사야 셈베(Isaiah Shembe) 등이다. 이들에게 나타나는 신학적인 특징은 오순절 성령 운동을 주내용으로 한다는 점과 기존 교단에 예속되지 않은 독립교회의 지도자라는 점이다. 이들은 한 마디로 카리스마적인 지도자라고 할 수 있다. 이들은 고도의 신학적인 훈련을 받은 사람들은 아니지만, 고통당하는 아프리카 사람들의 삶 속에서 체득한 나름대로의 방식으로 이들을 치유하며 독특한 방식으로 신학을 전개한다. 꿈을 통한 직접적인 계시나 체험, 병 고침, 정령 숭배, 특히 악귀를 쫓아내는 샤먼적인 역할, 조상 혼과의 교통 등, 계몽주의 이후의 서구 기독교인들의 눈에는 다분히 미신적인 요소들이 많다.

지리상으로 남반부에 속하지는 않지만, 비(非)서구, 비(非)백인 기독교란 점에서 남반부 기독교에 속하는 아시아 기독교회 중 가장 주목을 받는 것은 한국 교회다. 한국 기독교회는 전통적인 유교와 불교 문화권에 속해 있으면서도 전 인구의 20% 이상이 신자이며, 미국에 이어 세계 선교사 파송 수에서 2위를 차지하고 있다. 이것은 같은 아시아문화권 국가에서는 유례를 찾아볼 수 없는 일이다. 전통적인 종교가 제 기능을 다하지 못할 때 근대적 문물과 함께 들어온 기독교는 새로운 사상과 신앙의 대안이 되었다. 식민지와 한국전쟁, 산업화와 군사 독재, 그리고 민주화 운동을 통하여 한국(남한)의 기독교는 고통당하는 민중들에게 위로와 소망을 주었다.

그러나 오늘날 한국의 기독교는 성장주의와 물질주의에 빠져 사회적 영향력을 상실하면서 쇠락의 기미를 보이고 있다. 온갖 사상과 종교와 문화가 충돌하고, 분단의 현실 속에 세계열강의 각축장이 된 한반도에서 미래의 기독교가 어떤 모습을 띠게 될지는 아직 분명하지 않다.

기독교의 미래

미래를 예측한다는 것은 인간의 한계를 넘어서는 일이다. 하물며 하나님의 구원 사역으로서의 기독교의 미래는 하나님의 섭리 안에 있을 것이다. 하지만 하나님의 섭리는 역사의 파트너인 인간의 책임과 응답과 무관하지 않을 것이다. 이러한 맥락에서 미래 기독교의 방향을 가늠할 수 있는 문제점들에 대해 생각해 보고자 한다.

먼저 '지금 흥기하고 있는 남반부 기독교의 성령 중심의 카리스마적인 모델이 서구 기독교를 포함한 미래 기독교회의 대안이 될 수 있는가?' 하는 점이다. 남반부 기독교회가 영적으로 메마르고 활력을 잃은 서구 기독교에 충격을 줄 수는 있을 것이다. 앤드류 월즈(Andrew Walls)는 남반부 특히 아프리카에서 진행되고 있는 새로운 기독교의 모습에서 '21세기 기독교'를 발견하게 될 것이라는 주장을 하기도 하였다. 하지만 다분히 기복적이고 주술적이며 감정적인 성격의 남반부 기독교가 근대 이후의 새로운 영성을 추구하는 서구(부분적으로 한국) 기독교인들에게 어필할 수 있는가 하는 점에 대해서는 회의적이다. 앞으로 남반부, 특히 아프리카가 점차로 근대화(서구와 똑같은 방식이 아니더라도)되어 간다면, 이러한 형식의 기독교가 그대로 유지될 수 있을까 하는 의구심도 든다. 한국 기독교도 60~80년대식의 카리스마적인 인물이 주도한 성령 운동, 부흥 운동의 한계를 이미 경험한 바 있다.

다른 한편의 문제는 '계몽주의 이후 세속화를 거치면서 탈(脫)기독교화 내지는 기독교 후기를 살고 있는 서구 기독교가 어떻게 우리 시대에 유의미하고 활력 있는 기독교로 재탄생할 것인가?' 하는 점이다. 남반부, 특별히 아프리카식의 기독교 유형이 대안이 될 수 없다면, 어떤 새로운 유형이 요구되는가? 서구 기독교인들에게 희망적인 것은 그들이 교회에 나가지 않는다고 해서 영적 추구마저 함께 사라진 것은 아니라는 점이다. 그들은 새로운 차원의 종교성과 영성을 갈구하고 있다. 제2차 바티칸 공

기독교 역사의 전환점들

의회의 신학적 기초자인 카를 라너는 이미 '21세기 그리스도교는 신비주의적으로 변하지 않으면 아무것도 아닌 것이 되고 말 것'이라고 예견한 바 있다. 신학자 하비 콕스(Harvey Gallagher Cox)나 종교사회학자 피터 버거(Peter L. Berger) 등은 세속도시에서 추방당했던 종교성과 영성이 새로운 모습으로 등장하고 있음을 간파하였다.

이러한 변화된 시대에 적합한 새로운 패러다임의 창출이 기독교의 생존과 지속적인 부흥을 위해 요청된다고 할 수 있다. 이 새로운 영성은 적어도 초(超)자연주의적 기복신앙을 넘어 인간 존재의 깊이 속에서 예수 그리스도 안에 나타난 하나님의 사랑과 은총을 깨닫고, 정의와 평화 그리고 창조세계의 보전이라는 인류의 보편적 가치를 추구하며, 자신의 신앙 정체성을 유지하면서도 타문화나 종교에 열려 있고, 인간을 모든 죄와 억압으로부터 해방하는 실천에 참여하는, 그러한 영성이 되어야 할 것이다.

새로운 종교 지형도와 기독교의 미래

Andresen, Carl(Hg.), *Handbuch der Dogmen-und Theologiegeschichte Band 1~3*, UTB Grosse Reihe, Göttingen: Vandenhoeck & Ruprecht, 1988.

Bangert, William, *A History of the Society of Jesus*, St. Louis: Institute of Jesuit Sources, 1972.

Barth, Karl, *Der Römerbrief,* Unveränderte Nachdruck der neuen Bearbeitung von 1922, Zürich: Theologischer Verlag, 1989.

_____, *Die Protestantische Theologie im 19. Jahrhundert*, Zürich: Theologischer Verlag, 1947.

Bellitto, Christopher, *The General Councils: A History of the Twenty-One Church Councils from Nicaea to Vatican II*, New York: Paulist Press, 2003.

Bettenson, Henry(Selected and Ed.), *Documents of the Christian Church, Second Edition*, Oxford/New York, Oxford University Press, 1967.

Boff, Leonardo, *Francis of Assisi*, Maryknoll: Orbis, 2006.

Brown, Peter, *Augustine of Hippo: A Biography*, Berkeley: University of California Press, 1967.

Campenhausen, H. v., *Lateinische Kirchenväter*, Stuttgart: Kohlammer, 1960.

Denzler, Georg/Andresen, Carl, *Wörterbuch Kirchengeschichte*, 5. Aufl. München: Deutscher Taschenbuch Verlag, 1997.

Eusebius, Williamson G. A.(Trans.), *The History of the Church*, London: Penguin Books, 1965.

Fröhlich, Roland, *Grundkurs Kirchengeschichte*, Freiburg im Breisgau: Verlag Herder, 1980.

Greschat, Martin(Hg.), *Vom Konfessionalismus zur Moderne, Kirchen-und Theologiegeschichte in Quellen*, Bd. IV., Neukirchen-Vluyn: Neukirchener Verlag, 1997.

Gutiérrez, Gustavo, *A Theology of Liberation*, Marynoll: Orbis, 1973.

Harnack, Adolf v., *Dogmengeschichte*, 8. Aufl. UTB 1641 Tübingen: J. C. B. Mohr, 1991.

Hausschild, Wolf -Dieter, *Lehrbuch der Kirchen-Dogmengeschichte, Bd. 1. Alte Kirche und Mittelalter*, Gütersloh: Chr. Kaiser/Gütersloher Verl. - Haus, 1995.

______, *Lehrbuch der Kirchen-Dogmengeschichte, Bd. 2. Reformation und Neuzeit*, Gütersloh: Chr. Kaiser/Gütersloher Verl. -Haus, 1999.

Heussi, Karl, *Kompendium der Kirchengeschichte*, 18 Aufl. Tübingen: J. C. B. Mohr, 1991.

Jenkins, Philip, *The Next Christendom: The Coming of Global Christianity*, Oxford: Oxford University Press, 2002.

Klueting, Harm, *Das Konfessionelle Zeitalter 1525~1648*, UTB 1556, Stuttgart: Ulmer, 1989.

Lohse, Bernhard, *Epochen der Dogmengeschichte*, 8. Aufl. Münster/Hamburg: Lit, 1994.

Mackay, John, *Ecumenics: The Science of the Church Universal*, Engewood Cliffs: Prentice-Hall, 1964.

McGovern, Ather, *Liberation Theology and Its Critics: Toward and Assesment*, Maryknoll: Orbis, 1994.

McGrath, Alister E., *Historical Theology: An Introduction of the History of Christian Thought*, MA/ Oxford: Blaclwell Publishing, 1998.

McManners, John(ed.), *The Oxford Illustrated History of Christianity*, Oxford/

기독교 역사의 전환점들

New York, Oxford University Press, 1990.

Metzger, Bruce, *The Canon of the New Testament: Its Origin, Significance, and Development*, Oxford: Clarendon Press, 1997.

Moeller, Bernd, *Geschichte des Christentums in Grundzügen, 5.* verbesserte und erweiterte Auflage, UTB 905, Göttingen: Vanderboeck & Ruprecht, 1992.

Noll, Mark, *Turning Points: Decisive Moments in the History of Christianity*, Grand Rapids: Baker Academic, 2000.

______, *The Old Religion in a New World: The History of North American Christianity*, Grand Rapids: William B. Eerdmans, 2001.

Oberman, Heiko A.(Hg.), *Die Kirche im Zeitalter der Reformation, Kirchen- und Theologiegeschichte in Quellen*, Bd. III. 4. Aufl., Neukirchen-Vluyn: Neukirchener Verlag, 1994.

Pagels, Elaine, *The Gnostic Gospels*, New York: Vintage Books, 1979.

Rack, Henry D., *Reasonable Enthusiast: John Wesley and the Rise of Methodism*, Philadelphia: Trinity Press International, 1989.

Reese, Hans-Jörg, *Bekenntnis und Bekennen: Vom 19. Jahrhundert zum Kirchenkampf der nationalzosialistischen Zeit*, Göttingen: Vanderboeck & Ruprecht, 1974.

Ritter, Adolf Martin(Hg.), *Alte Kirche, Kirchen-und Theologiegeschichte in Quellen*, Bd. I. 6. Aufl., Neukirchen-Vluyn: Neukirchener Verlag, 1994.

Schatz, Klaus, *Allgemeine Konzilien- Brennpunkte der Kirchengeschichte*, Paderbon/München u.a.: Schöningh, 1997.

Schmidt, Kurt Dietrich, *Grundriß der Kirchengeschichte*, 9. Aufl. Göttingen: Vanderboeck & Ruprecht, 1990.

Schwarz, Reinhard, *Luther*, UTB 1926, Göttingen: Vanderboeck & Ruprecht, 1998.

Tracy, Joseph, *The Great Awakening*, New York: Arno Press, 1969.

Wallman, J , *Der Pietismus, Die Kirche in ihrer Geschithe*, Bd. 4, Göttingen: Vanderboeck & Ruprecht, 1990.

______, *Kirchengeschichte Deutschlands seit der Reformation*, 2. Aufl. UTB 1355, Tübingen: J. C. B. Mohr, 1985.

Walls, Andrew, *The Missionary Movement in Christian History*, Marynoll: Orbis, 1966.

White, L. Michael, *From Jesus to Christianity*, New York: HarperSanFrancisco, 2004.

곤잘레스, J. L., 이후정 역, 『기독교사상사-그 세 가지 신학의 유형으로 살펴본』, 서울: 컨콜디아사, 1991.

공일주, 『아브라함의 종교』, 살림지식총서 99, 서울: 살림출판사, 2004.

김상근, 『세계사의 흐름을 바꾼 기독교의 역사』, 서울: 평단문화사, 2007.

데니얼 B. 클린데닌, 주승민 역, 『동방 정교회 신학』, 서울: 은성출판사, 1997.

도르테 죌레, 서광선 역, 『현대신학의 패러다임』, 서울: 한국신학연구소, 2000.

로널드 웰즈, 한인철 역, 『신앙의 눈으로 본 역사』, 서울: 한국기독학생회출판부, 1995.

로저 E. 올슨, 김주한·김학도 역, 『이야기로 읽는 기독교신학- 전통과 개혁의 2000년』, 서울: 대한기독교서회, 2009.

리처드 루빈스타인, 『아리스토텔레스의 아이들』, 서울: 민음사, 2004.

리처드 윌리암 서던, 이길상 역, 『중세의 형성』, 서울: 크리스찬다이제스트, 1999.

리처드 코니시, 이혜림 역, 『성경과 함께 읽는 기독교역사 100장면』, 서울: 도마의 길, 2010.

마이클 콜린스·매튜 A. 프라이스, 김승철 역, 『사진과 그림으로 보는 기독교역사』, 서울: 시공사, 2001.

마커스 보그/톰 라이트, 김준우 역, 『예수의 의미: 역사적 예수에 대한 두 신학자의 논쟁』, 서울: 한국기독교연구소, 2001.

박만, 『현대신학 이야기』, 살림지식총서 67, 서울: 살림출판사, 2004.

박명수, 『근대사회와 복음주의』, 서울: 한들출판사, 2008.

버나드 루이스 엮음, 김호동 역, 『이슬람문명사』, 서울: 이론과 실천, 1994.

볼프강 좀머, 데트레프 클라르, 홍지훈 외 2인 역, 『교회사, 무엇을 공부할 것인가』, 증보개정판, 서울: 한국신학연구소, 2008.

손호현, 『인문학으로 읽는 기독교 이야기』, 서울: 한들출판사, 2008.

시오노 나나미, 김석희 역, 『신의 대리인』, 르네상스 저작집 4, 서울: 한길사, 1997.

알랭 코르뱅 외, 주명철 역, 『역사 속의 기독교- 태초부터 21세기까지 기독교가 걸어 온 길』, 서울: 도서출판 길, 2008.

야로슬라프 펠리칸, 김승철 역, 『예수의 역사 2000년- 문화사 속의 그리스도의 위치』, 서울: 동연, 1999.

에른스트 벤츠, 이성덕 역, 『기독교 역사와의 대화』, 시리우스 총서 01, 서울: 한들출판사, 2007.

에티엔느 트로크메, 유상현 역, 『초기 기독교의 형성』, 서울: 대한기독교서회, 2003.

윌리스턴 워커, 강근환 외 3인 역, 『세계기독교회사』, 서울: 대한기독교서회, 1986.

이성덕, 『이야기 교회사- 교양인을 위한 13가지 기독교 신앙이야기』, 파주: 살림출판사, 2007.

______, 『종교개혁 이야기』, 살림지식총서 221, 파주: 살림출판사, 2006.

장 베르동, 최애리 역, 『중세는 살아 있다-그 어둠과 빛의 역사』, 서울: 도서출판 길, 2008.

제임스 헤론, 박영호 역, 『청교도 역사』, 서울: 기독교문서선교회, 1996.

조셉 켈리, 방성규 역, 『초대 기독교인들의 세계』, 서울: 이레서원, 2002.

진원숙, 『비잔틴제국-천년의 명암』, 살림지식총서 285, 파주: 살림출판사, 2007.

______, 『십자군 성전과 약탈의 역사』, 살림지식총서 220, 파주: 살림출판사, 2006.

최신한, 『슐라이어마허: 감동과 대화의 사상가』(현대신학자 평전 4), 파주: 살림출판사, 2003.

최철희, 『세계성공회사』, 서울: 대한기독교서회, 1996.

칼 수소 프랑크, 최형걸 역, 『수도원의 역사』, 서울: 은성출판사, 1997.

칼 하인츠 츠어 뮐렌, 정병식·홍지훈 역, 『종교개혁과 반종교개혁』, 서울: 대한기독교서회, 2003.

케네스 커티스 외, 『교회사 100대 사건』, 서울: 생명의말씀사, 2002.

폴 존슨, 김주한 역, 『기독교 역사, 2천년 동안의 정신 I~III』, 서울: 살림, 2005.

폴 틸리히, 송기득 역, 『19~20세기 프로테스탄트사상사』, 서울: 한국신학연구
　　　소, 1980.

피터 브라운, 『기독교세계의 등장』, 서울: 새물결, 2004.

하비 콕스, 김창락 역, 『종교의 미래』, 서울: 문예출판사, 2010.

한스 큉, 박재순 역, 『현대신학은 어디로 가고 있는가?』, 서울: 한국신학연구
　　　소, 1989.

　　　　　, 이종한 역, 『그리스도교-본질과 역사』, 왜관: 분도출판사, 2002.

헨리 채드윅, 박종숙 역, 『초대교회사』, 서울: 크리스찬다이제스트, 1999.

기독교 역사의
전환점들

초판 1쇄   2011년 3월 10일

이성덕 지음

발 행 인 | 신경하
편 집 인 | 손인선

펴 낸 곳 | 도서출판 kmc
등록번호 | 제2-1607호
등록일자 | 1993년 9월 4일

(100-101) 서울특별시 중구 태평로1가 64-8 감리회관 16층
(재)기독교대한감리회 출판국

대표전화 | 02-399-2008, 02-399-4365(팩스)
홈페이지 | http://www.kmcmall.co.kr
          http://www.kmc.or.kr

디자인 · 인쇄 | 리더스 커뮤니케이션 02)2123-9996/7

값 12,000원
ISBN 978-89-8430-517-5 03230